U0904648

青年学术文库

近现代的道家观：

对近现代道家思想研究的探析

林红　著

山东大学出版社

图书在版编目(CIP)数据

近现代的道家观:对近现代道家思想研究的探析/林红著.
—济南:山东大学出版社,2012.12
ISBN 978-7-5607-4701-9

Ⅰ.①近…
Ⅱ.①林…
Ⅲ.①道家思想—研究—中国—近现代
Ⅳ.①B223.05

中国版本图书馆 CIP 数据核字(2012)第 295035 号

责任编辑:陈　珊　徐琳琳
封面设计:张　荔

出版发行:山东大学出版社
社　址　山东省济南市山大南路 20 号
邮　编　250100
电　话　市场部(0531)88364466
经　　销:山东省新华书店
印　　刷:济南景升印业有限公司印刷
规　　格:880 毫米×1230 毫米　1/32
8.25 印张　233 千字
版　　次:2012 年 12 月第 1 版
印　　次:2012 年 12 月第 1 次印刷
定　　价:16.00 元

山东大学自主创新基金资助
Independent Innovation Foundation
of Shandong University, IIFSDU

序

从鸦片战争到新中国成立的百年间，许多思想家或学人发表、出版了大量研究道家思想的论文和著作。这些论文和著作是在特殊社会背景、特殊学术环境中问世的，所以它们在某种程度上代表着近现代中国的道家思潮，或折射着中国近现代的道家观，并对当今道家及道教思想的研究产生了重要的影响。但是，相对于老庄原始道家及其所深化出来的黄老学、道教思想的研究来说，人们对近现代思想家或学人所开展的道家思想研究，尚缺少系统的梳理、解读和探析，是道家思想史研究中的薄弱环节。20世纪90年代以来，学者高峰出版了《大道希夷——近现代的先秦道家研究》，这无疑对改变上述研究状况作出了有益的尝试。道家思想作为我们民族的一棵智慧之树，永远是常青的，故而，人们对它的研究也永远是开放的、多元的。鉴于当下学界对近现代道家思想研究所把握的这种状况，林红副教授在读博期间，即把研究的重点定为搜集和解读近现代思想家、学人所撰写的关于先秦道家思想的论著，并顺利完成了博士学位论文《近代的道家观——对近代道家思想研究的探析》。获得博士学位后，林红除对其博士学位论文的内容、观点继续进行修改、拓展和提升外，又撰写了五四运动到新中国成立阶段的“现代道家思想研究”部分，最终将这两部分以《近现代的道家观：对近现代道家思想研究的探析》为书题，定稿、付印出版。这一研究成果，可以说是对目前学界关于此方面研究的推波助澜。特别是对于一个青年女学者来说，属于值得鼓励和提倡之举。

林红的这部专著除导言外，共分八章。第一章至第四章是对近代学者对道家思想研究探析，除“导言”外，分四章进行论述。其中心内容阐明了近代道家思想开展的背景、鸦片战争至戊戌变法前后——道家思想与经世致用的结合、戊戌变法至五四运动前——道家思想与西方观念的亲和，并对近代道家研究的成绩与不足作了解析。第五章至第八章则是对现代学者道家思想研究的探析，其中心内容阐发了现代道家思想开展的背景、疑古思潮下20世纪二三十年代对老子年代问题的争论与反思、众多学者研究道家思想的多元方法以及马克思主义的传播与道家思想研究等问题。书中还以“结语”的形式对近现代道家思想研究地位及影响作了概括和总结。林红对近现代的道家思想研究的探析，虽然是以个案研究的形式展开的，但由于坚持了历史与逻辑相统一的原则，故其系统性、整体性还是清晰可见的，并在个案分析中亦不乏新意。当然，由于近现代道家思想研究的资料比较分散，加之近现代思想家、学人研究的领域比较广泛，道家思想研究在他们的研究体系中究竟占何种地位，尚需要作审慎的定位。这些原因，可能使本书难以达到面面圆融、合理，可能会存在这样或那样的不足，故在此请学界同仁批评、指正。

林红在攻读中国历史学硕士学位时，师从晁中辰教授；读中国哲学博士学位时由我指导；现又进入马克思主义理论博士后流动站，师从周向军教授。她为人品质端正，聪慧好学，持之以恒。有这么多的教授一起丰富她的学养，必定有科研后劲。值其专著出版之际，祝愿林红在学术阶梯上继续攀援和提升。

丁原明
2012年6月写于如意苑

目　录

青年
学术
文库

导　言

道家思想作为中国传统文化的一个重要的组成部分，对中国社会产生了深远的影响。

一、道家流派概览

“道家”一词首见于汉初。《史记·陈丞相世家》：“始陈平曰：‘我多阴谋，是道家之所禁’”。而作为一个学派则是司马谈在《论六家要旨》中提出并加以论述的：“道家，使人精神专一，动合无形，赡足万物。其为术也，因阴阳之大顺，采儒墨之善，撮名法之要。与时迁移，应物变化，立俗施事，无所不宜。指约而易操，事少而功多。”①这里所说的“道家”即是道德家，亦即汉初流行的黄老道家。而道家源远流长，它作为一个学派早在春秋末年就产生了。所以，后来东汉史学家班固在《汉书·艺文志》中将先秦诸子概括为儒、道、阴阳、法、名、墨、纵横、杂、农和小说十家，其中对道家论述说：“道家者流，盖出于史官，历记成败存亡祸福古今之道，然后知秉要执本，清虚以自守，卑弱以自持，此君人南面之术也。合于尧之克攘，《易》之嗛嗛，一谦而四益，此其所长也。及放者为之，则欲绝去礼学，兼弃仁义，曰：独任清虚可以为治。”②班固所说的道家，除了把它的源头追溯到商周的史官外，其所论述的道家的特点也仍带有西汉黄老学的痕迹。从道家的整个学派演变来说，它大致经历了老子道家、老子道家的分化、庄

① 《史记·太史公自序》，中华书局1980年版，第3289页。

② 《汉书·艺文志》，中华书局1980年版，第1732页。

子道家和黄老道家四个阶段；但从其理论的成熟性来说，主要包括了老学、庄学和黄老学三种思想形态。

根据《庄子·天下》篇等文献记载，老子、关尹应是道家学派的创始人。他们以“道”作为其学说的最高范畴，认为“道”既是天地万物的本原、本体，又是天地万物运动的总规律。张岱年先生说：“道家在中国哲学史上的最大贡献，是开创了哲学本体论。”他又说：“老子的道论是中国哲学本体论的开始，这是确然无疑的。”[①]《天下》篇把老子、关尹的学说概括为：“建之以常无有，主之以太一。”[②]“常”指常道，即自然；“无”、“有”则指道的存在状态。老子道家在对“道”进行高度抽象的基础上，又赋予“道”以存有性、运动性、无为性及柔弱性、慈、俭等属性，从而为论证宇宙、人生和社会问题奠定了哲学理论基础。

老子死后，他创立的道家学派发生了分化。到战国时期，言道家思想的有杨朱、田骈、慎到、彭蒙、宋钘、尹文等人。杨朱发挥老子思想中“贵身”、“防患”的观点，把保全自己的生命看得重于一切，提出了“贵生”、“重己”说。田骈、慎到、彭蒙则主要发挥了老子“无私”、“勿矜”（不骄）的思想，认为“齐万物以为首”，即把各自不同的事物统一起来作为首要的思想原则。慎到一方面主张“因性任物”，另一方面又主张“公而不党”、任法重势，实现了道家向法家的转化。至于宋钘、尹文，他们直接留下的史料很少，学界有人认为他们与稷下道家有缘，如郭沫若先生最早认为《管子·内业》等四篇为宋、尹所作。[③] 上述道家流派只是择取老子体系中的某个方面加以立说，未能形成完整的思想体系，故其影响不大，而在战国时期最有影响的道家要算庄周学派。

庄子继承了老子关于“道”的思想，把“道”说成是“生天生地”之“道”。在追问“道”的无限性中，庄子赋予其“生天生地”和“非物”的属性，认为“道”所以成为万物的化生者、决定者是因为它是“非物”，故将

① 张岱年：《道家在中国哲学史上的地位》，载《道家文化研究》第6辑，上海古籍出版社1995年版，第4～5页。

② 曹础基：《庄子浅注》，中华书局2000年版，第499页。

③ 参见郭沫若《十批判书》，中国华侨出版社2008年版，第112页。

老子具有较多客观性意义的“道”转化为具有较多主观性意义的精神之“道”。庄子的“物物者非物”的道体观，是通过“齐万物”、“齐物我”、“齐是非”及“齐生死”的方法论而建构起来的。他认为“道”作为宇宙本体，是无所不包的“大全”，而万物中的每个存在物只是“道”之一偏，故从“道”的视界，它们都可以通而为一，彼此之间没有什么本质上的差别。同样，物我、是非的对立都出于人的主观成见和对其价值斤斤算计的结果，这恰恰是对“道”之大全的亏损和物之自然存在本性的破坏。故人生在世与其计较是非之争、物我对立以及生命的寿夭，倒不如“和之以是非而休乎天钧，是之谓两行”[①]，任凭是非和每个个体存在自由、平等地发展。因此，如果说老子的“道”还有些外在性的话，那么庄子已经把老子自然无为的“道”内化为人之自然无为的人生境界。为了达到这种人生境界，庄子提出了“无已”、“无名”、“无功”的主张，并通过“心斋”、“坐忘”的心性修养过程，来泯灭物我、是非、生死的对立，以实现人与道的合一，达到“天人合一”的至高精神境界。

正是由于老子的“道”具有较多的客观意义，以及老庄道家在自然与人为的关系上有“蔽于天而不知人”的弊端，加之战国时期封建化改革的诉求，这便需要处于“百家争鸣”中的原始道家作出自身调整以向新兴封建制度靠拢。倘若把老子的道论向世俗社会倾斜，必然引出既关注形而上学的天道，又关注形而下的人道、治道的新学术理论，这就是黄老道家的产生。

根据司马谈的《论六家要旨》的论说，黄老道家与时俱进，它根据战国封建化运动的需要，在道论、无为论和对待百家之学的问题上对自身学派的思想体系作出了较大的调整，从而表现出与原始道家不同的特点。其一，黄老道家是“以虚无为本”，“以因循为用”。在宇宙观上，黄老道家虽然仍以老子的自然无为的“道”为究竟，但却把老子的“道法自然”诠释为因循事物的客观法则而行动，具有明显的经世致用倾向。其二，在无为问题上，黄老道家主张“无为，又曰无不为”。即无为是手段，

① 曹础基：《庄子浅注》，中华书局2000年版，第24页。

有为是目的，它们两者之间是互相促进、相互补充和互为条件的关系。较之原始道家，黄老道家特别强调尊重客观规律与发挥人的主观能动性的统一。在它看来，人的合乎客观规律的行动即是“无为”，同时这也是人在客观规律面前有所作为的“有为”，故办任何事情只有把这种“无为”与“有为”结合起来才能获得成功，也才能实现人的活动目的。这既克服了老子消极无为和庄子“蔽于天而不知人”①的思想，又给“无为”输入了能动的主体性价值，从而对老庄的“无为”论作出了调整和转换。其三，黄老道家对待先秦诸子百家思想采取兼容并蓄的态度。“其为术也，因阴阳之大顺，采儒、墨之善，撮名、法之要。”②老庄道家曾主张绝圣弃智，反对仁义礼法，黄老道家则主张接纳百家之学的长处，较之老庄道家更具有包容开放的精神。

当然上面只是根据流传下来的道家文本来谈道家流派及其思想演变，倘若再参阅已经出土的简帛道家文献，其内容要更丰富些，甚至对以往关于道家自身思想及儒道关系等的理解还需要作重新梳理、定位。仅就传世文献来说，尽管在汉武帝独尊儒术后，儒学上升为官方意识形态，但曾驰骋于春秋战国时期的老庄道家和盛行于战国至西汉初年的黄老学并没有因此而断绝。它不仅在西汉中叶以后，作为一种思想暗流仍在活动着、延续着，而且在魏晋时期还与周易、儒学相整合形成了名噪一时的玄学。道家对中国传统社会的渗透是全面而深刻的，不仅影响了哲学、政治、思想文化、艺术、科学等的发展，而且它还在东汉末年与神仙方术、谶纬迷信等相结合形成了道教，从而在中国历史上借道教而传播了自己。人们常说，中国传统文化是儒、道互补或儒、道、释三位一体的多元文化，不管人们同意或不同意哪种说法，这都说明老子和庄子所开创的道家在中国历史上占有重要的地位，而且，正是由于它在不同的历史时期有不同的存在形式，道家思想得以在时间的流变中保持薪火不绝，从而为各个时期的思想家根据自己和时代的需要对其作出新诠释提供了充足的文本资料。但仅就道家思想对近代中国社会的

① (清)王先谦撰，沈啸寰、王星贤点校：《荀子集解》，中华书局1988年版，第393页。

② 《史记·太史公自序》，中华书局1980年版，第3289页。

影响来说，主要是老子、庄子哲学和黄老道家，故本书所谓“近现代的道家观”也主要以近现代学者解读老庄原始道家和黄老道家所表现出来的思想观点为研究对象的。

二、道家思想述要

从“历时态存在”形式来说，道家虽然主要经历了四个发展阶段和三种理论形态，而从其“共时态存在”，即“从横断面、静止的角度把道家作为一个整体来说”[①]，它又表现出诸多共性的思想特质。下面对道家的一些共同思想特质作一述要。

（一）“道”的形而上学建构

形而上学的核心是对作为一切存在的根本凭借和依据的本体探求。从哲学史来看，在中国古代哲学中虽然没有西方哲学的那种本体概念，但如果由此否认中国古代哲学没有本体论的观点是不合历史实际的。事实上，中国古代哲学早在先秦时代就产生了丰富的具有自己特色的本体论思想。其中，道家创始人老子就提出并建构了中国历史上第一个本体论模式。

老子哲学的理论系统是围绕着“道”这个范畴展开的。“道”最初的含义是道路、途径，后来才逐渐被提升为原则、方法。老子明确区分了两种不同的道：“道可道，非常道；名可名，非常名。”[②]即区分了平时可以用语言来表达的“道”和那种无法用平时的语言来描述和指称的“常道”。所谓“常道”，即“道者万物之奥”[③]，“渊兮，似万物之宗”[④]。经过老子的改造和提升，“道”便第一次成为一个统摄宇宙和人生的本体论范畴。老子认为，“道”是万物之本、天地之根，他说：“大道汜兮，其可左右，万物恃之以生。”[⑤]它为其事物所依据而其自身却不需依托，它可以

---

① 丁原明：《黄老学论纲》，山东大学出版社 1997 年版，第 25 页。

② 陈鼓应：《老子注译及评介》，中华书局 1984 版，第 53 页。

③ 陈鼓应：《老子注译及评介》，中华书局 1984 版，第 303 页。

④ 陈鼓应：《老子注译及评介》，中华书局 1984 版，第 75 页。

⑤ 陈鼓应：《老子注译及评介》，中华书局 1984 版，第 200 页。

生成万物而自身却不可被生成，它是自因、自性、自足的最高本体，是超越一切具体事物的终极性存在。老子又强调，道既是无形的、超感觉的、超具象的，又是客观存在的，它是包含了“有”的“无”，是“有”和“无”的统一体。对此，《老子》第一章开宗明义：“‘无’，名天地之始；‘有’，名万物之母。故常‘无’，欲以观其妙；常‘有’，欲以观其徼。此两者，同出而异名，同谓之玄。玄之又玄，众妙之门。”①在老子看来，这种作为本体的“无”，既是万事万物的存在根据和本真状态，又是一切存在的原初状态、最初的出发点，即所谓“‘道’生一，一生二，二生三，三生万物”②。同时，“道”又是林林总总的万象必将复归的终极状态，即所谓“夫物芸芸，各复归其根”③。因此，“无”已被老子作为最高的存在依据。他虽然还没有进一步以这个“无”为中心建立起系统的形而上学体系，却通过揭示本体与具体事物的区别，肯定了“无”的本体地位。这样，他就把“道”从常识的经验世界里提炼出来，并使之成为一个具有形而上学意义的本体概念。

老子之后，庄子对道家哲学的形而上学建构又作出了重要贡献。一是他剔除了老子本体论中的宇宙生成论成分。老子将“道”比喻成“天地之母”、“玄牝之门”等，含有生成论的意味。庄子则以“夫道，自本自根，未有天地，自古以固存”④，“道无终始，物有死生”⑤等，消解了老子的宇宙生成论内容，然后又以“无有”、“无无”等来规定“道”，从而净化了道家的本体论思想。二是从“道”与“物”、“无”与“有”、“有用”与“无用”、“本”与“末”、“大”与“小”等对立关系的思辨中丰富了“道”的本体论内涵。例如，在“道”与具体存在对象的关系上，庄子一方面提出了“物物者非物”的重要命题，强调具体对象不能充任事物的本体，“道”只能是超越于具体对象的“非物”。另一方面，庄子又认为“物物者与物无

① 陈鼓应：《老子注译及评介》，中华书局 1984 版，第 53 页。

② 陈鼓应：《老子注译及评介》，中华书局 1984 版，第 232 页。

③ 陈鼓应：《老子注译及评介》，中华书局 1984 版，第 124 页。

④ 曹础基：《庄子浅注》，中华书局 2000 年版，第 93 页。

⑤ 曹础基：《庄子浅注》，中华书局 2000 年版，第 242 页。

际”[①]，即这个超越性的“道”并非真的如天马行空、独立自存；相反，它是遍存于一切对象之中，即使低微污秽之物，亦与“道”无间隔。因此，庄子说“天地一指也，万物一马也”、“道通为一”[②]。庄子的这种本体观，对于建构起道家的形而上学体系具有重大的意义。

道家形而上学是中国古代哲学中形而上学建构得最早、最富有思辨性的理论，对中国传统哲学的形而上学作出了重要的、独特的贡献，并富有自己的理论特质。其一，西方传统的形而上学认为形上的本体是真实的，而形下的现象则是虚幻的。但“中国哲人讲本根与事物的区别，不在于实幻不同，而在于本末、源流、根支之不同”[③]，即中国传统形而上学只讲本根先于和优于枝末，不讲本体与现象之真假虚实。道家形而上学的这一特质，消除了它与西方哲学中本体与现象、客体与主体等二元世界的分隔问题，以整体统合的眼光来把握存在本体，并由本体与现象的整合进一步引发出关于自然与人生和谐统一的“天人合一”论等思想。其二，由于道家形而上学没有分隔本体与现象、客体与主体、天与人，反而确认天与人、自然与社会之间有内在关联性与统一性，如老子讲“法自然”、庄子讲“天地与我并生，而万物与我为一”[④]等，所以道家形而上学的本体不仅是作为外在自然界的本体，同时也是社会人生的意义和价值的最原始、最终极的根据，即作为价值意义的本体。这种本体观体现了道家哲学是以对人的生命价值的开发和人与自然的整体和谐为终极性追求的。虽然，儒家的形而上学也被赋予了价值和意义的内涵，但其价值和意义主要是伦理道德原则，因此被称为“道德形而上学”。而道家形而上学中的本体并不具有儒家所说的伦理道德含义，它甚至公开反对伦理道德。就人与道的关系而论，道家认为人是“道”所引导出来的一个现象环节，故自然之道就内在于人性、人心之中，人作为主体理应与其保持和谐，人的价值和意义就存在于与道合一

---

① 曹础基:《庄子浅注》,中华书局 2000 年版,第 328 页。

② 曹础基:《庄子浅注》,中华书局 2000 年版,第 23～24 页。

③ 张岱年:《中国哲学大纲》,中国社会科学出版社 1982 年版,第 9 页。

④ 曹础基:《庄子浅注》,中华书局 2000 年版,第 29 页。

的境界之中。因此，道家的形而上学又可称为一种“自然形而上学”或“自然人文主义”。其与儒家的道德形而上学相比，在本体思辨和生命价值开发以及主体的自由、平等、和谐的追求等方面，都表现得更为深沉、丰满和开放，蕴含了更为广阔的理性和意义空间。

（二）否定的逆向思维方式

所谓“否定的逆向思维方式”，即指注重从否定的、负的方面去认识和描述对象，通过“否定之否定”揭示对象的辩证本质。古代否定的逆向思维方式在道家哲学，特别是老子哲学中得到了最早、最系统和最富有成效的体现。

在老子的形而上学中，作为本体的“道”，本身就蕴含着否定性。“道”作为本体，是一种终极存在，从这个意义上说，它是绝对的、肯定性的存在，即“有”。但是，绝对的肯定性的“有”不是一般的“有”，而是等于绝对否定性的“无”。因为“绝对的肯定也就是绝对的否定”①，因此，老子又说“道”是“无”，“无”就是最大的否定性，意味着“道”是没有任何具体的规定性，是超验的、不可言说的。老子始终不愿从正面的角度对“道”作肯定性的界说，而只从负面对“道”作否定性的描述。如他说“天下万物生于有，有生于无”②，就通过否定“道”不是什么而剔除了“道”的具体性、有限性，最终肯定了“道”的整体性、无限性和超越性。冯友兰先生曾把这种否定性的辩证思维方法，称之为“负的方法”，并指出形而上学有两种基本的方法，即正的方法和负的方法。正的方法的实质是说形而上学的对象是什么，负的方法的实质则是主要说它不是什么。“一个完全的形而上学系统，应当始于正的方法，而终于负的方法。如果它不终于负的方法，它就不能达到哲学的最后顶点。”③

老子的“道”，就其本体的意义而言，是绝对的，因而是静止的。但就其与万物的关系而言，万物得“道”而为万物，“道”外化落实而为万物

① ［德］黑格尔著，杨一之译：《逻辑学》（上），商务印书馆 1981 年版，第 38 页。

② 陈鼓应：《老子注译及评介》，中华书局 1984 年版，第 223 页。

③ 冯友兰：《中国哲学简史》，北京大学出版社 1996 年版，第 295 页。

的过程，就是“道”的运作过程，这被老子称之为“德”。“反者道之动”[①]就是老子用来描述这种由“道”入“德”的反向运动过程，它具体体现了老子的否定的逆向思维方式。“反者道之动”大致有两层含义：其一，“反”为“相反”，即“道”的运动是向相反方向的运动。老子认识到“万物负阴而抱阳”[②]，矛盾是普遍存在的，矛盾总是相反相成，既对立又统一，矛盾着的对立面，总要互相否定，向相对立的方向转化。因此，世间一切事物都要向自己的对立面转化，这就是“道的运动”的普遍法则。其二，“反”为“返”、“复”道的运动，归根结底是一种返回到最初的原始状态，即向作为本体的“无”的复归过程，老子称之为“归根复命”[③]。老子虽然承认矛盾，但他认为矛盾只存在于世间万物，而作为其原初状态的“道”是没有矛盾的，是混沌淳朴的“无”，因而是最理想的状态，“道”的运动、万物的归宿都应是复归于这种“无”的原初状态。如何实现这种“道”的运动呢？老子强调，要用“反”即“否定方法”的作用，即王弼所言“欲将全有，必返于无”[④]。他提倡损益、贵柔、守雌、勿壮、无为，反对刚强和进取，防止对立面的转化。总之，通过不断的否定，层层剥离、剔除道的各种外化之物，最后回归到一片空灵、无所挂碍的本真状态——“道”或“无”。这既是宇宙的本体，又是人之高洁、澄明的精神境界。

实际上，否定的逆向思维方式并不单单是为了证明“道”的否定性本质以及展示“道”的否定性运动，其最终目的是为了否定世俗的道德观、价值观的绝对性与永恒性，否定世俗与常人认识上的肤浅性、局限性和机械性，否定独断论思维方式及一切外在形式的束缚，从而为其无为而治的社会理想和顺应自然的人生追求提供方法论依据。

(三)无为主义的政治哲学

对于道家思想文化的特质，除了上述“道”的形而上学建构和否定

① 陈鼓应：《老子注译及评介》，中华书局1984年版，第223页。

② 陈鼓应：《老子注译及评介》，中华书局1984年版，第232页。

③ 陈鼓应：《老子注译及评介》，中华书局1984年版，第124页。

④ （魏）王弼注，楼宇烈校释：《老子道德经注校释》，中华书局2008年版，第110页。

的逆向思维方式外，其无为主义的政治哲学也是题中应有之义。不难看出，道家的形而上学建构实际上包括宇宙本体和境界型本体建构两种形式，它们延伸到经验世界，必然透显哲学对社会和人生的观照，并从中引出政治哲学和道德哲学。仅就纯哲学意义上的“无为”来说，它既植根于其形而上学原理中，又体现了无为主义与自然主义的统一。从逻辑上说，道家形而上学既然认为“道”作为本体，其实质就是“无”，那么本体之“无”的性质体现在“道”的功能和运作上，就是无意志、无目的、无意识，这当然就是“无为”。所以，“无为”也可视为“道”之本质的体现，它应是“道”的一种“上德”。老子说“道常无为”①，“天之道，不争而善胜，不言而善应，不召而自来”②；庄子说“天无为以之清，地无为以之宁，故两无为相合，万物皆化生”③，这皆说明“无为”是“道”的一种上德。另外，从“道”之自然义来说，“无为”是与“自然”合二而为一的，亦可称为“自然无为”。所谓“自然”，就是自然而然，它是自己如此、本来如此、势当如此，并以此说明“道”的运作及万物的生化不受任何客观意志或别的什么力量所推动，而是按照自己固有的本然状态、趋势来进行。故“无为”的另一层含义即是“无违”，亦即无违自然、因任自然而无所作为或不强作为。从这个意义上说，王弼以“顺自然也”一语来诠释老子的“无为”，是深得其旨的。既然“自然”、“无为”都是“道”本身所固有的属性、本质，那么由它产生的人和天地万物在本性是也都是“无为”的。因此，人道理应效法天道，做到常无为而任自然，此即“人法地、地法天、天法道、道法自然”④。

从政治哲学来说，道家所说的“自然”、“无为”实际上是反映了其对群体关系、人与自然宇宙的关系和人类的各个生存个体存在发展状态的深沉关切和呵护。它体现在社会管理方面，首先是一种安邦治国的政治策略，是一种对社会的间接控制形式，道家幻想以此否定或限制那

---

① 陈鼓应：《老子注译及评介》，中华书局 1984 年版，第 209 页。

② 陈鼓应：《老子注译及评介》，中华书局 1984 年版，第 334 页。

③ 曹础基：《庄子浅注》，中华书局 2000 年版，第 255 页。

④ 陈鼓应：《老子注译及评介》，中华书局 1984 年版，第 163 页。

种专制性、强制性的社会控制方式。它体现在君臣关系的处理方面，则是一种“君道无为而臣道有为”①的“君术”。但这种“无为”的目的不在于统治者治术的完善和权力的长久，而在于对统治者的一种劝诫，在于尽可能地削弱由于社会分化和权力高度集中所带来的社会动荡不安和对抗，从而使社会生活接近或比较接近其所追求的人生信念和社会理想。它体现在政权建设方面，就是要求作为最高统治的君主始终保持自然之德，以“少私寡欲”的“上德”约束自己的行为，以“爱民治国能无为乎”②对待人民，以“绝智弃私”制止滥用智识。这也就是老子所说“圣人不行而知，不见而明，不为而成”③，“天下神器，不可为也”④，庄子所说“故君子不得已而临莅天下，莫若无为。无为也，而后安其性命之情”⑤，“玄古之君天下，无为也……无为而万物化”⑥。在他看来，只要“君无为”，人民就可以“自宾”、“自化”、“自朴”。

因此，对道家的“自然”、“无为”不能简单地归结为消极避世的虚无主义。老子强调“柔弱胜刚强”⑦，认为“弱者道之用”⑧，其“无为”正是这种“弱之道”的具体体现和运用。由于“天下之至柔，驰骋于天下之至坚”、“守柔曰强”，所以“道常无为而无不为”⑨。道家在表面上守弱处静、无所作为，实际上遵循万物的本性而不违逆，顺应自然之道而知进、知止，做到了有所为和有所不为的辩证统一。这样说来，道家的无为主义应属于一种高明的方法论原则和社会控制方式及领导艺术，其精义在于体现了合规律性与合目的性的统一。

从以上三个方面的论述可以看出，道家思想可谓为中国传统文化

---

① 《韩非子》校注组：《韩非子校注》，江苏人民出版社 1982 年版，第 34 页。

② 陈鼓应：《老子注译及评介》，中华书局 1984 年版，第 96 页。

③ 陈鼓应：《老子注译及评介》，中华书局 1984 年版，第 248 页。

④ 陈鼓应：《老子注译及评介》，中华书局 1984 年版，第 183 页。

⑤ 曹础基：《庄子浅注》，中华书局 2000 年版，第 144～145 页。

⑥ 曹础基：《庄子浅注》，中华书局 2000 年版，第 158 页。

⑦ 陈鼓应：《老子注译及评介》，中华书局 1984 年版，第 205 页。

⑧ 陈鼓应：《老子注译及评介》，中华书局 1984 年版，第 223 页。

⑨ 陈鼓应：《老子注译及评介》，中华书局 1984 年版，第 209 页。

奠定了哲学根底，在中国哲学史上占有重要地位。不仅它的形而上学道体观、否定的逆向思维方式达到了理论思维的较高水平，而且它的自然无为思想也旨在探究万事万物的总法则，并以此解释事物的根本属性，最终以领悟万物的总法则作为人生的最高境界。正因为道家思想有如此重要的文化价值，许多学者对它作出了极高的评价。如牟钟鉴先生认为，道家有三大文化精神特质："其一是追求返朴归真，其二是追求脱俗超迈，其三是提倡柔静之道。"[①]萧萐父先生认为，道家风骨的内涵有三个层面："(一)'被褐怀玉'的异端性格，是道家风骨的重要特征。(二)'道法自然'的客观视角，是道家思想的理论重心，与儒家把道局限于伦理纲常相比，更具有理性价值，更接近于科学智慧。(三)物论可齐的包容精神，这是道家特有的文化心态和学风。"[②]诸如此类的极高评价还可举出许多。这都说明，道家思想具有极高的学术价值和历史地位。但如同中国传统哲学在近现代受科学主义、经验主义以及爱国、反帝的历史使命的冲击一样，道家的形而上学本体论并没有为近现代学人们所看重并发展，他们看重的是道家无为而治的政治哲学，以及与国计民生密切相连的若干范畴、概念及其独特的思维方式。故"自然"、"无为"及与它相关的范畴、概念等，倒是成了近现代学人的研究对象，因而也成为本书所探析的重点内容。

三、近现代对道家智慧的开掘

道家思想要义博大精深，内容丰富多彩，可将其归结为包括哲学智慧、政治智慧、生活智慧等在内的智慧之学。正是由于道家思想是智慧之学，所以在道家思想的传播、流变过程中，不同历史时期的思想家可以根据治理社会和安顿人的社会生命、肉体生命和精神生命等方面的需要，从中汲取有用的营养。他们或以之批判黑暗政治，消除异化；或

---

① 牟钟鉴：《道家学说与流派述要》，载《道家文化研究》第 1 辑，上海古籍出版社 1992 年版，第 13 页。

② 萧萐父：《道家风骨略论》，载《道家文化研究》第 2 辑，上海古籍出版社 1992 年版，第 1 页。

以之调控社会,谋图进化改良;或以之汇合百家异说,以应对外来思想的挑战;或以之营造精神之境,安顿人的心灵。当历史的发展进入了近现代,此时的中国一方面直面内忧外患的困扰,另一方面又经受着西学的冲击和挑战。故如何应对内忧外患的困境以及西学的冲击和挑战,便成为近现代道家思想研究不可回避的两个时代问题。正是围绕着这两个不可回避的时代问题,近现代道家思想的研究者主要对道家思想的价值作了如下开掘:

(一)平等观念

道家认为,“人法地,地法天,天法道,道法自然”[①],“道者,万物之所由也”[②]等,即意味着“道”是宇宙间的一种规律和合理的秩序安排,无论人类或天地都必须效法和顺应这一根本规律。不仅万物要“尊道贵德”,而且即使是拥有至高无上权威的君主也不能例外,“侯王若能守之,万物将自宾”,“以辅万物之自然而不敢为”[③]。“尊道”而“不敢为”,就是顺应自然规律,不强作妄为,以达到“无为而无不为”的目标。《吕氏春秋·君道》进而警告说:“顺道者昌,逆道者亡。”可见,顺应“道”这一根本规律和秩序,才能够建功立业、繁荣社会,才能组成一个和谐的共同体。

“道”既然是人类社会所应遵循的法则,那么它就代表了世界和人的共同本性。因此,任何人不管其拥有何种社会等级身份,都必须受“道”的支配和制约,必须遵守“道”所彰显于、落实于、贯穿于具体事物中的规律和行为规范。因此,“道”就是天地之间的根本之法,就是人人所必须遵守的公共秩序。这无疑有利于对君主特权的约束和扼制,并与在“法律面前人人平等”的近代西方法治精神颇相近。

道家从把“道”视作人和社会共同遵循的法则、秩序出发,阐述其平等思想。老子认为“天道”与人为善,而不与人为敌,即所谓“天之道,不

---

① 陈鼓应:《老子注译及评介》,中华书局 1984 年版,第 163 页。

② 曹础基:《庄子浅注》,中华书局 2000 年版,第 471 页。

③ 陈鼓应:《老子注译及评介》,中华书局 1984 年版,第 309 页。

争而善胜”[①]；“人之不善，何弃之有”[②]。故欲实现人的平等，就必须以“真”、“善”待人，做到“圣人常善救人，故无弃人”[③]。然而，老子认为与人为善，实现人的平等，首先应从统治者做起，特别是作为最高统治者的君主应保持“圣人无常心，以百姓心为心”[④]，平等无私地对待万民百姓，即所谓“天地不仁，以万物为刍狗；圣人不仁，以百姓为刍狗”[⑤]。在老子看来，“不尚贤，使民不争”[⑥]，人间的不平等都是以君主为代表的统治者制造出来的，完全背离了公平、正义的天道。因为“天之道，其犹张弓与？高者抑之，下者举之”[⑦]最向往平等。庄子同样把自然无为的“道”视作人间和谐、平等和秩序化的象征，他从“万物齐一”说出发，回答了人生来应该平等而又何以不平等的原因，即“以道观之，物无贵贱；以物观之，自贵而相贱；以俗观之，贵贱不在己”[⑧]。前两句说人生来应该平等，而后四句说人何以不平等。在他看来，人和天地万物虽然禀道而生，却是以“气”构成的，即所谓“通天下一气耳”[⑨]。而“气”无贵贱，故由“气”构成的人也不应该区别高低贵贱，他们是天生平等的。至于为什么不平等，庄子无法揭示其社会根源，而是认为此乃由人的内在心理与外在的人为因素所致，非人自身所固有。这种分析，相对于卢梭关于私有制是人类不平等的根源的论断，虽然显得肤浅，但他第一个提出了人生而应该平等而又不能平等的问题，这在中国古代思想史上有着不可磨灭的价值。不仅如此，庄子还用平等观念评判人物是非，如《德充符》所描写的兀者申徒嘉与执政大臣子产争平等事例，即说明申徒嘉虽然卑贱，但他与作为执政大臣的子产在人格上是平等的。这种平等

① 陈鼓应：《老子注译及评介》，中华书局1984年版，第334页。
② 陈鼓应：《老子注译及评介》，中华书局1984年版，第303页。
③ 陈鼓应：《老子注译及评介》，中华书局1984年版，第174页。
④ 陈鼓应：《老子注译及评介》，中华书局1984年版，第253页。
⑤ 陈鼓应：《老子注译及评介》，中华书局1984年版，第78页。
⑥ 陈鼓应：《老子注译及评介》，中华书局1984年版，第71页。
⑦ 陈鼓应：《老子注译及评介》，中华书局1984年版，第346页。
⑧ 曹础基：《庄子浅注》，中华书局2000年版，第239页。
⑨ 曹础基：《庄子浅注》，中华书局2000年版，第318页。

观无疑蕴含着一种人道精神和人权意识。虽然，它在漫长的封建社会中没有得到实践，但后来《太平经》提出的“尊卑大小皆如一”[①]的政治原则却返照了庄子的慧识。

由人人平等的思想，道家还提出了经济平等的要求。老子认为，天道是毫无私心和非常公平的，如天地的阴阳二气相合，就降下了甘露，人民不需指令控制，也自然会很均匀，即“天地相合，以降甘露，民莫之令而自均”[②]。他希望统治者也像天道抑高举低那样，削富济贫，对百姓实行经济平均，“有余者损之，不足者补之。天之道损有余而补不足，人之道则不然，损不足以奉有余。孰能有余以奉天下，唯有道者”[③]。他试图效法公平的天道，改变当时贫富对立的现象。而庄子的经济平等思想则体现在“无君”的理想国中，即“彼民有常性，织而衣，耕而食，是谓同德。一而不党，命曰天放。故至德之世，其行填填，其视颠颠。当是时也，山无蹊隧，泽无舟梁；万物群生，连属其乡；禽兽成群，草木遂长。是故禽兽可系羁而游，鸟鹊之巢可攀援而窥。夫至德之世，同与禽兽居，族与万物并。恶乎知君子小人哉！”[④]在他的理想国中，不仅无君臣贵贱之分，而且在民众的衣食住行问题上也由人性平等发展到经济平等。道家的这些经济平等思想虽然属于一种分配上的平均主义，反映出自然经济下小农思想的局限性，但它批判和否定了当时现实社会中不平等的分配制度和方式，并为后世追求社会正义的农民起义提供了思想资料。

资本主义列强以鸦片打开中国的大门，在我们古老的国土上展开殖民主义角逐之后，欧风美雨也带来了近代民主、平等的观念。当士大夫知识分子还不知西方民主、平等是何物时，许多有识之士试图接近它、理解它和接受它。为此，他们除了以儒家圣经贤传去诠释它外，也从道家思想出发去认识它、把握它。于是，平等便成为近代道家研究者

---

① 王明：《太平经合校》，中华书局 1960 年版，第 683 页。

② 陈鼓应：《老子注译及评介》，中华书局 1984 年版，第 194 页。

③ 陈鼓应：《老子注译及评介》，中华书局 1984 年版，第 346 页。

④ 曹础基：《庄子浅注》，中华书局 2000 年版，第 127～128 页。

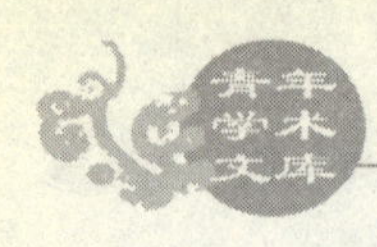

所关注的一个重要课题，他们纷纷从道家文本资料中觅寻平等的观念。

（二）自由观念

如同平等一样，自由也是道家思想资料中富有特色的部分，近代有识之士对它多有关注。

老子的“自由”思想是围绕着“道”、“自然”、“无为”等范畴展开的，对其“自由”思想具体可作如下理解：其一，自由即循道而行。按照老子“道”论的逻辑，“道”既然是宇宙万物发展变化的总法则，那么人循道而行，遵循客观法则办事，就能获得自由。一般而言，自由是对必然的认识和改造，老子“道”论中虽然缺乏认识和实践的环节，但他毕竟把合规律才能达到合目的、合自由的内涵提出来了。其二，自由以自性、自因、自我为向度。既然老子的“自然”是反映自然而然、本来如此、自己如此、势当如此，那就意味着“道”和万物及人的生命个体的存在、发展是以自性、自因、自我为向度的。而自性、自因、自我是打破束缚、限制，由自己做主，这实际上表达了一种自由的观念。像老子说的“万物将自化”、“天下将自正”①、“民莫之令而自均”②以及“我无为而民自化，我好静而民自正，我无事而民自富，我无欲而民自朴”③等，就体现了排斥外在束缚、限制和干预的自由观念。因此，如果说老子主张的循道而行主要反映了人与外在必然的关系，属于一种外在自由的话，那么自性、自因、自我则体现了一种内在心灵自由，它如同近代西方天赋人权的观念一样，肯定了自由更是人的一种内在本质、本性，这种自由观念在当时是一种相当深刻的见解。其三，自由是对文明异化的反叛。老子生活的春秋末年，正值奴隶制向封建制过渡的“礼崩乐坏”的时期。旧礼制的弊端暴露无遗，新的封建礼法在具有推动社会前进的正向价值的同时，又滋生出物欲膨胀、智诈巧伪、争名夺利、虚伪奢侈等负面价值。故无论何种文明在其发展过程中都有可能导致人的异化，束缚、限制人的

---

① 陈鼓应：《老子注译及评介》，中华书局 1984 年版，第 209 页。

② 陈鼓应：《老子注译及评介》，中华书局 1984 年版，第 194 页。

③ 陈鼓应：《老子注译及评介》，中华书局 1984 年版，第 284 页。

自由。老子说的“大道废，有仁义，智慧出，有大伪”[①]，“故失道而后德，失德而后仁，失仁而后义，失义而后礼。夫礼者，忠信之薄，而乱之首”[②]，就表明他反叛违背人性自由的仁义礼法，并蕴含着消除文明异化的革新要求。

较之老子的自由思想，庄子的自由观念更为强烈、鲜明些，其《逍遥游》就是讴歌和追求自由的杰作。庄子的自由观念也是围绕着“道”、“自然”、“无为”等范畴而展开的。概括起来说，可作三个层面的理解：

其一，理性自由。庄子的“道”也含有规律的意思，特别是他的外篇、杂篇讲天道、天地之道、人道，强调人道要服从天道、天地之道等，就从主观与客观相一致性的程度上解读自由。即使其内篇《逍遥游》，也仍有理性自由的成分。例如，他对大鹏获得无待之自由时概括说：“若夫乘天地之正，而御六气之辩，以游无穷者，彼且恶乎待哉?”[③]这里的“乘”可解释为顺，“正”即规律，这就意味着宇宙是有规律的，大鹏的自由在于顺从了规律，所以才能游于无穷而无所待。再从其他篇来看，庖丁解牛之所以获得由“技”到“道”的自由在于“依乎天理”；吕梁丈人游水运用自如，全在于“从水之道而不为私焉”[④]。在他看来，顺应规律就获得自由，反之就没有自由。这无疑是一种理性的自由追求，与老子的循道而行之自由可谓亦步亦趋。

其二，精神自由。所谓“精神自由”，是指无拘无束、自由自在的精神状态，它是通过“心斋”、“坐忘”、“莫若以明”、“朝彻”等自然无为的心性修养所达到的最高精神境界，亦即“天人合一”的境界。在这种境界状态中，人不仅无拘无束、快活自得，而且还认定人和万物的本性就是热爱和追求自由的，即便是“泽雉十步一啄，百步一饮”，亦“不蕲畜乎樊中”[⑤]，它愿意过自由自在的生活。相对于实践来说，庄子追求的这种

---

① 陈鼓应：《老子注译及评介》，中华书局 1984 年版，第 134 页。

② 陈鼓应：《老子注译及评介》，中华书局 1984 年版，第 212 页。

③ 曹础基：《庄子浅注》，中华书局 2000 年版，第 6～7 页。

④ 曹础基：《庄子浅注》，中华书局 2000 年版，第 278 页。

⑤ 曹础基：《庄子浅注》，中华书局 2000 年版，第 45 页。

精神自由有一定程度的虚幻性，但它的价值在于深刻揭示了人之不自由的原因。一方面，这来自黑暗的专制制度的外在钳制，其对人民滥用刑罚，动辄发动残害人民的战争，亦即“君人者以己出经式义度，人孰敢不听而化诸”①“方今之时，仅免刑焉”②；另一方面，这来自儒墨仁义所形成的独断化的意识形态，以及在这种意识形态的误导下，人们汲汲于追求功名权势。人们为追逐物欲名利，不惜“与物相刃相靡”、“日以心斗”，得到了则“操之则慄，舍之则悲”③，犹如受严酷刑戮，精神何能自由！这种对不自由原因的揭露，实际上是对社会上种种不自由现象的淋漓批判，表现出一种强烈的叛逆性格和社会批判精神。

其三，个性自由。如果说理性自由、精神自由是从宏观整体上彰显庄子的自由观的话，那么所谓个性自由主要是从微观上表达了个体向往自由的诉求。庄子向往个性自由主要体现在他高标“任其性命之情”④、率性任情，充分发挥主体自然天放的个性与才能方面。《马蹄》篇把“至德之世”作为理想国，认为在这个美好的理想社会，不仅“彼民之常性”得到了满足，而且每个个体之间还“一而不党，命曰天放”⑤，按其本真之性来自由自在地展示自己，承认了个性存在的合法性。庄子肯定个性的存在，也就认可了个人的价值，由此也必然反对压抑和扭曲人的个性、价值，要求把个人从儒墨仁义礼法桎梏下解放出来，因而与儒家要求个体服从家族和社会整体需要的思想宗旨是相异的。这对那种抹杀个性、漠视个人幸福的绝对整体主义观念发出了不寻常的挑战。

从上述自由的三个层面可以看出，庄子对自由的解读是相当深刻的。诚然，他的自由思想不是现代法治意义下的自由，但其理性自由却为近代自由提供了一种测量尺度，其精神自由则成为一切解放心灵的基础，其个性自由也成为构成和衡量人类幸福的因素。因而，这三个层

① 曹础基：《庄子浅注》，中华书局2000年版，第110页。
② 曹础基：《庄子浅注》，中华书局2000年版，第68页。
③ 曹础基：《庄子浅注》，中华书局2000年版，第214页。
④ 曹础基：《庄子浅注》，中华书局2000年版，第125页。
⑤ 曹础基：《庄子浅注》，中华书局2000年版，第128页。

面的自由必将成为“追求政治自由最力的思想”[①]。近代中国自由思想的“木铎”严复说:“夫自由一言,真中国历古圣贤之所深畏,而从未尝立以教者也。”[②]此对于儒家来说是这样的,于道家则不然,这大概就是近代道家研究者关注和开掘道家自由思想的一个根本缘由。

(三)民主观念

老子以“道”为世界根源的理论,既提升了人的地位,又从万物皆为“道之子”出发,论证了人类社会的平等原则和普通民众在社会中的核心地位。这样,他便在淡化统治者的政治地位和对专制制度的批判否定中,彰显了一种民主的意识。

首先,道家的民主意识体现为民本思想。这种民本思想虽然不能等同于近代以来所说的民主,但道家阐述其民本思想的目的主要是为了限制君主的专断横行,要求君主在其治国安邦的实践中把百姓大众作为重点因素加以考虑。在这方面,老子不仅率先提出了“圣人无常心,以百姓心为心”[③]的主张,而后还警示统治者要做到“爱民治国”[④]、“以正治国”[⑤]。他所说的“爱民治国”、“以正治国”,就是按照民众的本性要求,实行无为而治。庄子的民本思想丝毫不比老子逊色,他的“彼民有常性”[⑥]即表现了对民众百姓的本性要求的呵护。不仅如此,他还注意到民众是一支不可忽视的强大的社会力量,《在宥》篇说:“卑而不可不因者,民也。”[⑦]《则阳》篇又说:“以得为在民,以失为在己,以正为在民,以枉为在己。”[⑧]这些说法与老子所说的“民不畏死,奈何以死惧

---

① 徐复观:《中国艺术精神》,春风文艺出版社 1987 年版,第 40 页。

② 卢云昆:《社会剧变与规范重建——严复文选》,上海远东出版社 1996 年版,第 5 页。

③ 陈鼓应:《老子注译及评介》,中华书局 1984 年版,第 253 页。

④ 陈鼓应:《老子注译及评介》,中华书局 1984 年版,第 96 页。

⑤ 陈鼓应:《老子注译及评介》,中华书局 1984 年版,第 284 页。

⑥ 曹础基:《庄子浅注》,中华书局 2000 年版,第 127 页。

⑦ 曹础基:《庄子浅注》,中华书局 2000 年版,第 155 页。

⑧ 曹础基:《庄子浅注》,中华书局 2000 年版,第 394 页。

之"[①]、"民不畏威，则大威至"[②]并无二致，皆说明了民意不可违，民心不可欺的道理。不少学者指斥道家是愚民的，其根据即老子说的"古之为道者，非以明民，将以愚之"[③]。其实这句话并不是要人民愚昧无知，而是反对巧治伪诈，要人民保持淳朴敦厚之性。这正如诸家所释。如王弼注"明"云："'明'谓多见巧诈，蔽其朴也。"[④]河上公注"明"云："明，知巧诈也。"[⑤]王弼注"愚"云："'愚'为无知，守其真顺自然也。"[⑥]河上公注"愚"云："使朴质不诈伪也。"[⑦]老庄道家都有深刻的民本思想，其后的黄老道家则加以继承和发展，如《管子·心术下》说："爱天下，故天下可附"，"恶天下，故天下可离"。马王堆出土的黄老帛书《经法·六分》说："万民和辑，而乐为其主上用。"[⑧]《淮南子·泰族训》说："国主之有民也，犹城之有基，木之有根。根深则木固，基美则上宁。"[⑨]从原始道家到黄老道家的民本思想，同儒家的民本思想一样，都闪烁着古代民主的光亮。

其次，道家的民主意识还体现在"无为而治"的政治主张中。这种政治主张是基于压抑人性、缺乏道德正义的封建政治治理方式而提出来的，旨在纠正君主极端的"有为政治"。所谓"有为"，即统治者强作妄为，毫无约束地行使国家权力，过多地干涉和强制民众的生产、生活和自由。"有为"政治的结果是压而不服，天下多事，"民之难治，以其上之有为，是以难治"[⑩]，"天下多忌讳，而民弥贫；人多利器，国家滋昏；人多伎巧，奇物滋巧；法令滋彰，盗贼多有"[⑪]。基于此，老子提出了与"有

---

① 陈鼓应：《老子注译及评介》，中华书局 1984 年版，第 337 页。
② 陈鼓应：《老子注译及评介》，中华书局 1984 年版，第 331 页。
③ 陈鼓应：《老子注译及评介》，中华书局 1984 年版，第 312 页。
④ 陈鼓应：《老子注译及评介》，中华书局 1984 年版，第 312 页。
⑤ 陈鼓应：《老子注译及评介》，中华书局 1984 年版，第 312 页。
⑥ 陈鼓应：《老子注译及评介》，中华书局 1984 年版，第 312 页。
⑦ 陈鼓应：《老子注译及评介》，中华书局 1984 年版，第 312 页。
⑧ 马王堆汉墓帛书整理小组编：《经法》，文物出版社 1976 年版，第 17～18 页。
⑨ 何宁：《淮南子集释》，中华书局 1998 年版，第 1423 页。
⑩ 陈鼓应：《老子注译及评介》，中华书局 1984 年版，第 339 页。
⑪ 陈鼓应：《老子注译及评介》，中华书局 1984 年版，第 284 页。

为"政治相对立的无为而治的管理模式，这种管理模式对于统治者来说就是要做"为无为"，对于民众来说就是要实现"自为自治"。前者限制的是君主的独断专行，后者则给人民留下了自由、自主的空间，这两者皆带有"民主"的意味。老子的这种给人民以自由自主的思想被庄子所继承和发展，《应帝王》篇的主旨就是宣扬"无治主义"[①]。它指出：无治主义者的心灵是"无我"，"不以己意定法度"；其治天下之方是"顺物自然而无容私"，"化贷万物而民弗恃"[②]。《应帝王》篇所说的"无治主义"虽然是托"圣人之治"而阐发的，但它针对战国时期统治者的专制专权的情况，强调人性之自然而不加干涉，以百姓的意志为意志，具有强烈的古代民主政治的色彩。老庄道家的这种无治主义，又被黄老学所继承、发展，从而折射着古代民主的光亮。

再次，道家的民主意识还表现在它的社会批判思想中。在专制制度下，社会批判思想无疑是民主的催生剂。老子以"自然"、"无为"作考量，主要是批判了统治者对人民的残酷剥削及其发动的戕害人民的战争。如："民之饥，以其上食税之多，是以饥。"[③]"朝甚除，田甚芜，仓甚虚；服文彩，带利剑，厌饮食，财货有余；是谓盗夸。非道也哉！"[④]"兵者不详之器"[⑤]，等等。在以"自然"、"无为"否定现存剥削制度的基础上，老子提出了"小国寡民"的社会理想，即所谓"小国寡民，使有什伯之器而不用；使民重死而不远徙。虽有舟舆，无所乘之；虽有甲兵，无所陈之。使民复结绳而用之。甘其食，美其服，安其居，乐其俗。邻国相望，鸡犬之声相闻，民至老死，不相往来"[⑥]。过去，论者多认为老子所描述的这个社会理想是倒退的，岂不知在这"倒退"、"复古"的形式下，还有"大同"、"民主"的追求，这在当时应是一种值得关注的"民主"意识。庄

---

① 陈鼓应：《老庄新论》，上海古籍出版社 1992 年版，第 178～184 页。

② 曹础基：《庄子浅注》，中华书局 2000 年版，第 112 页。

③ 陈鼓应：《老子注译及评介》，中华书局 1984 年版，第 339 页。

④ 陈鼓应：《老子注译及评介》，中华书局 1984 年版，第 268 页。

⑤ 陈鼓应：《老子注译及评介》，中华书局 1984 年版，第 191 页。

⑥ 陈鼓应：《老子注译及评介》，中华书局 1984 年版，第 357 页。

子的社会批判思想的进路[1]，一是以相对主义的自由意志消解君主专制主义，上文所谓“齐万物”（存在层）、“等贵贱”（价值层）、“和是非”（认识层），就集中体现了庄子这方面的社会批判思想。二是用“彼民有常性”的自然人性论批判王道教化主义，同仁义道德的负面价值相抗争。庄子所说的“虎狼，仁也”[2]，“仁义其非人情乎！彼仁义何其多忧也！”[3]就是针对统治者将仁义道德绝对化带来的异化现象所作出的斥责和否定。但这并不意味着庄子一味反对儒家所主张的仁义礼乐。从郭店出土的道家简帛来看，道家只是反对那种违背自然之道和人之本真本性的仁义礼法规范，而对符合自然之道的仁义道德，它还是以“上仁”、“上礼”、“上德”来称赞的。三是用自然无为否定政治权威。庄子以“道”为究竟，只承认“自然”是最高权威，而政治权威只具有短暂的价值，蔑视、否定政治权威。《庚桑楚》说：“大乱之本，必生于尧、舜之内，其末存乎千世之后。千世之后，其必有人与人相食者也。”[4]这种不迷信任何权威的思想，在当时可谓有振聋发聩之功。

正因为道家思想中有如此多的民主思想的闪光，所以在历史的进程中，每当封建制度黑暗、肆虐、民不聊生之时，许多有眼光的思想家或从道家思想中提取其民本思想，或提取其无为思想，或将其作为同黑暗政治斗争的批判武器。故大乱之后想起“无为”，几乎成为一种政治治理的规律。历史是有借鉴价值的，近代许多有识之士之所以借道家思想扬西方近代民主之魂，其原因大概就在这里。

（四）经世意识

一般人认为，老庄道家是消极厌世或出世的，从它不肯与当权统治者直接合作或不赞成那种强制的、直接的政治统治方式来说，也可以作这种判断。但从它关注社会、人生及现实政治治理来说，其又有入世的一面，甚至有一种独特的经世意识，因此它的许多思想又不是消极、厌

① 参见安继民《简论庄子社会批判观的基本思路》，载《中州学刊》1997年第6期。

② 曹础基：《庄子浅注》，中华书局2000年版，第203页。

③ 曹础基：《庄子浅注》，中华书局2000年版，第121页。

④ 曹础基：《庄子浅注》，中华书局2000年版，第340页。

世的。就拿治国平天下的问题来说，《老子》第五十四章说："修之于身，其德乃真；修之于家，其德乃余；修之于乡，其德乃长；修之于邦，其德乃丰；修之于天下，其德乃普。故以身观身，以家观家，以乡观乡，以邦观邦，以天下观天下。"这就是一种关怀天下的意识。到《庄子·天下》篇，庄子则明确提出了与儒家相同的"内圣外王"之道。再拿道家所宣扬的"无为"、"不争"、"谦退"、"柔弱"、"清静"等观念来说，它也有很强的针对性，而不是消极的。如前所述，"无为"是顺任自然、不强作妄为，主要是针对统治者提出来的；"不争"是指不放纵自己的占有欲，主要是针对统治者的争强好胜、滥用智巧和武力提出的；"谦退"与"不争"在含义上有重合之处，但更有让人加强内在心性锻炼，做到含藏内敛、不显露锋芒的意图。"柔弱"的观念意在教人做到不恃刚凌物、强悍暴戾，它并非让人甘守怯懦，而是要人锤炼韧性、持续性的人格，以提高人之生命的深度。"清静"是针对人之好动、好斗、好强等而发，要人仿效虚无无为之道，做到含敛深藏、不轻举妄动，以保持心灵和生存空间上的和谐、有序和安宁。故无论老子或庄子，其所关心的都是人生当乱世如何呵护人类的生活、生存，人生在世如何凝练内在生命之源、开拓主体精神空间深层问题，他们直接或间接地表达了一种经世思想，也可以说原始道家是以出世的情怀而做入世的事业。

正因为原始道家不肯与当权的统治者合作，所以他们在批判各种社会政治的异化现象的同时，把许多符合历史发展的正向价值也都否定掉了，表现出厌世或出世的倾向。也正因为原始道家以出世的情怀而做入世的事业，所以他们在否定中又表现出关注现实的经世思想。这种情况说明，需要对原始道家的短处作出纠偏，对其长处作出整合。

黄老道家对原始道家的纠偏和整合，"大致是沿着本体论上的道论到气论、天人观上的否定人道到肯定人道、价值观上的否定社会价值到肯定社会价值的路径而展开的"[1]。概括起来说，黄老道家在道论上主要是克服了老庄之道的玄奥性，给予"道"以客观实在性。如北方稷下

---

① 丁原明：《黄老学论纲》，山东大学出版社 1997 年版，第 28～29 页。

道家主要把“道”诠释为“精气”，即所谓“凡物之精，比则为生，下生五谷，上为列星”，“精也者，气之精者也”[①]。而以马王堆出土的黄老帛书为代表的黄老学，则主要把“道”诠释为事物的客观法则，即所谓“物各（合于道者），胃（谓）之理，理之所在，胃（谓）之（顺）。物有不合于道者，胃（谓）之失理”[②]。这意味着“道”在黄老学那里已具有现实性品格，并为其朝着经世致用的方向发展奠定了哲学基础。在对待人道的问题上，黄老学也不再像老庄道家那样贬低人道，而是肯定人道有为的合法性。如《黄老帛书》说：“人强朕（胜）天”[③]，“天制寒暑，地制高下，人制取予，取予当，立为□王”[④]。《鹖冠子》则说：“不贤则不能无为，而不可与致焉。”[⑤]他们都把人的主观能动作用指向了改造现实世界的实践活动。在社会文明规范方面，黄老学也不再像老庄道家那样予以排斥，而是以“道”为统领而兼收并蓄他家。如《黄老帛书》在提出“道生法”[⑥]、道德结合的同时，主张刑德相养，即“天德皇皇，非刑不行，缪（穆）缪（穆）天刑，非德必顷（倾）。刑德相养，逆顺若成”[⑦]。《管子·心术》四篇把仁义礼法视为具体存在的“德”，“故道之与得无间，故言之者不别也”[⑧]。这样，黄老学便对道家固有的一些思想作了调整、转换，使其直接与现实的政治治理和社会生活相结合，因此拓展了原始道家所显示出来的经世思想。

面对近代中国内忧外患的局势，许多有识之士试图思变求新，以抵御外侮和挽救积贫积弱的境况，他们的主张之一就是倡导学术要做经世致用的文章。除了以经世致用开掘儒家经典外，他们还从道家思想中汲取所需要的经世思想，这也是他们在民族国家危亡之际研究道家

---

① 周翰光、朱幼文、戴洪才撰：《管子直解》，复旦大学出版社2000年版，第371页。
② 马王堆汉墓帛书整理小组编：《经法》，文物出版社1976年版，第28页。
③ 马王堆汉墓帛书整理小组编：《经法》，文物出版社1976年版，第8页。
④ 马王堆汉墓帛书整理小组编：《经法》，文物出版社1976年版，第90页。
⑤ 黄怀信：《鹖冠子汇校集注》，中华书局2004年版，第122页。
⑥ 马王堆汉墓帛书整理小组编：《经法》，文物出版社1976年版，第1页。
⑦ 马王堆汉墓帛书整理小组编：《经法》，文物出版社1976年版，第65页。
⑧ 周翰光、朱幼文、戴洪才撰：《管子直解》，复旦大学出版社2000年版，第289页。

思想的一个重要动机。

四、目前学界的研究现状

道家思想作为中国传统哲学的一个重要组成部分，历来受到古今学者的重视。仅就老庄道家来说，自 1978 年改革开放以来，相关研究就硕果累累，论著琳琅满目。除了冯友兰、张岱年、任继愈等老一辈学者对道家思想研究亦多有开山之功外，陈鼓应、许杭生、崔大华等学者又在前辈的基础上出版若干宏伟论著(见本书“参考文献”)。特别是近十几年来，一批中青年学者研究道家思想也如火如荼，不断有研究道家思想的论著问世。如刘笑敢的《庄子哲学及其演变》，崔宜明的《生存与智慧——庄子哲学的现代阐释》，张松辉的《庄子考辨》，熊铁基、马良怀、刘韶军合作编写的《中国老学史》，熊铁基、刘韶军、刘筱红、吴琦、刘固盛等编写的《二十世纪中国老学》，孙以楷主编的多卷本的《道家与中国哲学》，熊铁基的《秦汉新道家》，丁原明的《黄老学论纲》等。但是，相对于原始道家、黄老道家思想研究的火热情况来说，学界对近代道家思想研究的探析尚显得有些冷清和薄弱。

从目前出版的专著和发表的论文情况来看，青年学者高峰的《大道希夷——近现代的先秦道家研究》一书，无疑是研究这一专题的专门之作，并在一定程度上填补了这个研究领域的空白。此书分清末民初道家研究、论西方思潮影响下的道家研究、论道家与道教、马克思主义的道家研究和论 20 世纪 80 年代以来直到 1996 年的当代多元化道家研究五个部分。他以对道家文本的考证为线索来展现近现代道家思想研究的开展，突出了近现代道家思想发展的历史，近似一本近现代道家研究史。新近出版的由陈鼓应先生主编的《道家文化研究》第 20 辑“道家思想在当代”专号中，刊登了 20 余篇论文，分别对严复、章太炎、王国维、方东美、宗白华等近现代学者关于道家思想的研究进行了个案探讨。文章或从学术史的角度，或遵循考证的路向，探析了近现代学者们对道家思想的研究，使人深受启发。然而，目前学界对近代道家思想研究的探析，也有不足之处。高峰的《大道希夷——近现代的先秦道家研

究》一书固然有助于理清近代道家研究的历史进程，但却忽视了近代学者以道家文本为载体来阐发自己观点的良苦用心，忽视了研究道家思想的近代政治和思想价值，使人有余言未尽之缺憾。而包括《道家文化研究》第20辑在内的现有发表论文，不仅在数量上无法与已发表的无以数计的传统儒道文章相比，而且在内容上也显得比较零散。概括起来说，上述论著、论文研究留下的最大的缺憾即目前学者对近代道家思想的研究缺乏一个总体的把握，加之各自视角的限制，他们对西学在近代道家思想研究中的作用以及近代道家思想研究的时代价值、取得的成就、存在的不足等问题，都未能作深入而令人信服的探析，远没有达到近代儒家思想研究者们所具有的那种理论气度、规模与造诣。对近代道家思想研究的探析，显得冷清、薄弱和理论气度不够的原因很多，其中与这方面资料零星、分散，搜集起来困难较大有关。加之近代治道家者或以治儒为专长，或以改良家、社会活动者的身份活跃在历史舞台上，他们的治道家大多是作为一种“副业”出现，这便影响了人们选择道家思想作为研究对象的兴趣。

五、本书对近现代道家思想研究所作的分期与主要内容简介

关于“近现代”的时间界定，学界尚不统一，本书所言“近现代”即指从1840年鸦片战争爆发到1949年新中国成立前后的历史，所探析的资料也以这一时期为主。本书在尊重客观的历史过程与逻辑推演过程的内在一致性基础上，坚持历史与逻辑相统一的原则，将近现代诸学者对道家思想的研究分为近代与现代两个大的时期。近代即指从1840年鸦片战争爆发至1919年五四运动前后的历史，这一时期学者对道家思想的研究包括两个阶段，即鸦片战争至戊戌变法前后——道家思想与经世致用相结合、戊戌变法后至五四运动前——道家思想与西方观念的亲和。现代即指从五四运动至新中国成立前后的历史，这一时期学者对道家思想的研究包括三个阶段，即20世纪二三十年代疑古思潮下对老子其人其书的争论、众多学者对道家思想研究的多元方法、马克思主义传播与道家思想研究。由于各个阶段的历史境况相异，所以每

个阶段的研究所凸显的道家思想也各有偏重，对道家思想的政治价值、思想价值和文化价值三个层面的诠释也各有特点。这些研究阶段实际上分别代表了处于每个阶段中的研究者们的道家观，把他们整合在一起，即构成了中国近现代的道家观。仅就这几个不同阶段学者对道家思想研究的具体状况而言：

(一)鸦片战争至戊戌变法前后——道家思想与经世致用相结合

这一时期，随着社会危机的加深和今文经学的兴起，经世致用思潮再度复兴。虽然其经世之学的理论重心仍是儒学，但是随着社会危机的进一步加深，儒学已捉襟见肘，与儒学相斥、相融的道家思想则受到颇多的关注，其经世济民的社会政治价值开始凸显。晚清着力开掘道家社会政治价值的代表人物是魏源和曾国藩。魏源发挥今文经学"经世致用"的思想，对《老子》一书进行了新诠解，并将其视为"救世之书"。他对老子的"自然无为"、"无欲为体，无为为用"、"慈、俭、不敢为天下先"等命题作了新阐发。同时，他还从"更法"、"变古"的角度否弃了老子的"小国寡民"的思想，为其社会改革思想廓清了历史障碍。相对于魏源从学理上开掘《老子》的社会政治价值，曾国藩则从"事功"的层面拓展了道家的经世意义。为此，曾氏主张"以老庄为体，以禹墨为用"①，即在"内圣"之道上采纳道家的自然、清静之旨，并将其发为"外王"之用，以实现其创"中兴"之举的目的。曾国藩经世致用思想的一大特色是援用道家思想以补充和克服儒家的不足。他援引的道家思想包括"虚"与"静"、"悔"与"愧"、"淡"与"缺"等。这一时期，学者的道家思想研究从"通经致用"拓展到"通子致用"，促进了晚清学术风气的转变，凸显了《老子》经世匡时的社会政治价值，有助于启发人们重新认识道家学说。

(二)戊戌变法后至五四运动前——道家思想与西方观念的亲和

这一时期，西学以不可阻挡之势涌入了中国，并日益深入到思想领域。近代诸学者不满足于仅对西学作原原本本的介绍，力图通过对西

---

① (清)曾国藩:《曾国藩全集·日记》，岳麓书社 1988 年版，第 1579 页。

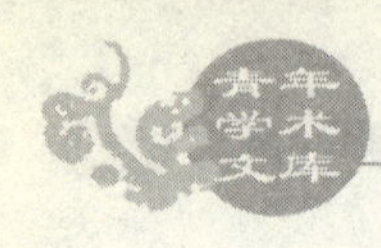

学著作的研读，重新发现贯穿其中的古今中外的普遍“义理”。对道家思想的研究主要体现为诸学者以西学重释老庄，注重阐发老庄的自由、平等思想，凸显其民主性精华，形成了道家学说在思想层面的重要发展，其代表人物有严复、刘师培和章太炎。严复著有《老子评点》和《庄子评点》，他用“以西释中”的独特解读方式，将西方观念与道家思想相挂搭，认为道家哲学中含有进化论、民主和自由思想。刘师培不仅对道家学说作了诸多考证工作，而且将道家思想与西方的民主观念相亲和，反驳了老子的愚民说。他挖掘了道家学说中的平等、自由思想，并将近代西方无政府主义思想与道家思想相融通。章太炎则用《庄子》诠释与反思西方的平等与自由、进化与发展观念。尽管道家基于自然主义的“民主”、“自由”思想与西方近代体现为政治权利的民主、自由甚有差距，但学者们以西学去阐发老庄哲学中所蕴含着的“民主”、“自由”因素，却在当时推进了西方近代自由、民主、平等观在中国的传播。这不仅改变了以前道家学说的价值多拘泥于道德修身及“无为而治”的情况，也使道家固有的反专制、反异化的精神得到了空前的彰显，获得了近代的气息。

（三）对近代道家思想研究的反思

从近代学者对道家思想的研究历程来看，道家学说的社会政治价值、思想价值得到了空前的彰显，这不仅拓宽了道家研究的视野，而且也有助于近代西学在中国的传播。但紧迫的时代任务也使得近代众多学者来不及深入、细致地研究道家著作，无法系统地把握道家思想。因此，无论在其使用的方法上，还是在其学理的建构上，都存在着一定缺陷和不足。其一，主观比附性倾向。近代学者以中学比附西学，对道家思想进行类比式研究。这种方法不仅会扭曲道家思想的本义，而且会导致对的延伸和偏离。其二，缺乏系统的学理研究。近代道家思想的研究表现为思想凸显而学理淡出，这种状况往往会导致一方面忽视道家思想的学理价值，另一方面又会矫枉过正、夸大道家思想的现代意义。其三，实用化、功利化倾向。近代中国面临爱国、反帝、救亡图存的现实历史任务，这使得近代道家思想的研究者们无暇关注老庄哲学中的天道性命问题，只是从救中国的实用、功利层面选择了一些道家思想资料予以推阐，以致把道家固有的淡泊无私、高洁空灵的真精神砍掉了。用实用、功利去处理古老的道家思想资料，既曲解了道家思想，又使求真、求是的学术精神缺失。

（四）20世纪二三十年代对老子年代问题的争论与反思

在疑古思潮推动下，20世纪二三十年代学界掀起了关于老子年代问题的争论。在疑古和价值重估的背景下，老子其人其书的年代问题成为学界的热点。这场前后持续十余年的争论，吸引了学界几乎所有优秀学者的参与，这对道家思想的研究是个极大的推动。关于老子年代问题的争论，最后大致形成了两种观点，即老子年长于孔子的"早出说"和老子在孔子之后的"晚出说"。不论是"早出说"，还是"晚出说"，实际上都反映了学术大家于史实真相背后，还有不同的文化理想和思想取向，有着更深层的价值关怀。

（五）道家思想研究的多元方法

在中西文化的交流与碰撞中，中国正面临着一个文化重建的问题。这其中既有对传统文化的批判、继承和诠释，又包含了对西方文化的回应、选择和吸取。第一次世界大战充分暴露了西方文化的某些弊端，使得人们对一味追求西化产生了怀疑，一些人便转而试图挖掘传统文化的价值，走调和中西、开新与返本结合的文化途径。在此过程中，道家充当了不可忽视的角色。这一时期的道家思想研究既受动于形势发展的需要，又在更广阔的文化领域发挥了作用，同时呈现出多元化方法的研究特征。其一，道家思想研究与批判儒家思想相结合。在新文化运动中，吴虞借用道家学说来阐发新知，以道家思想中固有的社会批判精神排斥以儒家纲常伦理为核心的封建主义，并与其所张扬的自由主义相结合，从而使其道家研究在新文化运动中独树一帜。其二，以西方哲学的话语系统研究道家思想。胡适的《中国哲学史大纲》、梁启超的《老子哲学》、冯友兰的《中国哲学史》、《中国哲学简史》便是此方面的代表。这几部著作中既有西方的观念和方法，又有对道家思想的新释与推阐。其三，用道家思想反思现代文明。用道家思想回应西方文化，可以说是

这个时期道家研究的一个鲜明特点。这里不仅有亲眼目睹过一战后欧洲萧条的梁启超，试图通过对道家思想的开掘，将偏重科学主义的西方文化和偏重人文主义的中国文化结合起来，以重建“第三种文明”；还有胡适从服膺实用主义和唯科学主义思想的情怀出发，从另一方面批判庄子的人生哲学和所谓反科学思想。

(六)马克思主义的传播与道家思想的研究

伴随着马克思主义在中国的广泛传播，唯物史观逐渐成为被中国学人所认同的理论与方法，不仅在政治层面，而且在学术层面确立起指导地位。在唯物史观的影响和指导下，现代哲学、史学、文学、政治学、经济学等人文科学和社会科学的完整学科体系逐步建立起来。在这种学术背景下，关于先秦道家学说的研究出现了较大飞跃。尤其是在学术观点上，出现了较大范围的变化。郭沫若基于人民本位的立场，对道家学说进行了客观的分析。吕振羽基于阶级斗争和阶级分析的视角，将老子归结为没落封建领主的代表，将其哲学归属于唯心主义哲学的阵营。侯外庐从社会存在决定社会意识、唯物辩证法、中西比较的角度，对道家思想进行了全面的分析。范文澜则从唯物辩证法的视角，对道家思想进行了研究，对老子的唯物主义和辩证法思想进行了客观和辩证的分析。

总之，近现代的中国是一个极其动荡的时代，诚如陈鼓应先生所言：“政局的不安在带给人们苦难的同时，也带来了创造的热情与动力。在哲学领域内尤其如此。”[①]当时的诸多学人怀抱深厚的学养和宽广的胸襟，对道家思想研究用力颇多。因此，总结道家思想研究在近现代的开展，无论对于认识道家思想本身抑或其价值、意义都是巨大的。

---

① 陈鼓应：《道家思想在当代》，载《道家文化研究》第20辑，三联书店2003年版，第2页。

第一章　近代道家思想研究开展的背景

郭湛波先生曾说："中国社会变动最剧烈，莫过于春秋，战国；而中国思想史上，也以春秋战国思想为最。其次就是近代了，尤其是近五十年来，中国思想变动之剧烈，别派之复杂，较之春秋战国只有增加，而无逊色。同时近五十年中国社会变动之剧，也超过春秋战国数倍。"①究其原因，主要在于"凡一时代，经济上若发生了变动，思想上也必须发生变动"②。鸦片战争后，由于社会政治、经济、文化受到西方列强的侵略，故近代中国的整个社会价值和意义领域都发生了剧烈的动摇，学术的发展也出现了前所未有的变化。下面，从三个方面论述近代道家思想研究开展的背景。

第一节　社会背景：内忧与外患的双重危机

1840 年鸦片战争爆发后，西方资本主义国家用大炮打开了中国的大门，"满族王朝的声威一遇到英国的枪炮就扫地以尽，天朝帝国万世长存的迷信破了产，野蛮的、闭关自守的、与文明世界隔绝的状态被打破"③。这是中国"三千年未有之大变局"，但却是"变之骤至，圣人所不能防"④的。继鸦片战争之后，西方资本主义列强又相继发动了第二次

---

① 郭湛波：《近五十年中国思想史》，山东人民出版社 1997 年版，第 8 页。

② 郭湛波：《近五十年中国思想史》，山东人民出版社 1997 年版，第 8 页。

③ 《马克思恩格斯文集》第 2 卷，人民出版社 2009 年版，第 608 页。

④ 丁凤麟、王欣之编：《薛福成选集》，上海人民出版社 1987 年版，第 46 页。

鸦片战争、中法战争、中俄战争、甲午中日战争等一系列侵略中国的战争，强迫清政府签订了一系列不平等条约，强占了中国的大片土地，勒索了巨额赔款，取得了政治的、经济的、军事的、文化的等一系列侵略特权。数千年的中国社会发生了根本的动摇，开始由一个独立的主权国家逐步陷入半殖民地的深渊，自给自足的封建自然经济日趋解体，中国被一步步纳入世界资本主义体系之中。

内忧外患的社会状况，使“中国向何处去”成为近代中国的中心问题，如何推翻帝国主义和封建主义的统治，拯救、改造中国，使中国走向独立富强，使人民摆脱苦难，成为近代中国人民的共同愿望。学术研究作为一种精神文化现象，是社会政治、经济的产物，它也必然要对时代所提出的最迫切的问题给予回应。“这个时代的中心问题在政治思想领域表现为‘古今中西’之争，其内容就是如何向西方学习，并且对传统进行反省，来寻求救国救民的真理，以便使中华民族走上自由解放的道路。”[①]因此，在近代中国，不同阶级、不同阶层、不同时期的中国人，站在各自不同的立场，从不同角度观察问题，充满了变与不变之争——“用夷变夏”与“用夏变夷”之争、革新与守旧之争、革命与改良之争、体用本末之争、民主与专制之争、科学与迷信之争、对外抵抗与对外妥协之争、“以农立国”与“工商立国”之争、尊孔与反孔之争，等等。一言以蔽之，都是对“中国向何处去”这一时代中心问题所作出的反思与回应。近代学者选择道家思想作为研究的对象，同样也是为了回应“中国向何处去”的问题。

第二节　文化背景：儒学的衰落和西学的传入

一、儒学的衰落

在近代外夷入侵和社会转型的过程中，首先受到冲击的是儒学。

① 冯契：《中国近代哲学的革命进程》，上海人民出版社 1989 年版，第 4 页。

儒学的衰落，早在明清之际已见端倪，但它的真正衰微则定在1840年鸦片战争以后。随着社会矛盾和民族矛盾的加深，儒学已力不从心，无法解决“中国向何处去”的问题，故而激起一批批寻求救国救民真理的有识之士对其不断进行批判。概括起来说，他们对儒学的批判主要表现在对儒家纲常名教的批判上。

毋庸讳言，近代学者对儒学的批判，在魏源、龚自珍的思想中即有展示，后来早期改良派在反对旧学的过程中对儒学也有触及，但真正对两千年来“敬若天命而不敢谕、畏若国宪而不敢议”①的名教与经学网罗进行冲击的是处于戊戌变法中的谭嗣同。谭氏所谓“网罗”，首先是指正统儒学所维护的名教，而名教的核心则是君主专制，即“二千年来君臣一伦，尤为黑暗否塞，无复人理，沿及今兹，方愈剧矣”②。在谭氏看来，正是由于专制制度的束缚，才导致了社会的停滞与僵化。而专制统治所凭借的内在支柱，不外是三纲五常：“夫彼君主就是耳目手足，非有两头四目，而智力出于人也。亦果何所恃以虐四万万之众哉？则赖乎早有三纲五伦字样，能制人之身者，兼能制人之心。”③三纲五常所体现的是权威主义的价值原则，它既规范着人的外在行为，又制约着人的内在意识，从而实现了对人的双重禁锢，故谭氏的这种批判显然触及了正统儒学价值原则的负面意义。严复对儒家纲常名教的批判则是基于其对西学的深入理解，故其视野显得格外开阔。对严氏来说，传统与近代的区分，即是中学与西学的差异，从价值观上看，则首先表现为对古今的态度：“中之人好古而忽今，西之人力今以胜古。”④这里的“好古”，即指儒学的价值取向。他认为这种“好古”的取向容易养成保守意识，安于现状，从而滞缓社会的变革；只有“力今”，即依靠现实存在的主体的力量才能开辟未来。同“好古”与“力今”相联系的，是“委天数”与“尽

① 蔡尚思、方行编：《谭嗣同全集》（下），中华书局1981年版，第299页。

② 蔡尚思、方行编：《谭嗣同全集》（下），中华书局1981年版，第337页。

③ 蔡尚思、方行编：《谭嗣同全集》（下），中华书局1981年版，第337页。

④ 王栻主编：《严复集》，中华书局1986年版，第1页。

人力”的区分：“中国委天数，而西人恃人力。”[①]这里的“天数”即“天命”。谭氏断定中国顺任天命而西方诉诸人之所为，不一定完全符合中国传统文化的实情，但其批判的锋芒却是指向儒学的，因为“天命”是儒家尊奉的一个重要哲学范畴。

与谭、严一样，梁启超也认为社会的进步离不开对传统的批判：“吾请以古今万国求进步者独一无二，不可逃避之公例，正告我国民。其例维何？曰破坏而已。”[②]由此，梁氏在价值观上的破坏主义首先指向心奴传统：“辱莫大于心奴，而身奴斯为末矣。”[③]梁氏所言“心奴”即指在思想、心灵、精神上做“三纲五常”的奴隶或奴才，他认为这是人生的奇耻大辱，故持批判和否弃的态度。

从上述可以看出，从19世纪末到20世纪初，儒家的价值体系已受到了来自多方面的挑战和抨击，有识之士对儒学的批判都是源于传统与近代之间的紧张，都是试图超越传统而走向近代，这无疑促使产生在中国古老农业文明中的儒学走向了衰落。

二、西学的传入

西学传入中国，最早在17世纪。当时，以利玛窦为代表的西方传教士在向中国传播上帝福音的同时，也曾介绍过一些西方的自然科学知识。但由于种种原因，那时的西学并没有在中国植根，也没有产生重要影响。不久，即因统治者实行闭关锁国政策，西学的传入被迫中止。西学再次卷土重来则在1840年鸦片战争之后。

17世纪西方传教士所带来的知识被称为“天学”或“西学”，这其中既包括基督教教理，也包括一些伦理格言和科学知识。但到了近代，宗教教理和科学知识已经完全分开，前者被称为“西教”，后者才被称为“西学”。西学内涵的这种缩小和改变恰好体现了中国近代文化的变迁。梁启超曾在《五十年中国进化概论》中总结说：

---

① 王栻主编：《严复集》，中华书局1986年版，第3页。

② 易鑫鼎编：《梁启超选集》，中国文联出版社2006年版，第624～625页。

③ 易鑫鼎编：《梁启超选集》，中国文联出版社2006年版，第615页。

近五十年来,中国人渐渐知道自己的不足了。这点子觉悟,一面算是学问进步的原因,一面也算是学问进步的结果。第一期,先从器物上感觉不足。这种感觉,从鸦片战争后渐渐发动,到同治年间借了外国兵来平内乱,于是曾国藩、李鸿章一班人,很觉得外国的船坚炮利,确是我们所不及,对于这方面的事项,觉得有舍己从人的必要,于是福建船政学堂、上海制造局等等渐次设立起来。但这一期内,思想界受的影响很少,其中最可纪念的,是制造局里头译出几部科学书。这些书现在看起来虽然很陈旧、很肤浅,但那群翻译的人,有几位颇忠实于学问。他们在那个时代,能够有这样的作品,其实是亏他。因为那时读书人都不会说外国话,说外国话的都不读书,所以这几部译本书,实在是替那第二期"不懂外国话的西学家"开出一条血路了。第二期,是从制度上感觉不足。自从和日本打了一个败仗下来,国内有心人,真象睡梦中着一个霹雳,因想道,堂堂中国为什么衰败到这田地,都为的是政制不良,所以拿"变法维新"做一面大旗,在社会上开始运动,那急先锋就是康有为、梁启超一班人。这班人中国学问是有底子的,外国文却一字不懂。他们不能告诉人"外国学问是什么,应该怎么学法",只会日日大声疾呼,说:"中国旧东西是不够的,外国人许多好处是要学的。"这些话虽然象是囫囵,在当时却发生很大的效力。他们的政治运动,是完全失败,只剩下前文说的废科举那件事,算是成功了。这件事的确能够替后来打开一个新局面,国内许多学堂,外国许多留学生,在这期内蓬蓬勃勃发生。第三期新运动的种子,也可以说是从这一期播殖下来。这一期学问上最有价值的出品,要推严复翻译的几部书,算是把十九世纪主要思潮的一部分介绍进来,可惜国里的人能够领略的太少了。第三期,便是从文化根本上感觉不足。第二期所经过时间,比较的很长——从甲午战役起到民国六七年间止。约二十年的时间,政治界虽变迁很大,思想界只能算同一个色彩。简单说,这二十年间,都是觉得我们政治、法律等等,远不如人,恨不得把人家的组织形式,一件件搬进来,以为但能够这样,万事都有办法了。革命

> 成功将近十年，所希望的件件都落空，渐渐有点废然思返，觉得社会文化是整套的，要拿旧心理运用新制度，决计不可能，渐渐要求全人格的觉悟。恰值欧洲大战告终，全世界思潮都添许多活气，新近回国的留学生，又很出了几位人物，鼓起勇气做全部解放的运动。所以最近两三年间，算是划出一个新时期来了。①

这一论述大致揭示了中国近代接受西学的概况。但这里需要作出说明的是：其一，这几个阶段之间并没有截然的界限。因为每个人对西学的理解不同，常常会出现超前或滞后的现象。如严复对英国经验主义的认识，王国维对康德、叔本华的理解都是后来许多人望尘莫及的。另外，在一个文化共同体中，器物、制度和文化并不能单独分开，器物和制度不可能完全脱离精神性的东西，我们也不可能只认识到物质性的东西而意识不到其中所蕴含的精神内容。事实上，洋务派中的李鸿章等人早已认识到器物背后还有观念性的东西存在，并且认为这些东西是儒者所应深究而不应鄙弃的。康有为也很早就把义理与制度分开，认为制度只是义理的表现，义理明而后制度才定。他们之所以分别在器物和制度上用力，也许应归于他们主要是实践家而非思想家，因而他们所关注的始终是如何按照一定的顺序去行动或实践，而不是单纯地进行理论上的说明和论证。其二，西学并不是一个严密和系统的整体。它内含不同层次之分，有时代和地域之别，有立场和方法的不同，因此笼统地谈西学的影响几乎是没有意义的，必须进一步深入到具体的情势中去。同时，西学往往会被理解为物质文明与精神文明的综合体，但严格来说，物质文明是精神文化在实际中的表现，任何器物和制度背后都有观念性的东西存在，而只有这些观念性的东西才有资格被称为西学。因此，本文中所讨论的西学只限于这种精神文化内容上。

在作了以上几点限制之后，本文认为，在近代传入中国并对中国社会产生重大影响的西学，莫过于科学与民主两个方面的内容。

先谈谈科学。在来自西方的主要观念中，科学在近代中国所承受

---

① (清)梁启超：《史学论著四种》，岳麓书社1985年版，第5～6页。

的阻力可能是最小的，因为这种观念及其在实际中的应用直接决定了西方的强大和富裕，而实现富强一直是近代中国人的梦想。此外，与自由、民主等观念相比，科学较远离实际政治，对现实社会结构并不构成直接的威胁，这也使它易于流布而不至于受太多的强制性的阻力。但另一方面，一旦这种观念背后所蕴含的巨大的理智力量和精神内涵被释放出来，它与中国传统文化精神的差异和对立就立刻暴露出来。特别是当科学被转换成一种世界观，并起到一种意识形态的功能时，它就越来越偏离于其具体内容的本身，而成为一种摧毁传统价值体系和建设理想社会的工具。

西方科学以较大规模输入中国当始于 19 世纪 70 年代。当时，洋务派为了实现军事上的自强，不得不模仿和学习西方造船、造炮的方法。他们除了兴办一批军工企业以外，同时也附设了一些专门学校和翻译机构。这些企业和机构翻译和引进了大量的与军工有关的实用科学著作，同时，在华的外国传教士也和中国知识分子合作翻译了一些科学著作。这使西方科学传播的范围和内容大大改变了，开始由形而下的器与技，转向思想、观念、制度等形而上学的道的层面。中日甲午战争后，严复从方法论上考察近代科学，对近代科学的理解更为深入了。严氏曾猛烈抨击传统并大声疾呼中国有亡国灭种的危险，但相比这种偏重表面现象的描述而言，他为人们提供了更令人信服的科学根据，那就是进化论。进化论的创始人是英国的生物学家达尔文，1859 年，他出版了《物种起源》，创立了生物进化论学说。生物进化论的提出，在西方社会引起了强烈反响，引发了欧美社会思潮的剧烈变革，成为“西方近代科学的象征”①。曾身临其境感受过这种氛围的严复，看到了进化论在西方世界产生的影响，“自其书出，欧美二洲几于无人不读，而泰西之学术政教，为之一斐变焉”②。1895 年，严复在《原强》一文中，使用了相当的篇幅，对达尔文进化论作了介绍。在 1898 年正式出版的《天演论》中，他对进化论又作了更系统的译介。严复在介绍达尔文的进化论

① 姜义华等编：《港台及海外学者论近代中国》，重庆出版社 1987 年版，第 181 页。

② 王栻主编：《严复集》，中华书局 1986 年版，第 5 页。

的同时，还一再地注目于斯宾塞的理论，并将其学说归于进化论之下。与达尔文主要关注自然领域的物种演化及其规律不同，斯宾塞从综合哲学的立场出发，将进化论思想运用于社会领域，并以此考察社会现象，强调竞争在社会演化中的作用。这种思路与严复以“适者生存”、“优胜劣败”的进化论观点论证救亡图存、自强保种的历史必要性，显然比较合拍。这也表明，严复所关注的主要不是进化论的科学内涵，而是其普遍的社会启蒙意义。辛亥革命后，传统政治格局的崩溃所带来的思想上的混乱，使文化启蒙和文化批判显得更加急迫，通过输入新的学理和精神来改变中国人旧有的思想及其价值观念成为当时知识分子的首要使命。在当时极力推崇科学精神及科学方法的学者当中，胡适是最典型的一位。在 1921 年所发表的一篇论述清代学者治学方法的文章里，胡适曾经提到，科学方法由两方面构成：一是假设，一是实验。

> 近来的科学家和哲学家渐渐地懂得假设和证验都是科学方法所不可少的主要分子，渐渐地明白科学方法不单是归纳法，是演绎和归纳相互为用的，忽而归纳，忽而演绎，忽而又归纳；时而由个体事物到全称的通则，时而由全称的假设到个体的事实，都是不可少的。[①]

胡适对科学方法的这种关注并不是为了科学理论本身，相反，他所热衷的只是这种方法对思想或学术的普遍的指导意义。他曾将假设和实验概括为纲领口号式的“十字真言”，即“大胆的假设，小心的求证”[②]，这也成为他一切学术活动的指导思想。

从科学在近代中国传播的过程中可以看出，科学已成为摧毁传统价值观念的工具。不论是康有为，还是严复和胡适，他们都把这种崭新的知识作为一种手段，来对付旧有的、僵死的教条。他们的出发点也许

---

① 葛懋春、李兴芝编：《胡适哲学思想资料选》(上)，华东师范大学出版社 1981 年版，第 184 页。

② 欧阳哲生编：《胡适文集》第 2 册，北京大学出版社 1998 年版，第 302 页。

不同，但最终结果是一样的，即都是要用进化、变革、怀疑和实证的精神来代替过去的静止、僵化和空洞的观念。同时，科学又成了未来社会蓝图的基石，不论在康有为的大同世界，还是严复英国式的民主政府，抑或胡适的自由主义的社会里，科学都扮演了一个极其重要的角色。这个角色不仅仅决定了那个社会的繁荣和富强，而且也关涉到它们的精神风貌和价值取向。

再谈谈民主。近代中国接受的西方民主主要来自于法国启蒙思想家卢梭的《社会契约论》。根据 1901 年《清议报》刊载梁启超撰写的《卢梭学案》的介绍，卢梭民约论的要义是追求"人人自由，人人平等"①；而实现此种目标的方式是民众要相互妥协，以牺牲或丧失个人某些权利来换取社会的整体利益。民众与政府的关系不是上下级关系，不是治者与被治者的关系，而是一种契约关系，社会的最高权力是公意。"及约之既成，则主权不在于一人之手，而在此众人之意，而所谓公意者是也。"②所谓"契约关系"，实际上是一种法律关系，而法律的本质是平等、公正和正义。因此，政府不再是高高在上的发号施令者，而"不过受民之委托以施行其公意之机关"③。

如果说进化论是告诉人们在落后的情势下必然要变革的话，那么，民约论则进一步说明人们应该怎么去变革以及变革的目标是什么。相对而言，民约论对中国发展的影响比进化论更切实、更深远。但这也同时意味着，和科学相比，民约论在中国的传播要更为曲折和复杂。正如上文所提到的，科学在实际中的应用直接给西方带来了物质上的强大，这对那些一直企盼中国富强的人来说无疑是一种福音，甚至连那些文化上的保守主义者在科学的实效面前也变得无法无动于衷，进而希望把它容纳在儒家的传统之内。尽管科学精神和科学方法也确曾对传统构成严重的冲击，但这种冲击主要发生在学术和思想领域，对整个社会并没有引起太多的震荡。民约论就不同了，它所带来的不仅仅是一种

---

① (清)梁启超:《饮冰室合集》(文集 6)，中华书局 1989 年版，第 100 页。

② (清)梁启超:《饮冰室合集》(文集 6)，中华书局 1989 年版，第 100～104 页。

③ (清)梁启超:《饮冰室合集》(文集 6)，中华书局 1989 年版，第 108 页。

社会的民主管理制度，同时还是一种民主的生活方式和民主的政治理念。因此，当民约论被作为一种普遍的社会理想来宣传时，它在人们的观念和行动上所引起的变化就远非科学所能比了。因此，近代中国人对民约论的态度也不尽相同，有完全认同的，也有基本认同的，更有基本否定的。那些完全认同者，将民约论作为近代中国救亡图存、建立民主共和国的思想理论武器和精神寄托。如梁启超在遭受维新失败，流亡日本期间，就高唱自由，并将卢梭的民约论视为解决中国政治危机的唯一药方。[①] 那些基本认同者，则在肯定和采纳卢梭有关平等思想的同时，对其社会契约论有所批评。如刘师培提倡无政府主义学说，推崇人类平等理论，对卢梭的引用和解释就以此为限。那些基本否定者，多对民约论作了批评与反驳。批评者往往认为民约论既缺乏历史的根据，又缺乏现实的依据，无助于中国问题的解决，因而主张对其加以批判和摒弃。如严复批驳了卢梭有关人类社会起源是基于社会契约的说法，认为这不过是卢梭依自然法则主观推演的结果，并不符合历史事实。对于卢梭的"人类生来自由"的观点，严复认为初民社会，茹毛饮血，绝不是卢梭所说的自由平等的"黄金时代"[②]。另外，严复承认君主专制在历史上存在的合理性，不赞同卢梭视君主专制为政府权力腐败结果的观点。

近代中国人对民约论的三种不同的态度，反映的不是简单的民主与封建、进步与落后、革命与反革命的关系，而是反映了中国先进知识分子对中国发展道路的探索和对世界新思潮的研究与吸收。由于各自观察问题的视界不同，所抱的目标不同，因此得出的解释也不尽相同。但无论抱哪一种态度，他们的立意都不在于怎样去准确理解民约论的本意，而在于民约论的现实意义。

总而言之，近代中国人向西方学习当属一种"工具合理性行动"[③]

---

① 参见(清)梁启超《饮冰室合集》(文集 2)，中华书局 1989 年版，第 25～26 页。

② [法]卢梭著，何兆武译：《社会契约论》，商务印书馆 2003 年版，第 187 页。

③ 苏国勋编：《当代西方著名哲学家译传》第 10 卷，山东人民出版社 1996 年版，第 75 页。

(马克斯·韦伯语),是为救亡图存、强国富民而服务的。无论是科学,还是民主、平等和自由,都是在这样一个背景下被中国人所接受的。

第三节　学术背景:诸子学的复兴

一、诸子学的复兴

何为“诸子”,历来众说纷纭。司马谈《论六家要旨》始列举阴阳、儒、墨、名、法、道德六家。“诸子”之名出自汉刘向、刘歆编校的《七略》,该书的“诸子略”在《史记》六家之外,又增加了纵横、杂、农、小说四家。历代众多史籍记载大不一致,近代学者谈及的“诸子”范围相差亦很大。如近现代具有广泛影响的《诸子集成》有上、下两编,上编的周秦之部,包括儒、道、墨、法、名、兵、杂家的著作,下编包括汉魏六朝的十位重要人物的著作。实际上,历代较多争论的,在于是否将儒家列入“诸子”。在儒学占据统治地位的封建时代,儒家被视为经学并作为“诸子”渊源和中华文化的核心,即使近代一些学者在抨击儒学的文化正统时,也往往将儒家与“诸子”分开讨论。虽然一般研究者也把先秦儒家视为“诸子”之一,但不可否认的事实是,近代诸子学的发展实际上是与近代反儒思潮密不可分的。因此,本文所言“诸子”是指儒家以外的先秦诸子。

近代诸子学的兴盛是伴随着经学的凋敝而开始的。乾嘉时代,考据主潮屡有留心于诸子者。道咸、光绪年间,随着经学衰落和异端蜂起,对诸子学的考辨为人所关注,不少汉学大师兼治《老子》、《庄子》、《墨子》、《韩非子》等诸子书,成绩斐然。除了考据之业外,道、墨、法的思想价值也渐渐被人看重,并拿来与西学相比附,与儒家相衡诘,进而成为捣毁经学殿堂的利器。如邓实等人提倡“古学复兴”,以“古学”(先秦诸子学)和汉以后的经学相对抗,通过论辩“真孔”问题,抨击两千年来的经术和儒学。他们更将经学和君主专制画上了等号,认为儒学在秦汉以后完全被腐化,成了专制帝王愚民的帮凶。

除此之外,近代诸子学的复兴,还与西学的涌入有关涉。西学一方

面打破了儒学正统的文化格局，推动着诸子学从儒学的樊篱中解放出来；另一方面，西学的涌入以及新的文化价值取向的出现，又促使人们去重视儒家以外的先秦诸子，发掘与西学类似的传统文化。近代诸子学的发展历程，具体可分为两个时期：

一是乾嘉至道咸间。清代中叶，乾嘉学派以考据、辨伪之法即所谓朴学之法，几乎遍治了儒家群经。由于缺少更多的参考、比较材料，学者们开始引诸子以证儒家经典，由此启动了对诸子的普遍校勘，带动了学术史上沉寂已久的诸子学的悄然复苏。从乾嘉至道咸间，研究诸子学的学者主要以旧式宿儒为主体，他们的研究主要停留在对历史文献的技术性整理上，基本上还是乾嘉考据学在诸子学领域中的延伸。乾嘉考据家对诸子学的发展虽有筚路蓝缕之功，但这一时期的诸子学研究仍属经学的附庸与余绪，"此仍治经，非治子也"①。学者罗检秋认为，尽管清前中期诸子学研究开始崭露头角，但作为文化正统的儒学仍是士大夫信奉的社会意识形态，而且这些诸子学的研究或多或少地受到儒学思想的羁绊，多以儒学为核心来评释诸子学说，或持"子从儒出"，或"以儒解子"②。其中所涉及的问题多为对诸子典籍的校勘、辑佚、考证、注释，多侧重于技术性的整理，而鲜有对诸子学义理的阐发，因此这一时期的诸子学研究尽管有所开展，但只是作为传统儒学的附属学术而存在，并没有自己独立的地位。

二是戊戌变法至"五四"前后。此时，诸子学呈现出从边缘学术到学术中心的演变。葛兆光先生说，"这代表了传统思想内部资源的重估"，并且强调"真正刺激诸子学复兴的契机，是中国知识阶层对自身处境的感受和认识的转变"③。此时的知识分子，无论是改良派抑或革命派，都非常看重诸子学，竭力攻读、研究，试图从中挖掘于己有用之内容。同时，他们在治诸子学的思路、宗旨与方法上，也与前人截然不同。

---

① 吕思勉：《经子解题》，华东师范大学出版社1995年版，第100页。

② 罗检秋：《近代诸子学与文化思潮》，中国社会科学出版社1998年版，第41～49页。

③ 葛兆光：《回应新知的旧学——晚清对于中国古典的重新诠释(二)诸子学》，载《华学》第5辑，中山大学出版社2001年版，第315页。

如康有为在《孔子改制考》中，不仅对以孔子为代表的儒学作了阐述，还对老、墨各家作了考辨。提出了"诸子并起创教"、"诸子创教改制"、"诸子改制托古"、"诸子争教互攻"[①]等观点。但是，康氏在此谈诸子，全然是从政治着眼，以诸子印证儒家的今文经学，为其尊孔倡教、托古改制的政治主张服务。在突破"儒学独尊"的束缚的基础上，学者们对诸子学的意义和价值都有了新认识，将其视为与儒学同等价值的文化遗产。到了邓实，他甚至把先秦诸子学与古希腊学术相提并论，把诸子学的复兴视为中华民族复兴与文化复兴的希望，亦即"考吾国当周秦之际，实为学术极盛之时代，百家诸子争以其术自鸣。如墨荀之名学，管商之法学，老庄之神学，计然白圭之计学，扁鹊之医学，孙吴之兵学，皆卓然自成一家言，可与西土哲儒并驾齐驱者也。夫周秦诸子之出世，适当希腊派兴盛之时，绳绳星球，一东一西，先后相映，如铜山崩而洛钟应，斯亦奇矣"[②]。

不仅如此，这一时期的诸子学研究还呈现出若干新特点：

其一，视野广阔。此前的诸子学研究范围主要局限于先秦，而对于汉以后的非主流学术则很少提及。此时的学者研究的视野则更为广阔了，不仅对先秦诸子进行研究，而且涉及汉以后传行下来的各家各派，并对其思想进行深入挖掘，极大丰富了诸子学研究的内容。他们还提出了"国学"的概念，将中国的学术分为"国学"与"君学"、"真儒之学"与"伪儒之学"，为诸子学研究赋予了近代民主的意义。近代学者用国学的观念来理解诸子学，将其视为国学的组成部分，这不仅打破了单纯从时间上区分诸子的界限，有助于扩大诸子学的范围，而且大大提升了诸子学的地位，使诸子学不再是"异端"、"蘖枝"，而成为中华文化主流的重要组成部分。

其二，思路新颖。近代学者摆脱了汉学考据治学的宗旨和方法的

---

① （清）康有为：《孔子改制考》，载《康有为全集》第3集，上海古籍出版社1992年版，第10页、40页、58页、120页。

② 邓实：《古学复兴论》，载《辛亥革命前十年间时论选集》第2卷，三联书店1960年版，第55页。

影响，运用了近代学术思想和方法开展诸子学的研究。从这一时期的研究成果来看，固然有一些关于诸子学考证、注释的作品，但占主体的是宏观方面的综论，探讨诸如诸子学的总体定位、各学兴衰成败的原因、历史价值与现实意义等问题，在研究的深度上有了进步。同时，在研究方法上也与前期有所不同，表现为大量运用西方自然科学和社会科学的概念、原理考据诸子，解决许多前代考据家未能解决之疑难。如曾校注过《墨经》的胡适指出："《墨子》的《经上下》、《经说上下》、《大取》、《小取》六篇，从鲁胜以后，几乎无人研究。到了近几十年中，有些人懂得几何算学了，方才知道那几篇有几何算学的道理。后来有些人懂得光学力学了，方才知道那几篇里又有光学力学的道理。后来有些人懂得印度的名学心理学了，方才知道这几篇里又有名学知识论的道理。"①值得关注的，还有对诸子学现代意义的挖掘。从严格意义上来说，诸子学本身并不具有现代性价值观念，但其中的确含有一些意义恒久的文化价值因素。"五四"时期的知识分子便抓住了这一点，对诸子学作了完全现代意义上的阐释。如他们认为墨学所讲的"平等"、"兼爱"含有社会主义思想，"墨子在政治思想史所占的地位，拿现代的话来说，是应归入社会主义范畴里面"②。不少学者还从老庄思想中发掘出民主自由的思想。研究道家的陈柱认为，"老子之学，盖一极端自由平等之学也"③。他还将道家与无政府主义联系起来，"道家之学凡数变。始为革命家，再变而为打倒君主政体者，三再而为无政府主义者"④。与对诸子学派的挖掘相辅相成，诸子学派的思想学说还担当起了批判以儒学为代表的封建主义的重任，成为新文化干将批判旧文化的有力工具。也正是在文化批判中，诸子学派的思想价值开始凸显。胡适曾提出："非儒学派的恢复是绝对需要的"，"中国哲学的未来似乎大有赖

---

① 胡适：《中国哲学史大纲》，上海古籍出版社 1999 年版，第 22 页。

② 朱偰：《墨学与社会主义》，载《现代评论》1984 年第 2 期，转引自张昭君《民国时期诸子学研究的转型与发展》，载《学习与探索》2001 年第 5 期。

③ 陈柱：《老学八篇·自序》，商务印书馆 1934 年版，第 1 页。

④ 转引自张昭君《民国时期诸子学研究的转型与发展》，载《学习与探索》2001 年第 5 期。

于那些哲学学派的恢复。这些哲学学派在中国古代一度与儒家学派同时盛行”①。

二、道家研究的兴起

道家作为诸子学派中的一个组成部分，在诸子学的复兴中扮演了重要的角色。近代道家思想的研究大致经历了以下几个阶段：

第一，鸦片战争后至戊戌变法前后。随着社会危机的加深和今文经学的兴起，经世致用思潮再度复兴。魏源、曾国藩大胆地将道家学说纳入到经世致用的理论范畴中，以不同途径开掘其社会政治价值，使道家救世匡时的意义得以彰显。

第二，戊戌变法后至民国初期。此时，西学涌入中国并日益深入到思想领域。严复、刘师培以西学重释老庄，注重阐发老庄的自由、平等思想，凸显其民主性精华；章太炎则用《庄子》注释并反思西方的平等与自由、进化与发展观念。这形成了道家在思想层面的重要发展，并表达出近代学者欲以道家文化为中介，沟通中国与西方、传统与现代的愿望。

① 姜义华主编：《胡适学术文集·中国哲学史》(下)，中华书局1991年版，第773～774页。

第二章　鸦片战争至戊戌变法前后：道家思想与经世致用的结合

经世致用是儒家思想的一大传统，自孔子创立儒家学说始，即强调“六经治世”的道理，提倡学与行相结合。所谓“经世”，即治世、治理天下。先秦典籍中，往往“经”、“纶”两字并用，含有“匡济”之义。“经”、“世”二字并用，首见于《庄子·齐物论》：“春秋经世，先王之志，圣人议而不辩。”[①]据王先谦的《庄子集解》，此处“经世”是“典谟”、“轨辙”之义，与今日所言“经世”不尽相同。真正将经世思想理论化并付诸实践的当是孔子。孔子一生周游列国，以维护周天子的一统天下和重建文武周公的事业为己任，其全部的政治思想立足于如何匡济时弊、安邦定国。他广招门徒，也是为了造就经邦治国的栋梁之才。“诵《诗》三百，授之以政，不达；使于四方，不能专对；虽多，亦奚以为？”[②]孟子也曾自夸：“如欲平治天下，当今之世，舍我其谁也？”[③]同时，儒学经世，又以“内圣”与“外王”即“修身、格物、致知、正心、诚意”[④]与“齐家、治国、平天下”[⑤]的和谐统一为其完美体现，“为政在人，取人以身，修身以道，修道以仁”[⑥]。它强调个体的伦理道德修养，并在此基础上拓展到家、国、

① 曹础基：《庄子浅注》，中华书局2000年版，第31页。

② 刘俊田、林松、禹克坤译注：《四书全译》，贵州人民出版社1998年版，第243页。

③ 刘俊田、林松、禹克坤译注：《四书全译》，贵州人民出版社1998年版，第435页。

④ 刘俊田、林松、禹克坤译注：《四书全译》，贵州人民出版社1998年版，第5页。

⑤ 刘俊田、林松、禹克坤译注：《四书全译》，贵州人民出版社1998年版，第5页。

⑥ 刘俊田、林松、禹克坤译注：《四书全译》，贵州人民出版社1998年版，第52页。

天下，实现其崇高的社会理想。

经世思想虽然是中国古代文化的精华，是历代知识分子一以贯之的价值取向和优良传统，但它“用之则行，舍之则藏”[①]，其强弱彰隐直接受外在社会历史环境的制约。“一般而言，社会生活平稳，文化专制强有力，经世观念往往作为一种‘潜质’埋藏在士人古色古香的学术外壳内，隐而不彰；到了社会危机四伏的关口，国家民族面对纷至沓来的内部的或外部的挑战，文化专制有所松动，士人的忧患意识便会大觉醒，其学术也在现实生活的冲撞、磨砺下，沿着经世方向发展。”[②]

清代的经世致用思想经历了一个跌宕起伏的过程。清初，鉴于明亡之痛，经世之学曾一度兴起，出现了顾炎武、黄宗羲、王夫之等倡导经世致用的大家。但进入康乾盛世之后，一方面，稳定的社会政治经济结构使经世致用之学失去了外力的刺激作用；另一方面，清统治者实行“文字狱”政策，阻止士大夫干预朝政，从而使学者们不得不放弃对政治、时事问题的关注，转而埋头考据、训诂，经世之学遂进入低谷。嘉道年间，经世思想再度复兴，这与当时社会危机加深及今文经学的兴起密切相关。这正如龚自珍描述的：“承乾隆六十载太平之世，人心惯于泰侈，风俗习于游荡，京师其尤甚者。自京师始，概乎四方，大抵富户变贫户，贫户变饿者，四民之首，奔走下贱，各省大局，岌岌乎皆不可以支日月，奚暇问年岁！”[③]于是，一些有识之士便率先觉醒，大声疾呼统治者要面对现实，要求从空疏的宋学和无用的考据学中走出来，重振经学、匡济天下、为现实服务，经世致用思潮再度兴起。督抚大员如陶澍、贺长龄、林则徐，沉沦下潦的饱学之士如龚自珍、魏源、姚莹、包世臣等，都相继卷入了这股潮流，他们关注时务，发表议论，倡导经世致用之说。

嘉道年间的经世致用思潮的兴起也与今文经学的复兴相关涉。以庄存与为代表的常州学派着力阐发今文经学的微言大义，力图从讥讽

---

① 刘俊田、林松、禹克坤译注：《四书全译》，贵州人民出版社 1998 年版，第 162 页。

② 冯天瑜：《道咸间经世实学在中国文化史中的地位》，载葛荣晋主编《中国实学史研究》，中国社会科学出版社 1992 年版，第 179 页。

③ （清）龚自珍：《龚自珍全集》，上海人民出版社 1975 年版，第 107 页。

时政入手，达到关注政治和时事之目的。龚自珍、魏源等人继承了这一传统，勇于揭露社会弊病，探索改革之路，“其途术不同，要皆明于学问之非专为学问，必有益于社会国家”①。经世之学涉及众多不同的领域，如漕运、河工、盐法、兵饷等，但学术的目的则是一致的，即在“用世”。

平心而论，19世纪经世之学的理论重心仍然是儒学，无论是龚自珍、魏源等研治今文经学的通经致用派，还是曾国藩、罗泽南等理学经世派，甚至冯桂芬、张之洞等中体西用派，其根本理论均没有脱离儒学的轨道。但是随着社会危机的加深，儒学已捉襟见肘，大一统王权下的诸多观念已从内部受到质疑。此时，两千多年来始终与儒家学术相斥相融的道家思想，受到颇多的关注，其经世济民的社会政治价值开始凸显。

第一节　魏源："经世致用"与老子思想的结合

魏源(1794～1857)作为开中国近代学术新风的启蒙学者，发展了今文经学“经世致用”的思想，对《老子》一书进行了新诠解，其中尤对老子的社会政治价值作了前所未有的挖掘，将其视为“救世之书”。魏源研究老子的著作是《老子本义》一书，它包括《论老子》、《史记·老子列传》、《上篇》、《下篇》、《附录》、《跋》六部分，其中《论老子》和《上篇》、《下篇》的注释和解说集中反映了他的学术思想，展示了其经世致用与老子思想的融合。

一、“老子，救世之书也”的道家情结

魏源在《老子本义》(以下简称《本义》)序中说：“后世之述老子者，如韩非有喻老、解老，则是以刑名为道德，王雱、吕惠卿诸家皆以庄解老，苏子由、焦竑、李贽诸家又动以释家之意解老，无一人得其真。”②在

① 柳诒徵：《中国文化史》(下)，中国大百科全书出版社1988年版，第720页。

② (清)魏源：《魏源集》，中华书局1976年版，第255页。

他看来，历史上从韩非到李贽等诸家治“老”，都未能得其真旨。那么，怎样才能得老子“其真”呢？魏源首先从方法论上作切入，声称自己解释老子的方法是“著其是，舍其非，原其本，析其歧，庶窃比于述而好古者”[①]。他认为，世人对老子之说之所以未能“得其真”，其原因之一就是在方法论上往往“泥其一而诬其全”[②]，不能客观而全面地辨别老子思想的是与非。“解老自韩非下千百家，老子不复生，谁定之？彼皆执其一言而阂诸五千言者也。取予翕辟，何与无为清静；刍狗万物，何与慈救慈卫；玄牝久视，何与后身外身；泥其一而诬其全，则五千言如耳目口鼻之不能相通。夫不得言之宗、事之君，而徒寻声逐景于其末，岂易知易行，而卒莫之知且行，以至于今泯泯也。”[③]由此可以看出，魏源从方法论切入的目的，是为了确立“言有宗，事有君”的解老标准，以便对经典的诠释恪守“本真”的原则。而他所设立的这个“真”，就是指老子思想不仅适用于治平，而且在社会危亡之际亦能“救世”。显然，魏源是从“经世”的视界诠释老子的思想，这与其一贯倡导的“经世致用”的学术风格是相一致的。

正是从“经世致用”出发，魏源在《本义》中高度称赞老子其人其书。他说：“老子，救世之书也。”[④]“老子著书，明道救时。”[⑤]“老子见学术日歧，滞有游迹，思以真常不弊之道救之。”[⑥]“此老子悯时，救世之心也。”[⑦]所谓“救世之书”、“明道救时”、“救世之心”诸语，都是肯定老子其人、其书同当时的人间世事并不隔绝，并称颂其能以“救世”的情怀去关注社会的治乱兴衰。魏源认为，老子其人、其书之所以具有“救世”、“救时”的入世情怀，是由其所生活的时代特点所决定的。在他看来，老子生活的时代不是太古之世，而是“弊极”之“末世”，即“末世小人多而

---

① （清）魏源：《魏源集》，中华书局 1976 年版，第 262 页。

② （清）魏源：《魏源集》，中华书局 1976 年版，第 255 页。

③ （清）魏源：《魏源集》，中华书局 1976 年版，第 255～256 页。

④ （清）魏源：《老子本义》，中华书局 1986 年版，第 3 页。

⑤ （清）魏源：《老子本义》，中华书局 1986 年版，第 57 页。

⑥ （清）魏源：《老子本义》，中华书局 1986 年版，第 1 页。

⑦ （清）魏源：《老子本义》，中华书局 1986 年版，第 62 页。

君子少，人以独善之难为也，而不知秉彝之不改也”①。这里所说的“末世”，既指老子所生活的那个“礼崩乐坏”的春秋末年社会大变动时期，亦指由于周礼的滥用所滋生出的各种社会异化现象。魏源认为，老子出于对春秋末年各种社会异化现象的不满，退隐观察，从而促成了他对诸多社会问题的深刻思考，即所谓“吏隐静观，深疾末世用礼之失，疾之甚则思古益笃，思之笃则求之益深。怀德抱道，白首而后著书，其意不返斯世于太古淳朴不止也”②。魏源指出，老子并没有因当时社会的黑暗而失去信心，相反，世道之乱激活了他的信心和力量，即社会越是动荡不已，老子越是痛心疾首；越是痛心疾首，其思古之情越是深厚；越是思古之情深厚，其追求的力量和信心便越是强大坚定。于是老子不顾自己已是满头白发，仍奋笔疾书，他要向后人阐明“真常不变之道”，让人们知道世道再变、弊端再多，但那个形而上学的超越之“道”却是永恒的存在，并且那个“道”永远与万物相共存，“万物之生，未有一物不具此道者也”③。

基于对老子思想的时代考察，魏源认为，老子的思想“上之可以明道，中之可以治身，推之可以治人。其言常通于是三者”④。即认为老子之学既统摄宇宙之究竟，又在这个宇宙之究竟的观照下，关注个体的修身养生之术和治国理民之方的探求。他指出西汉初年运用黄老学取得天下大治的历史事实，便是《老子》一书能“救世”、“救时”的有力证明，“曹参、文、景，斫雕为朴，网漏吞舟，而天下化之”，“曹参、盖公沐之清风而清静以治”⑤。在他看来，文景曹参之学，所以取得天下大治，原因在于他们掌握了老子的本真思想，因此即使在衰败的“末世”，也能使其起死回生，走向大治。所以，魏源主张用老子之学治世，甚至认为将老子的思想运用于“成周”时代，“则亦嘿尔已矣”⑥。

---

① （清）魏源：《魏源集》，中华书局1976年版，第7页。

② （清）魏源：《魏源集》，中华书局1976年版，第257页。

③ （清）魏源：《老子本义》，中华书局1986年版，第54页。

④ （清）魏源：《老子本义》，中华书局1986年版，第49页。

⑤ （清）魏源：《魏源集》，中华书局1976年版，第258页。

⑥ （清）魏源：《魏源集》，中华书局1976年版，第258页。

魏源对老子之学的上述赞扬和称颂，未免有夸大其词之处，难以尽符老子思想的原貌。然而，老子的学说除其在哲学层面上追求那个超越的形上之“道”外，也确有以“道”观照社会政治问题的丰富内涵。他诽薄周礼所带来的社会异化，说“礼者，忠信之薄，而乱之首”[①]；反对统治者的残酷剥削，说“民之饥，以其食税之多，是以饥”[②]；以及为抑制统治者的奢侈而主张“不贵难得之货”[③]等，都表明他非常关注当时社会的治乱成败和国计民生问题。即使老子所信奉的形而上学之“道”也具有强烈的客观意义。他从形而上学之“道”所推演出的“无为而治”的主张，就反映了当时人们渴望人性返璞归真和实现社会和谐安宁的美好企盼，等等。因此，如果说庄子的学说有较多的主观意义的话，那么老子之学则具有较多的客观性内容，他已经把自己的“道”向社会经验层面落实，并对诸多社会问题进行了冷静而理智的思考。从这些方面说，魏源赞颂、崇信老子其人其书并非是空穴来风、矫揉造作，上述内容本来就是老子学说的题中应有之义。但老子学说是一个涵摄道论、治论、人生论和独特思维方式的博大精深体系，历史上的思想家选择哪一个层面的思想加以诠解，这都是由该诠解者的学术旨趣和时代的需要所决定的。从魏源选择老子的社会政治价值作为诠解的切入点来看，这与魏源根据其所处时代的需要而倡导经世致用的学风有密切关系。

众所周知，魏源早年研习“公羊春秋”，深受以庄存与、刘逢禄为代表的常州今文经学派的影响。但从严格意义上讲，常州今文经学派还未能把“公羊学”引向现实政治，他们只是从通经的角度议论时事、干预时政。随着社会矛盾和民族矛盾的加深，魏源把“公羊学”变为批判和改良社会弊端的思想武器，从而突出了今文经学“经世致用”的特点。为革除黑暗时弊，他力主用今文经学的“弘通精森”达到“内圣而外王，蟠天而际地”[④]的和谐统一。他指斥“争治训诂音声，爪剖釽析”的乾嘉

① 陈鼓应：《老子注译及评介》，中华书局 1984 年版，第 212 页。

② 陈鼓应：《老子注译及评介》，中华书局 1984 年版，第 339 页。

③ 陈鼓应：《老子注译及评介》，中华书局 1984 年版，第 309 页。

④ （清）魏源：《魏源集》，中华书局 1976 年版，第 135 页。

学派的遗老遗少们，“锢天下聪明智慧使尽出于无用之一途”[①]，诘问那些空言心性的理学家们“心性迂谈可治天下乎”[②]？由此，他主张知识学问要关注国计民生和生活实践，反对乾嘉以来以空谈性理为主导的学术思潮。而魏源生活的嘉道年间，正值中国封建社会步入穷途末路、西方资本主义以武力打开中国的门户之际。国内官吏贪污腐化，财政虚耗，军队腐败；国外又面临外敌的入侵。在这种内忧外患、危机交加的情况下，清王朝却故步自封、夜郎自大，不思社会改良。面对嘉道年间的弊政，魏源愤世嫉俗、忧国忧民，他除了揭露、批判腐朽的封建官僚制度外，在学术上则从关注社会现实出发，把主要的精力用于研究儒家经典，试图用儒家“经世致用”的思想来改变清王朝江河日下的局面。但他在从儒家经典苦苦寻找治国方略的过程中却发现，“内圣外王之学，暗而不明，百家又往而不返，五谷荑稗，同归无成，悲夫！知以不忍不敢为学，则仁义之实行其间焉可也”[③]。于是他把学术重点由经学转向了诸子学，并钟情于老子，视《老子》为“救世之书”。可见，“经世致用”的推动，使魏源这位心怀忧患意识的士大夫知识分子与两千年前的哲学家老子的心灵发生了感通，从而选择了《老子》作为诠解的对象。

二、“经世致用”视野下对《老子》的若干新诠解

魏源不仅从“经世致用”出发，把老子作为诠解的对象，而且他的经世致用主张与老子思想的结合，更表现在对老子思想的新诠释上。综览《本义》之书，他对老子的诠释，既不同于战国末年的韩非“解老”，也不同于汉初把老子的“无为而治”作为巩固政权的“君人南面之术”，而是根据自己时代的要求，充分挖掘了老子思想的社会政治价值，并主要在以下几个命题上作了新的推阐。

（一）“自然无为”

如“导言”中所述，道家的“自然无为”有忽视人的主体能动性和泯

① （清）魏源：《魏源集》，中华书局1976年版，第359页。

② （清）魏源：《魏源集》，中华书局1976年版，第37页。

③ （清）魏源：《魏源集》，中华书局1976年版，第260页。

灭人的主体意识的弊端。魏源则与原始道家相反，他没有简单地因袭其"自然无为"的原意，而是对其作了新诠解。他认为老子之"自然"是"恒因而不倡，迫而后动，不先事而为"[①]；老子之"无为"是"非治之而不治，乃不治以治之也"。也就是说，其"自然"不是"混荡为自然"[②]，其"无为"不是"枯坐拱手"[③]。因此他进一步推论说："功惟不居故不去，名惟不争故莫争；图难于易，故终无难；不贵难得之货，而非弃有用之地也；兵不得已用之，未尝不用兵也；去甚去奢去泰，非并常事去之也；治大国若烹小鲜，但不伤之即所保全之也；以退为进，以胜为不美，以无用为用；孰谓无为不足治天下乎？"[④]意谓老子主张的"自然无为"并非是消极的无所作为，而是以不争为争、不胜为胜为策略，从事情的反向用力，如"图难于易"云云，最终实现事物朝着正向发展并借以把握事情的全体。由这些论述可以看出，魏源对老子"自然无为"的诠解主要是援用了黄老道家的思想观点。"导言"中已经提到，从战国到汉初的黄老学的一个重要特点，就是一方面把老子的"自然无为"改造为尊重和因顺客观事物的规律，另一方面更强调人在尊重、顺应客观规律的前提下，应发挥自己的主观能动性，做到积极有为。而魏源在上文中说的"恒因而不倡"、"不先事为"，就是强调人的思想和行为要顺应客观规律；而其"非治之而不治"之语就直接援用了黄老道家的说法，如《文子·精诚》篇所云，"无为而治者，为无为，为者不能无为也。不能无为者，不能有为也"[⑤]。然而，魏源对"无为而治"的诠解并没有仅仅滞留于黄老道家的视界，而是与近代主体意识的觉醒相结合，极力宣扬人在改造自然和社会中的主观能动作用。他说："人定胜天，既可转贵富寿为贫贱夭，则贫贱夭亦可转为贵富寿……造化自我，此造命之君子，岂天所拘者乎？"[⑥]他甚至还提出："技可进乎道，艺可通乎神，中人可易为

① （清）魏源：《魏源集》，中华书局 1976 年版，第 259 页。
② （清）魏源：《魏源集》，中华书局 1976 年版，第 259 页。
③ （清）魏源：《魏源集》，中华书局 1976 年版，第 260 页。
④ （清）魏源：《魏源集》，中华书局 1976 年版，第 259 页。
⑤ 王利器：《文子疏义》，中华书局 2000 年版，第 102 页。
⑥ （清）魏源：《魏源集》，中华书局 1976 年版，第 21 页。

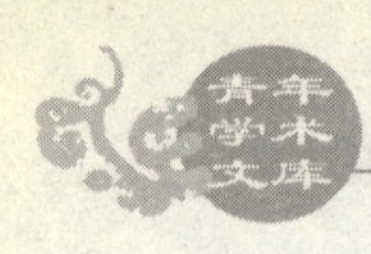

上智，凡夫可以祈天永命，造化自我立焉。”①他认为人肯发挥自己的能动创造性，即可使“贫贱夭”转化为“富贵寿”；只要肯下工夫去掌握改造客观世界的“技”与“艺”，就能在自然和社会的造化中确立起自己的主体自觉意识。可见，魏源所理解的“自然无为”，既与老子相异，亦优胜于黄老道家，并且注入了时代精神，实现了对老子和黄老道家思想的超越。

不仅如此，魏源还试图从老子的“自然无为”中提取一种关心国计民生的忧患意识。他从历史变易观出发，将“无为”划分为三个阶段，即“太古之无为”、“中古之无为”、“末世之无为”。“夫赤子乳哺时，知识未开，呵禁无用，此太古之无为也；逮长，天真未漓，则无窦以嗜欲，无芽其机智，此中古之无为也；及有过而渐喻之，感悟之，无迫束以决裂，此末世之无为也。”②这里的“末世”即指魏源生活的那个昏暗腐败的晚清时代。他以人从孩提到成年的成长过程为例，来阐明“无为”的不同发展阶段，认为“太古”、“中古”之世的“无为”是“知识未开”、“天真未漓”，人们不具有自我反思的能力，而末世之“无为”则具备了这种能力，即不要谁去强迫，人们就能从自己的过错中得到一种感悟和理喻。魏源所说的“感悟”和“理喻”，就是劝导晚清国人，特别是劝导满清王朝的统治者要正视当时中国积贫积弱的严重现实，自觉地确立起一种忧国忧民的忧患意识。他认为体悟老子的“无为”如同体悟《易》、《诗》一样，都能培蓄一种忧患意识。“故君子读《云汉》、《车攻》，先于《常武》、《江汉》，而知《二雅》诗人之所发愤；玩卦爻内外消息，而知大《易》作者之所忧患。”③但是，魏源诠解“无为”的目的并非纯粹提取一种忧患意识，而是要用这种忧患意识促进那个时代的精神觉醒，要人们鄙弃空谈，讲求真实学问，以改变昏暗的社会状况。故他将“违寐而之觉”与“革虚而之实”相结合，即将忧患意识与实事实功相结合，主张“去伪、去饰、去畏

① （清）魏源：《魏源集》，中华书局1976年版，第5页。

② （清）魏源：《魏源集》，中华书局1976年版，第258页。

③ （清）魏源：《魏源集》，中华书局1976年版，第207页。

难，去养痈，去营窟……以实事程实功，以实功程实事”①。这就是说，忧患意识的落实不仅在于清政府要去掉其老大帝国的伪饰，去掉其畏难的心理和种种因循不决、营私谋利的做法，还要讲求实事实功，切实做到不冒险行事，使民族因此而复兴，国家因此而强盛。由此可以看出，魏源对“自然无为”的新诠解不仅大大克服了老子的消极因素，而且始终浸润着一种“无为而治”与“救世”、“经世致用”、忧患意识相结合的时代气息，这说明他诠解老子的学术活动是完全出于“有为”而发的。

（二）“无欲为体，无为为用”

魏源不仅对“自然无为”作了新诠解，而且他还对“无为”何以能与“救世”、经世致用相结合的问题作了深入的理论探索，提出了“无欲为体，无为为用”的新观点，从而使“无为”成为一个能动性的命题和范畴。

他说：“治国之道，惟绝圣智巧，利则无弊，所以言无为之用；修己之道，惟绝世俗末学则无忧，所以明无欲之体也。”②这里的“欲”既是自身的生理或心理需求，属于精神意志的范畴，也是指人的一种主观内在心态。魏源缘何把“无欲”作为推行“无为”的根本呢？这是因为他所生活的嘉道年间，统治者更加贪得无厌，苛捐杂税层出不穷。他曾作新乐府体《江南吟》，对贪官污吏催征税赋的残酷情形予以揭露：“再清查，三清查，新旧款目多如麻。前亏未补后亏继，转瞬又望四查至。借问亏空始何年，半缘漕项半摊捐。帮费愈加银愈贵，民欠愈多差愈匮。”③这说明统治者因嗜欲无穷而对人民进行的敲诈盘剥，是造成民不聊生和产生各种社会动乱的主要因素。所以，要实现无为而治，就必须要求统治者首先做到“无欲”，以便以“无欲”去克“己私”而行“无为”。同时，魏源所以强调“无欲为体”，也与其宣扬的心力决定论相一致。“心力”作为一个哲学范畴，始于龚自珍。他说：“心无力者谓之庸人。报大仇，医大病，解大难，谋大事，学大道，皆以心之力。”④总起来说，龚氏认为心力

① （清）魏源：《魏源集》，中华书局1976年版，第208页。

② （清）魏源：《老子本义》，中华书局1986年版，第15页。

③ （清）魏源：《魏源集》，中华书局1976年版，第672页。

④ （清）龚自珍：《龚自珍全集》，上海古籍出版社1975年版，第15～16页。

表现为人们强烈的内在意欲、愿望和追求，是一种不得不发之于外的内在推动力，它使人欲罢不能、不得不尔，由此产生一种不达目的不罢休的奋斗精神。龚氏强调，增强心力是当时头等重要的大事。魏源作为龚氏的同门，也宣扬“心力”说，特别是他从年少时即“究心于阳明心学”①，深受阳明心学的熏染，故其学说成熟后对人的意志与精神力量的重要性极为推崇。他说：“匹夫确然有志，天子不能与之富，上帝不能使之寿，此立命之君子，岂命所拘者乎……祈天永命，造化自我，此造命之君子。岂天所拘者乎？”②他认为，即使是匹夫，只要他确立起心志，假若他不愿意富，即使皇帝也不能使他富；他如愿意杀身成仁，即使上帝也不能使他寿；可见人的意志力量之大，即使“天”也不能将其拘系。既然如此，那么统治者倘若能做到“无欲”，不起贪得之心，即使有谁想去搞社会动乱，那也搞不起来。魏源将“无欲”与“心力”联系在一起，反映了近代中国人的主体性觉醒。故他把“无欲”与“无为”视作体用关系，这应是其适应时代的要求所作出的一种合理选择。

（三）“慈、俭、不敢为天下先”

老子把“慈”、“俭”、“不敢为天下先”③作为“三宝”。按照老子的原意，这“三宝”主要是作为人生之修养和处世之方加以运用的，其目的在于启导时贤以“慈”、“俭”之德修身得“道”，以“后发”胜“先发”而得天下。如同对上述哲学命题作出新诠解一样，魏源结合他所处时代的需要，也对这“三宝”作了新的推阐。

他首先把“慈”作为“三宝”之首。他说：“哀者慈心之所发，故天卫之而必胜。”④“慈”即要求统治者要关心民生疾苦，不能对百姓剥削太重。那么，如何才能做到“慈”？魏源认为，一是要“俭”，一是要“不敢为天下先”。“俭”即指统治者要节制欲望，抑奢少费，富国裕民。“不敢为天下先”，即要求统治者谦下不争，减轻对民众的剥削。魏源认为，崇俭

---

① （清）魏源：《魏源集》，中华书局1976年版，第847页。

② （清）魏源：《魏源集》，中华书局1976年版，第21页。

③ 陈鼓应：《老子注译及评介》，中华书局1984年版，第318页。

④ （清）魏源：《老子本义》，中华书局1986年版，第57页。

抑奢应从统治者开始，因为这不仅直接制约着统治者的生活方式，而且还影响着他们的治国立政措施能否合乎民心、时宜。在他看来，统治者的嗜好厌恶往往起着上行下效的示范作用，即"主奢一则下奢一，主奢五则下奢五，主奢十则下奢十"[①]，这样整个天下形成腐化奢侈之风，就会败坏社会机体，引起社会秩序的破坏，即"合十天下为一天下也，以一天下养十天下，则不足之势多矣；不足生觊觎，觊觎生僭越，僭越生攘夺，王者常居天下可忧之地矣"[②]。因此，要想避免出现社会动乱，统治者就应当力守"慈、俭、不敢为天下先"之道。为此，他在《本义》中反复警告统治者要"尽革苛政酷刑"，"不扰狱市，不更法令"[③]。可见，魏源对老子"三宝"的诠解，也是与其经世致用的原则和救世情怀紧密联系在一起的。

三、"更法"、"变古"与对"小国寡民"的反用

老子曾针对春秋末年的社会变动情况，设计了一个"小国寡民"的理想社会。作为晚清地主阶级改革家，魏源以历史变易论为基础，对老子具有社会倒退色彩的"小国寡民"构想作出了理论纠偏。他认为，人类社会历史是不断变化的，"三代以上，天皆不同今日之天，地皆不同今日之地，人皆不同今日之人，物皆不同今日之物"[④]。强调今天的天、地、人、物是从古代的天、地、人、物发展而来，但它们却又是完全不同的。同样，人类社会也是愈变愈进步，根本不能倒退到老子所推崇的"太古之世"。他以历史变易观驳斥了社会历史退化论的思想。他指出："后世之事，胜于三代者三大端：文帝废肉刑，三代酷而后世仁也；柳子非封建，三代私而后代公也……三代用人，世族之弊，贵以袭贵，贱以袭贱，与封建并起于上古，皆不公之大者……自唐以后，乃仿佛立贤无方之谊，至宋、明而始尽变其辙焉，虽所以教之未尽其道，而其用人之

---

① （清）魏源：《老子本义》，中华书局 1986 年版，第 58 页。

② （清）魏源：《老子本义》，中华书局 1986 年版，第 58 页。

③ （清）魏源：《魏源集》，中华书局 1976 年版，第 254 页。

④ （清）魏源：《魏源集》，中华书局 1976 年版，第 47 页。

制，则三代私而后世公也。”[①]他还指出，历史发展有其必然之“势”，社会所以能从三代的分封制之“私”进化到后世之“公”，缘于历史的进化是大势所趋，“势则日变而不可复也”[②]。这里的“势”，即是内在于历史发展中的如此贯彻下去的客观趋势，也就是社会历史发展的规律。魏源认为，社会历史发展的规律是任何“圣人”都无法改变的。他以唐代及以后的变制为例，说：“租、庸、调变而两税，两税变而条编……虽圣王复作，必不舍条编而复两税，舍两税而复租、庸、调也。”[③]这意味着“变”乃是社会历史发展的一条规律，是任何人都不能抗拒的。魏源的这种由“势”到“变”的观念，不仅进一步否弃了老子“小国寡民”的倒退思想，而且还为其“更法”、“变古”的改革思想提供了哲学根据。在这里，魏源对老子若干观点的新诠解确实贯彻了“著其是，舍其非”[④]的原则，甚至采取了“反其道而行之”的方式，对老子思想有选择地进行了批判、改造和创新。

值得注意的是，魏源对社会历史由“势”到“变”的考察，还与其对“人情所群便”的认识结合在一起。他说：“天下事，人情所不便者变可复，人情所群便者变则不可复。”[⑤]这里的“人情”即是人性、人心的归向，亦即众人的意志力量。也就是说，凡是不符合众人意志要求的体制必须要改变，凡是符合众人意志要求的体制则不能改变。魏源还打过这样一个比喻：“天下其一身欤！后元首，相股肱，诤臣喉舌。然则孰为其鼻息？夫非庶人欤！九窍百骸四肢之存亡，视乎鼻息。”[⑥]他把“庶人”视作人之一身的“鼻息”，这就意味着，所谓众人的意志力量也就是民众的力量。虽然由于时代的局限性，魏源不能认识到“变古”、“更法”需要唤起民众的力量，但他把历史的发展与民众的意志联系在一起，这无论对批判老子之“非”的“小国寡民”观念，抑或落实经世致用的原则，

① (清)魏源：《魏源集》，中华书局1976年版，第60～61页。

② (清)魏源：《魏源集》，中华书局1976年版，第48页。

③ (清)魏源：《魏源集》，中华书局1976年版，第48页。

④ (清)魏源：《魏源集》，中华书局1976年版，第262页。

⑤ (清)魏源：《魏源集》，中华书局1976年版，第48页。

⑥ (清)魏源：《魏源集》，中华书局1976年版，第67页。

都具有深刻的理论意义。

总之，魏源是从经世致用出发，并带着一种历史的责任感和使命感，去解读老子的社会政治价值的。他将自己的“救世”情怀与构想注入其《老子本义》中，实现了对老子思想的超越。魏源对老子的这种解读，不仅把“通经致用”扩展到“通子致用”，影响了晚清学术风气的转变，也开启了近代道家思想研究的新篇章。

第二节　曾国藩的经世思想和对老庄思想的援用

曾国藩(1811～1872)，清末理学思想的代表人物。他曾编练湘军，镇压过太平天国革命，被清王朝推尊为“中兴第一名臣”。同时，曾国藩还是洋务运动的先驱人物，他力主购买外洋舰炮，模仿“试造”，并与李鸿章一起创办江南制造局。作为“中兴名臣”，曾国藩被士大夫们当作“修齐治平”的典范。曾国藩早年钟情的是儒家人生哲学，他曾以儒家“经世致用”的思想为指导，重视对社会现实问题的考察、研究，提出了不少改革措施，并且不断实践着儒家的“立德、立言、立功”三不朽的人生理想。但当太平天国败局已定，清军即将大功告成之时，一种兔死狗烹的危机感却时常萦绕在他的心头。因此，在后半生中，曾国藩便转而信奉老庄。在面对复杂的政治形势、政敌的排挤、好友的不理解等情况下，曾国藩韬光养晦，习黄老之学，“不以兵强天下”①，试图以此实现他的政治抱负。

一、曾国藩的理学经世思想

曾国藩的“内圣外王”之道主要取自宋明理学，无论是程朱还是陆王，都一再申明“经世致用”的宗旨，主张“实体达用”。二程也曾坦言：“穷经，将以致用也……今世之号为穷经者，果能达于政事专对之间乎？”②二程始终关注现实的国计民生，倡导通经致用，并潜心研究纷繁

① 陈鼓应：《老子注译及评介》，中华书局1984年版，第188页。

② (宋)程颢、程颐：《二程遗书》，上海古籍出版社2000年版，第122页。

复杂的社会问题。陆九渊也曾针对南宋危局，提出一系列关于改革政治、军事、科举、吏治等方面的主张，并且在治理荆门期间取得了一定的成绩。更值得一提的是，北宋理学奠基者之一的张载关于“为天地立心，为生民立命，为往圣继绝学，为万世开太平”[①]的豪言壮语，无不与关心封建、宗法、军事、井田等有关国计民生的具体实务休戚相关。不管这些理学大师们的政治蓝图是否最终实现，但他们都是以积极入世的态度投身于社会，关注现实的民瘼国情。

但由于理学关注的重心在于如何完善个体的人格，其救世的情怀与主张并没有得到充分展示和落实，其末流更是流于空疏一途。针对鸦片战争后“饾饤为汉，空腐为宋”[②]的空疏学风，曾国藩主张破除学术的门户畛域，“合汉宋，兼虚实”[③]，但他的脚步并没有停留在调和汉宋以渐息争执，而是超拔于汉宋学术而继续推进，并在“务实”意义上找到了汉宋学术的契合点。无论是汉学还是宋学，在“务实”上都有所欠缺，这种欠缺在内圣外王的语境下往往表现为内倾自闭而缺乏外在事功。

无论从理论还是从现实来看，务实与经世致用二者之间是相通的。在曾国藩生活的年代，经世致用作为一种思潮渐渐复兴。桐城派的代表人物姚鼐就强调在“义理”、“词章”、“考据”三种学问之外，诗文还应表现为“经济天下之才”。另一位代表人物梅曾亮也认为经世致用有补于世，甚至高于“性命之学”，他批评那些“考证性命之学”，无事于读书穷理，而陶醉于经生章句的人，绝不会有以天下为己任的忧患意识和经世精神。另外，曾国藩所在的湖湘地区，理学传统深厚，湖湘理学的显著特征就是讲求经世致用。从胡安国、胡宏、张轼等理学家创立的“湖湘学派”起，理学经世的特色就一直在湖湘地区流播。近代湖南一带有影响的人物中，如贺长龄、唐鉴等人便既讲求义理，又注重经世致用。曾国藩在师从理学大师唐鉴时，唐鉴以理学经世思想作指点，曾氏听后

---

① (宋)张载著，章锡琛点校：《张载集》，中华书局 1978 年版，第 376 页。

② (清)魏源：《魏源集》，中华书局 1976 年版，第 361 页。

③ 冯天瑜、黄长义：《晚清经世实学》，上海社会科学院出版社 2002 年版，第 82 页。

“昭然若发蒙也”①。

曾国藩一生虽坚守程朱理学，但他着力发挥的则是理学中“事功”的因素，他对洋务的提倡与实践就是其经世致用思想的具体化。曾国藩洋务思想的核心就是学习西方的“技艺”、“术数”以自强和“卫道”，体现出一个既视程朱理学为身心性命，又注重务实经世的传统士大夫在内忧外患、西学渐侵时的艰难选择。曾国藩在《劝学篇示直隶弟子》一文中提出，作文要端在“义理”、“考据”、“词章”、“经济”四事。其实将“经济”纳入文章并非曾国藩的创见，姚莹就曾提出“义理”、“经济”、“文章”和“多闻”为作文四要，但是曾国藩的“经济”还纳入了舆图算法、步天测海和制造机器等新内容，较之姚莹更前进了一步。正因如此，才有了曾国藩创办安庆军械所和江南制造总局以及派遣学童赴美留学等经世济民的举措。

值得注意的是，曾国藩的经世思想始终是在义理与经世并重、内圣与外王并举的理论模式下展开的，或者说他在拓展经世济民洋务时，并未遗弃理学之义理。在他看来，义理与经济是体与用的关系，经济之学当从属并服务于义理。因此，曾国藩认为，经济之事尤其是学习西学不能脱离义理的轨道。在为晚清打开西学学习的门径时，他不仅没有丝毫削弱儒学义理之意，而且特别强调办洋务学习西学的终极目的是强化“义理”并进而维护道统。故而他反复明言治学“莫急于义理之学”、“以义理之学为先”、“以立志为本”等，唯恐儒者文人溺于经济之学而迷失了义理航标。

尽管曾国藩经世之学的理论重心是理学，但是儒学作为大一统的理论毕竟显示出其不合时宜之处，同时诸子学的复兴使道家的经世济民的价值日益凸显，在这种情势下，援用道家思想以补充和克服儒家的不足，便成为曾国藩的经世致用思想的一大特色。

二、曾国藩对老庄思想的援用

曾国藩一生戎马倥偬，没有留下研究诸子的专著，但他所辑录的

① （清）曾国藩：《曾国藩全集·日记》，岳麓书社 1987 年版，第 92 页。

《经史百家杂钞》已博采诸子，《求阙斋读书録》中也包括了对管、庄、淮南等家的零散考释。曾国藩对诸子的推重也是当时的理学家中所罕见的，他曾说："周末诸子各有极至之诣……若游心能如老庄之虚静，治身能如墨翟之勤俭，齐民能如管、商之严整，而又持之以不自是之心，偏者裁之，缺者补之，则诸子皆可师，不可弃也。"[①]曾国藩对诸子的采纳仍以道、墨为主。他说："立身之道以禹墨之勤俭，兼老庄之静虚，庶几于修己治人之术两得之矣。"[②]他在总结自己的事功经历时也说："吾曩者志事，以老庄为体，禹墨为用。"[③]

如果说魏源主要是在学理上开掘老子思想的社会政治价值的话，那么曾国藩则从"事功"的层面拓展了道家的经世意义。曾氏所谓"以老庄为体"，是在"内圣"之道上采纳道家的自然、清静之旨。他说："圣人有所言，有所不言……礼乐政刑，仁义忠信，其所言者；虚无清静，无为自化，其所不言者也。吾人当以不言者为体，以所言者为用。"[④]这里的"虚无清静，无为自化"，实际上是指老庄道家的心性之学，他试图从心性修养上拓展自己的生命深度。归根到底，他采纳道家"内圣"即心性修养自然是不啻吸取其心性修养的内容，而是要着眼于道家的"外王"之意，为经世致用服务的。所以曾国藩在谈治世时，颇得老庄之道，特别在论及官场的人际关系时认为："以才自足，以能自矜；则为小人所忌，亦为君子所薄。老庄之旨，以此为最要……(庄子)曰：以贤临人，未有得人者也；以贤下人，未有不得人者也。"[⑤]在满汉隔阂、王朝危机的

---

① (清)曾国藩：《求阙斋日记类钞》卷上，载(清)李翰章编纂，(清)李鸿章校勘足本《曾文正公全集》，吉林人民出版社 1995 年版，第 4884 页。

② (清)曾国藩：《求阙斋日记类钞》卷上，载(清)李翰章编纂，(清)李鸿章校勘足本《曾文正公全集》，吉林人民出版社 1995 年版，第 4884 页。

③ (清)曾国藩：《求阙斋日记类钞》卷上，载(清)李翰章编纂，(清)李鸿章校勘足本《曾文正公全集》，吉林人民出版社 1995 年版，第 4915 页。

④ (清)曾国藩：《求阙斋日记类钞》卷上，载(清)李翰章编纂，(清)李鸿章校勘足本《曾文正公全集》，吉林人民出版社 1995 年版，第 4880～4881 页。

⑤ (清)曾国藩：《曾文正公杂著》卷三，载(清)李翰章编纂，(清)李鸿章校勘足本《曾文正公全集》，吉林人民出版社 1995 年版，第 1786～1787 页。

复杂局面中，曾氏开汉臣掌握重兵之先例，开一时中兴之先河。这虽有其历史的根源和契机，但也与他善于运用老庄的忍让之术，以柔克刚、以下制上的经世之道有关。曾氏这样援引和运用老庄的柔弱、忍让思想：

其一，关于"虚"与"静"。在老子的思想中，"虚"与"静"既可指"道"的属性，又可指人的心灵，还可指事物的根本。《老子》中有"致虚极，守静笃……夫物芸芸，各复归其根，归根曰静"[①]一语。老子主张人应该"虚其心"，此处"虚"即指人像"道"一样，抛弃了一切欲望、知识而保持的绝对空虚的心灵状态，其目的是达于无为而含于"道"。曾国藩对"静"也作了论述，他说："若万物皆资始于我心者，不可谓之至静之境也，然则静极生阳……有所谓阳初动，万物资始者，庶可谓之静极。"[②]足见此之"静"即是心物统一的最初状态。然而，曾氏所言之"虚"与老子的"虚"却有所不同，他认为"虚"是指"灵明无著，物来顺应，未来不迎，当时不杂，既过不恋"[③]，这与庄子所讲的"圣人之用心若镜，不将不迎。应而不藏，故能胜物而不伤"[④]很相似，但曾氏却引用儒家的"诚"以诠释庄子的这种思想，强调要达到虚静，必须"诚而已矣"，亦即只有诚实不欺和专心致志才能有真知和实现有为。显然，这种"虚"、"静"思想已渗入了儒家"有为"的意识，表现了儒道结合的倾向。

其二，关于"悔"与"愧"。曾国藩曾有一"悔"字诀。他说："兄自问近年得力惟有一悔字诀。兄昔年自负本领甚大，可屈可伸，可行可藏，又每见得人家不是。自从丁巳、戊午大悔大悟之后，乃知自己全无本事，凡事都见得人家有几分是处。"[⑤]这里的"悔"字诀，即是人应善于自修、自省和自谦，经常看到别人的长处和自身的短处，做到尊重别人而不自高自大。正是以这种"悔"字诀作警戒，曾国藩后来虽享有高官盛

---

① 陈鼓应：《老子注译及评介》，中华书局 1984 年版，第 124 页。

② 刘毅正、刘晓霞编：《曾国藩日记》，金城出版社 1995 年版，第 10 页。

③ 刘毅正、刘晓霞编：《曾国藩日记》，金城出版社 1995 年版，第 18 页。

④ 曹础基：《庄子浅注》，中华书局 2000 年版，第 117 页。

⑤ 张海雷等编：《曾国藩家书》，中国华侨出版社 1994 年版，第 320 页。

名，但其仍“不敢自诩有本领，不敢自以为是。俯畏人言，仰畏天命”[1]。《老子》中有“知人者智，自知者明”[2]，“不自见，故明；不自足，故彰；不自战，故有功”[3]等语，其意在于教人以自反、自省、自谦修养自己，提升自己。但老子的这些道德格言多停留在学理上，同人生实践特别是同社会事功结合得并不紧密。曾氏的“悔”字诀，可谓是对老子的上述格言重新诠释和灵活运用，将其与人生、经世结合在了一起。

《老子》还有言曰：“用兵有言：吾不敢为主，而为客。”[4]意谓“我不主张进攻，但必须具备被动防守势力；不主张前进一寸，宁愿退守一尺”[5]。这是老子对战争说的，但曾国藩却将其用于人际交往中，他说：“大抵人常怀愧对之意，便是载福之器、入德之门。如觉天之待我过厚，我愧对天……朋友之待我过重，我愧对朋友，便处处皆有善气相逢。如觉我已无愧无怍，但觉他人待我太薄，天待我太啬，则处处皆有戾气相逢。”[6]显然，曾氏的愧对心理是对老子“为客”之道的发挥和运用，并将其与待人处事相结合，其中同样具有儒道整合的特点。这大概也是他能吸引人才、获得人才的重要因素之一。

其三，关于“淡”与“缺”。晚年的曾国藩主张“恬淡冲融”[7]。“淡”即克尽“忮心名心”[8]，不贪求、不重名，顺其自然，达到庄子“淡极无为”的境界。“淡”的方式之一是“缺”，即不求完满、知足常乐。曾国藩深知“满招损，谦受益”的道理，愿“缺”，不愿“满”，因此他给自己的书房取名“求缺斋”。在其家族鼎盛之时，曾国藩说：“吾家丰盈之际，不待天之来概，人之来概，吾与诸弟当设法先自概之。”[9]“自概”即是“求缺”，这些

---

① 张海雷等编：《曾国藩家书》，中国华侨出版社 1994 年版，第 325 页。

② 陈鼓应：《老子注译及评介》，中华书局 1984 年版，第 198 页。

③ 陈鼓应：《老子注译及评介》，中华书局 1984 年版，第 154 页。

④ 陈鼓应：《老子注译及评介》，中华书局 1984 年版，第 323 页。

⑤ 蒋沛昌：《老子今读》，湖南美术出版社 2004 年版，第 192 页。

⑥ 张海雷等编：《曾国藩家书》，中国华侨出版社 1994 年版，第 330 页。

⑦ 唐浩明：《唐浩明评点曾国藩家书》（下），岳麓书社 2002 年版，第 135 页。

⑧ （清）曾国藩：《曾国藩全集·日记》，岳麓书社 1987 年版，第 1850 页。

⑨ 张海雷等编：《曾国藩家书》，中国华侨出版社 1994 年版，第 213 页。

都是对老子“我独泊兮，其未兆”[1]、“保此道者，不欲盈”[2]、“大成若缺”[3]等思想的灵活运用，并将老子的一些话引向了实用人生的轨道。

不难看出，曾国藩确实在其“内圣”与“外王”之用中融入了不少道家思想。曾氏之所以能在其“内圣”、“外王”中融入一些道家思想，与他对道家的一些思想观点采取认同的态度是分不开的。例如，他对《庄子·在宥》篇一句话评论道：“庄生云：‘闻在宥天下，不闻治天下也。’……皆有顺其自然之意。养生亦然，治天下亦然。”[4]他肯认养生、治国都必须顺任自然之道，这就与黄老学的治身与治国同道的思想相一致，说明他不仅改造了庄子的一些说法，而且还将其付诸社会、人生实践，使自己既成为理学经世派的代表，又成为诸子经世派的实践者。

当然，魏源、曾国藩的思想、学术重心有异，仕途功业亦有差距，但他们都能在儒学危机之际，把道家学说纳入经世致用的范畴，并以不同的途径开掘道家思想的社会政治价值，这都使道家救世匡时的意义有所增强，都为开创近代道家研究的新阶段作出了值得肯定的学术贡献。

---

① 陈鼓应：《老子注译及评介》，中华书局 1984 年版，第 140 页。

② 陈鼓应：《老子注译及评介》，中华书局 1984 年版，第 117 页。

③ 陈鼓应：《老子注译及评介》，中华书局 1984 年版，第 241 页。

④ 唐浩明：《唐浩明评点曾国藩家书》（下），岳麓书社 2002 年版，第 300 页。

第三章　戊戌变法后至五四运动前：道家思想与西学观念的亲和

近代学者对道家思想的研究大致是以对道家经典的诠释为主展开的。传统的经典诠释方法一般来说有两种：一种是以解释经典本义为原则，注重于考察文本及其作者的历史，表现为对文本的解读；另一种则是以建立、表达、论述自己的哲学观点为目标，考察当下的、现实的、甚至是未来的课题，表现为以文本为载体的诠释者对当下的理论创造。这正如李泽厚所说："研究哲学史可以有两种角度或方法。一种是历史的，即从历史的角度来研究哲学思想的内容形式、体系结构、来龙去脉，搞清它们在历史上的地位、作用、影响以及它们的社会的、时代的、阶级的根源或关系，包括考据、文字的训诂、说明等等。这种研究方法以传授知识为主，可能是研究哲学史的主要方法。但是，也可以有另外一种哲学的角度或方法，即通过研究哲学史或历史上某些哲学家来表达某种哲学观点。用中国的古话说，前者是'我注六经'，后者是'六经注我'。"①

就上文所说第一种方法而言，从戊戌变法后至五四运动前，研治老庄的名家辈出，如易顺鼎、王闿运、郭庆藩、王先谦、马其昶、刘师培等人校释老庄均有成就。他们主要考订"老庄"的文字，也不同程度地涉及文义的解释。其中刘师培的《老子斠补》、《庄子斠补》等，继承孙诒让一

① 李泽厚：《批判哲学的批判——康德述评》，人民出版社 1979 年版，第 422 页。

类乾嘉学风，其成果多为今人从高亨至陈鼓应所采纳，的确是所见卓尔。

学术成就与思想创获并非一致，从戊戌变法后至五四运动前，道家思想的研究还面临着另一种状况，那就是与中学相异的西学以不可阻挡之势涌入了中国。作为两种不同的话语系统，其冲突是明显的。这种冲突表现在对于当时的中国人来说，西学是一种陌生的、异质的文化。这种陌生包括两个方面：一是西学中的不少思想观念对于中国人是相当陌生的；二是即便对于西学有所了解，要将这种理解传达给文化背景尤其是语言习惯不同的中国人，也还存在着困难。

在这样一种思想文化的氛围中，中国传统的格义方法便被利用了起来。格义原本是东晋及其以后所流行的一种解释佛经的方法。据《高僧传》载："（竺）法雅，河间人……少善外学，长通佛义。衣冠仕子，咸附谘禀。时依雅门徒，并世典有功，未善佛理。雅乃与康法朗等，以经中事数，拟配外书，为生解之例，谓之格义。及毗浮、相昙等，亦辩格义，以训门徒。"[①]对于这段话，《哲学大词典》的解释是"佛经中名相与中国固有的哲学（主要是老庄哲学）概念和词汇进行比附和解释，认为可以量度（格）经文正义"[②]。冯友兰说格义就是"用类比来解释"[③]。不难看出，对于格义的方法而言：第一，进行格义的人对中国本土的经典原本有很好的掌握（"少善外学"）；第二，进行格义的人对佛学也有相当的功力（"长通佛义"）；第三，格义主要是对熟悉中文典籍（"并世典有功"）但"未善佛理"的门徒启蒙而用（"以训门徒"），并非佛教教育的基本方法或惯例，在佛教传播的历史上只有短暂的作用；第四，格义的关键是"以经中事数，拟配外书"[④]，即以中土本有的经典（"外书"）对应佛教"事数"（如五蕴、十二入、四谛、十二因缘、五根、五力、七觉等），即侧重于重要概念和术语的解释；第五，无论对解释者和解释者的听众来

① （南朝梁）慧皎撰，汤用彤校注：《高僧传》，中华书局 1992 年版，第 152 页。

② 《哲学大辞典 · 中国哲学史》，上海辞书出版社 1985 年版，第 533 页。

③ 冯友兰：《中国哲学简史》，北京大学出版社 1996 年版，第 207 页。

④ （南朝梁）慧皎撰，汤用彤校注：《高僧传》，中华书局 1992 年版，第 152 页。

说，格义都是以大家已经熟知的经典和概念来解释大家尚未熟悉的思想理论概念。简而言之，传统的格义是以固有的、大家熟知的文化经典中的概念解释尚未普及的外来文化的基本概念的一种临时的权宜之计。

近代西方文化传入中国与当年佛教传入中国的情形仿佛相同，故很多学者将其相提并论。但学者刘笑敢却认为传统的格义在近代中国并不重要。① 不容否认的事实是，格义的方法曾在 19 世纪中期使"西学源于诸子说"流行一时，当时一些学者便把西学与老庄比附等同。如早期改良主义者薛福成便认为《庄子》与"近来泰西之学有相出入者"。"夫庄子当时著书不过汪洋自恣以适己意而已，岂知实验其事者在后世、在异域也！"②当时，薛福成还只把庄子看作"电学、化学之权兴"，"天算之学、舆地之学之滥觞"③，可以说这种认识与当时主要在器物层面采纳西学的历史进程基本吻合。当历史进入 19 世纪末 20 世纪初，随着西学深入思想领域，"以西释中"发生了变化。其中最突出的表现，即众多学者已不满足于仅对西学作原原本本的介绍，而是力图通过对西学著作的研读，重新发现贯穿其中的古今中外的普遍义理。因此，他们对西学的介绍虽以格义开始，但最终目的却在会通。

会通原是史学研究的一种方法，其概念最早见于郑樵《通志・总序》和《夹漈遗稿》中。这两处互有侧重地论述了会通的含义："百川异趣，必汇于海，然后九州无浸淫之患。万国殊途，必通诸夏，然后八荒无

---

① 参见刘笑敢《反向格义与中国哲学方法论反思》，载《哲学研究》2006 年第 4 期。他认为传统的格义在近代中国并不重要。一方面，近代西方文化中的很多内容在中国传统文化中没有对应成分，因此只能造新词来翻译新说，如"天演"、"天择"、"民主"、"人权"等；另一方面，近代西方的很多学术名词都是先由日本学者用汉字翻译出来，然后传到中国，这就使格义变得不那么重要。他认为中国哲学研究的情况则较为特殊，它不是简单地引入和传播西方文化产品，而是要以西方哲学的概念体系以及理论框架来研究分析中国本土的经典和思想。这是近代以来中国哲学或哲学史的研究的主流，恰与传统的格义方向相反。所以，他称近代以西方哲学的概念和术语来研究、诠释中国哲学的方法为"反向格义"(reverse analogical interpretation)。

② (清)薛福成:《出使英法义比四国日记》，岳麓书社 1985 年版，第 252 页。

③ (清)薛福成:《出使英法义比四国日记》，岳麓书社 1985 年版，第 254 页。

壅滞之忧。会通之义大矣哉……总天下诗书礼乐会于一手，然后能同天下之文，贯二帝三王为一家，然后能极古今之变。”[①]“天下之理不可以不会，古今之道不可以不通，会通之义大矣哉……凡典谟训诰誓命之书，散在天下，仲尼会其书而为一。”[②]可见，会通即在搜求、汇集各种史料的基础上，加以整理编排，融会贯通，缕述各种事物从古到今的发展过程。后来，会通便成为治经、治诸子的普遍治学方法，而到近代亦为治道家者所采用。但他们的会通已不是传统经典的内容，而是将西学与道家学说相亲和，从而实现不同文化传统的视界融合。从戊戌变法后至民国初期，老庄道家基于自然主义的原始“民主”、“自由”思想备受学者们的重视，尽管其与西方近代体现为政治权利的民主、自由有所不同，但学者们总是以西学去阐发老庄哲学中所蕴含着的“民主”、“自由”因素。于是，道家的民主、自由因素便得到了空前的阐发，因而改变了道家学说的价值多体现于道德修身及“无为而治”方面的状况，同时也使道家批判儒家维护专制主义的精神得到了空前的彰显。在这个时期，对道家思想与西学作出较多会通、较多亲和的，以严复、刘师培和章太炎等为代表。

第一节　严复：西学视野下的道家思想解读

严复(1853～1921)作为中国近代史上的一位著名的启蒙人物，其思想历程的嬗变大致与中国近代社会的进程是相一致的。他一生从事翻译工作，宣传西学，把西方近代许多的学术著作介绍到中国来。在甲午中日战争后的严重民族危机中，他以进化论和资产阶级的民主、平等、自由思想为鼓动，投身于维新变法活动，发表了一系列鼓动变法的文章。辛亥革命以后，他的思想虽然日趋保守，甚至还参加了袁世凯的复辟活动，但其肯定进化，鼓吹资产阶级民主、自由、平等的西学情结却未减弱。严复之所以在辛亥革命后仍然具有浓重的西学情结，是因为

---

① (宋)郑樵撰：《通志》(一)，浙江古籍出版社 2000 年版，第 1 页。

② 王云五主编：《丛书集成初编 · 夹漈遗稿》卷三，商务印书馆 1936 年版，第 18 页。

他在早年接受欧风美雨的洗礼时，即认为西学的根本命脉“不外于学术则黜伪而崇真，于刑政则屈私以为公而已”①。在他看来，求真求是的自然科学方法和民主政治制度，才是西方资本主义国家的根本。正如李泽厚先生所说：“这其实也就是‘五四’提出来的赛先生与德先生——科学与民主。”②虽然如此，纵观严复介绍、宣传和主张学习西学的人生历程，他并没有将西学与中国传统文化对立起来，更没有提出全盘否定或打倒古代传统文化，而是主张“尽去吾国之旧，以谋西人之新”③，“去其旧染，而能择其善者而存之”④。亦即主张有分析地对待中学，取其有用之精华，去其无用之糟粕。正如美国学者本杰明·史华兹所说，在严复思想中并没有截然划分中国传统与近代西方为两个互不相干的对立物。⑤ 在“中国传统”中，他更钟情于道家。

一、对道家的钟情

严复倾心于佛家和道家，但在这两者之间，他似乎更欣赏道家，而对于儒家却没有多少热心。他曾手批过四部书，即《〈老子〉评语》、《〈庄子〉评语》、《〈王荆公诗〉评语》和《〈古文辞类纂〉评语》，其中有两部便是道家的最主要经典。相反，严复没有手批过“四书”和“五经”，对于儒家人物，他多有毫不留情的批评。在他的笔下，孟子是“霸道的”、韩愈是专制的、陆王是“师心自用”的。而对于道家，他却是欣赏的，特别是对《庄子》一书。他在给友人的信中，曾两次谈到了对《庄子》的情有独钟：

> 予平生喜读《庄子》，于其道理唯唯否否，每一开卷，有所见，则随下丹黄。⑥

---

① 卢云昆：《社会剧变与规范重建——严复文选》，上海远东出版社 1996 年版，第 4 页。

② 李泽厚：《中国近代思想史论》，天津社会科学院出版社 2003 年版，第 255 页。

③ 卢云昆：《社会剧变与规范重建——严复文选》，上海远东出版社 1996 年版，第 537 页。

④ 卢云昆：《社会剧变与规范重建——严复文选》，上海远东出版社 1996 年版，第 537 页。

⑤ 参见[美]本杰明·史华兹著，叶凤美译《寻求富强——严复与西方》，江苏人民出版社 1989 年版，第 188 页。

⑥ 王栻主编：《严复集》，中华书局 1986 年版，第 608 页。

平生于《庄子》累读不厌，因其说理，语语打破后壁，往往至今不能出其范围。[①]

在浩如烟海的中国传统典籍中，严复何以会对《庄子》情有独钟呢？或者道家的什么东西在吸引着他？近年来，一些学者逐渐从严复的公众角色转而注意其私人性情，如他的家庭生活与鸦片烟瘾等。[②] 比较一致地认为，严复对道家的钟情，主要来自于他精神生活的需要。这些需要则是因为严复在其辉煌的一生中，还有一些不为人知的痛苦：

第一，理想不断地破灭。从维新变法的失败到辛亥革命后的危机，他追求中国富强的愿望一次又一次受到挫折。

第二，肉体上的痛苦。严复在天津水师学堂时，由于不得志而抽上了鸦片。从19世纪80年代末期至1921年之间，严复的身心状况便与鸦片吸食有着不可分割的关系。“吾因感寒，夜间患咳，吸烟更甚，有似去年。”[③]“药膏一日尚是三遍，夜间多筋跳，睡不着。昨晚直到三点尚不能睡，吃药丸吃睡药都无用。”[④]“吾到津以来，别的没有甚么，只是晚间多睡不着，早起筋跳……药膏吃已过半，事多一日三瓢，不能减少。药单不知往那里去，又没带有烟灰，市上买灰恐靠不住，今特作快信到家，叫你再熬四剂，一钱灰者，分作两罐，熬好交新铭关买办，即他船亦可，带津交河北学务处严收，切切。”[⑤]期间，严复曾打算戒烟，但因缺乏毅力，未能坚持下去。直到去世前一年，在北京因病入协和医院，后在医师的协助下才戒掉鸦片。[⑥] 出院之后，严复在写给友人熊纯如的信中，劝年轻朋友绝不可吸食鸦片：

---

① 王栻主编：《严复集》，中华书局1986年版，第648页。

② 参见黄克武《严复的异性情缘与思想境界》，载《福建论坛》（人文社科版）2001年第1期。

③ 王栻主编：《严复集》，中华书局1986年版，第739页。

④ 王栻主编：《严复集》，中华书局1986年版，第741页。

⑤ 王栻主编：《严复集》，中华书局1986年版，第741页。

⑥ 参见王栻主编《严复集》，中华书局1986年版，第804页。

嗟夫！可谓苦矣！恨早不知此物为害真相，致有此患，若早知之，虽曰仙丹，吾不近也。寄语一切世间男女少壮人，鸦片切不可近。世间如有魔鬼，则此物是耳。①

严复吸食习鸦片习惯的持续不但出于心理挫折，也与生理病痛密切关联。中年以后，严复呼吸与消化器官一直不好，咳嗽、腹泻、筋跳以及失眠等病症长期困扰着他，他也养成了依赖鸦片来舒缓病痛的习惯。很难想象，这位翻译大师早上以典雅的文言文翻译《天演论》，鼓励国人发愤图强，而下午则躺在床上吸食鸦片的情景。然而，严复主要的作品都是在鸦片提供身心舒缓状况之下写出来的。同时，因为鸦片吸食的经验使他深刻地体认到要挽救“中国者，固病夫也”②的困难。因此，他在《原强》一文中指出：

中国礼俗……沿习至深，害效最著者，莫若吸食鸦片……此中国朝野诸公所谓至难变者也。然而夷考其实，则其说有不尽然者……假令天子亲察二品以上之近臣大吏，必其不染者而后用之，近臣大吏各察其近属……如是定相坐之法而实力行之，则官兵士子之染祛。官兵士子之染祛，则天下之民知染其毒者必不可以为官兵士子也，则自爱而求进者必不吸食。夫如是，则吸者日少，俟其既少，然后着令禁之，旧染渐去，新染不增，三十年之间使鸦片之害禁绝于天下。③

第三，家庭生活不圆满。严复一生有二妻一妾，第一位妻子是他在12岁时娶的王氏，对严复来说，此一婚姻只是依循中国旧法，“承祭祀，事二亲，而延嗣续”④罢了。1892年，王氏过世，严复又娶江氏为妻，但他们性情非常不合。根据严复所述，江氏不识字，个性内向寡言，脾气欠佳⑤，这样的个性与严复严重不匹配。对于这段婚姻，他曾在1910

---

① 王栻主编：《严复集》，中华书局1986年版，第704页。

② 王栻主编：《严复集》，中华书局1986年版，第13页。

③ 王栻主编：《严复集》，中华书局1986年版，第28页。

④ 王栻主编：《严复集》，中华书局1986年版，第679页。

⑤ 参见王栻主编《严复集》，中华书局1986年版，第760页。

年写道："自渠十五岁到我家，于今十又八年……在阳歧、在天津，那一天我不受他一二回冲撞。起先尚与他计较，至后知其性情如是，即亦不说罢了……此人真是无理可讲，不但向我漠然无情，饥寒痛痒不甚关怀。"[①]1900年，严复迎娶了第三位夫人朱明丽，之后，妻妾之间的冲突不断。1910年，严复与第二任妻子江氏离婚。家庭生活的不和睦，使严复精神上承受很大的痛苦。

在近代中国的历史上，严复是一位引介西方文化的先驱，他早年译介西学，呼吁求新求变，晚年强调将西方与传统文化的优越面结合为一。严复引进西方却又不忘怀传统的思想特质与他的生活情境密切相关。官场失意、考试受挫，加上家庭生活不睦，使他染上鸦片烟瘾，后来又因为生理的病痛，持续吸食鸦片长达三十余年。这些经验使他认识到要改革中国时所要面对的各种困难，尤其是早婚、鸦片、八股文等，也使他深刻体认到理想与现实之间的落差。严复提倡禁绝鸦片以强国强种，自己却身陷烟瘾无法自拔，为此一落差的最佳例证。

从严复的情感世界可以看到，他所译介的西学和他所秉持的儒家道德理想是与一种很深厚的宗教情操是交织在一起的。严复一生所遭遇到的这些中国式的苦痛，不但需要鸦片的纾解，也需要伦理、亲情与宗教的慰藉。而道家哲学特别是《庄子》，就是他最好的精神食粮。而庄子的"知其不可奈何而安之若命"、"安时处顺"[②]则应合了他的心境，使他超越，使他泰然。

作为一位译介西学的大家，严复没有用西学来猛烈批判封建学术和专制制度，而是试图以西学为坐标研究诸子学，从中开掘出与西方近代文化相契合的某些普遍价值与共同因素。正是基于这样一种思想变化的逻辑进路，严复在1903年撰写了《老子评点》，而后又在1916年撰写了《庄子评点》。在过去的研究中，不少论者认为这两部《评点》具有"调和论"的倾向。[③] 但在笔者看来，这两部《评点》实际上是以西学的

① 王栻主编：《严复集》，中华书局1986年版，第764页。

② 曹础基：《庄子浅注》，中华书局2000年版，第45、57页。

③ 参见侯外庐《中国近代哲学史》，人民出版社1978年版，第260页。

观念来诠释中国固有的道家著作，并试图以此来整合中西文化，于是形成了其独特的"以西释中"的解读方式。倘若仔细审视严复所撰写的两部《评点》，便会发现它既不同于以往学者对老庄著作所作的循章择句式的解释，也不同于以往偏重于对老庄道家精神境界的剖析，而是根据他所处民国元年前后的时代要求，着重用近代西方的进化论、民主和自由思想揭示道家哲学与近代观念的相通亲和之处。

二、道家哲学与进化论相通

达尔文的进化论是严复留学英国时所接受到的一个重要思想。这种进化论把"自然选择，适者生存"作为生物进化的根本规律，并由此形成普遍进化的理论，借以解释人和社会的发展轨迹。严复受这种进化论的影响，认为老子哲学与西方进化论有相通之处。如《老子》第五章有"天地不仁，以万物为刍狗，圣人不仁，以百姓为刍狗"[①]语，其意义在于强调：天地无所偏私，任凭万物自然生长，圣人无所偏私，任凭百姓自己发展。而严复则对这句话评点说，此即"天演开宗语"，"此四语括尽达尔文新理"[②]。再如《庄子·达生》篇有"合则成体，散则成始"[③]语，意谓天地阴阳二气自然交合即生成包括人在内的万物的形体，天地阴阳二气自然分离则万物又复归于宇宙未开始时的混沌状态。严复却把这句话同斯宾塞的普遍进化理论联系起来，认为"斯宾塞谓天演翕以合质，辟以出力，即同此例。翕以合质者，合则成体也，精气为物也；辟以出力者，散则成始也，游魂为变也"[④]。他参照斯宾塞关于进化是物质不断集中和分化过程的理论，将《达生》篇的这两句话纳入了进化论的范畴。又如《庄子·齐物论》篇有"夫吹万不同，而使其自已也"[⑤]语，意谓千万个窍穴无论在大风中发出各种不同的声音，抑或它们在大风停

---

① 陈鼓应：《老子注译及评介》，中华书局 1984 年版，第 78 页。

② 卢云昆：《社会剧变与规范重建——严复文选》，上海远东出版社 1996 年版，第 458 页。

③ 曹础基：《庄子浅注》，中华书局 2000 年版，第 265 页。

④ 王栻主编：《严复集》，中华书局 1986 年版，第 1131 页。

⑤ 曹础基：《庄子浅注》，中华书局 2000 年版，第 17 页。

止时，其所发出的各种声音也随之停止，这都是大自然自己所为，不受别的什么外在力量主宰。严复对这句话却评点道："一气之转，物自为变，此近世学者所谓天演也。"[①]他之所以用天演进化诠释这句话，是因为他把作为天演进化基础的"力"同中国古代哲学中的"气"相类比，即"今世科学家所谓一气常住，古所谓气，今所谓力"[②]。这样，包括道家在内的中国传统哲学所一贯使用的重要范畴"气"，便获得了与"力"在天演进化中的同等的功用，亦即"通天地人禽兽昆虫草木以为言，以求其会通之理，始于一气，演成万物"[③]。于是，"气化"与"进化"便可等量齐观了。

不仅如此，严复还认为在道家哲学中有类似进化论的科学观念。《庄子·至乐》篇有"种有几"说，并认为万物的变化是"皆出于几，皆入于几"[④]。"几"即微，意谓万物变化的种子皆有其微妙的地方，万物从那微妙的地方变生出来，又可回到那微妙的境界中。而严复却将这句话同西方近代生物学家的科学发明相印证，指出："此章所言，可以之与挽近欧西生物学家所发明者互证，特其名词不易解释，文所解析者，亦未必是。然有一言可以断定者，庄子于生物进化功用变化，实已窥其大略，至其细琐情形，虽不尽然，但生当二千余岁之前，其脑力已臻此境，亦可谓至难能而可贵矣。"[⑤]与此相联系，严复对庄子的"无穷"观念也佩服不已。他认为庄子虽没有研究过天文学、地理学，但能认识到时间和空间的无限性，实在是一个了不起的人，即"今科学中有天文地质两科，少年治之，乃有以实知宇宙之博大而悠久，回观大地与夫历史所著之数千年，真若一吷。庄未尝治此两学也，而所言如此，则其心虑之超越常人，真万万也。所谓大人者非欤！"[⑥]

严复评点老庄道家中有进化论思想或有类似进化论的科学观念，

---

① 卢云昆：《社会剧变与规范重建——严复文选》，上海远东出版社 1996 年版，第 469 页。
② 卢云昆：《社会剧变与规范重建——严复文选》，上海远东出版社 1996 年版，第 484 页。
③ 卢云昆：《社会剧变与规范重建——严复文选》，上海远东出版社 1996 年版，第 19 页。
④ 曹础基：《庄子浅注》，中华书局 2000 年版，第 263 页。
⑤ 卢云昆：《社会剧变与规范重建——严复文选》，上海远东出版社 1996 年版，第 481 页。
⑥ 卢云昆：《社会剧变与规范重建——严复文选》，上海远东出版社 1996 年版，第 486 页。

固然有牵强附会之处，但严复对自己的这种发现却兴奋不已。究其原因在于严复生活在中国近代民族危亡的历史时期，他所做的一切都是试图通过对传统学术思想和价值观念的变革来促成世变，使中国走上弃旧谋新的道路。曾为严复《天演论》作序的吴汝纶也明确指出了严氏的这种用意，他说："严子之译是书，不惟自传其文而已，盖谓赫胥黎氏以人持天，以人治之日新，卫其种族之说，其义富，其辞危，使读焉者怵焉知变，开国论殆有助乎！"[①]严复也曾在多篇文章中给中国人敲警钟："岁月悠悠，四邻眈眈，恐未及有为，已先作印度、波兰之续，将斯宾塞之说未施，而达尔文之理先信……呜呼！吾辈一身即不足惜，如吾子孙与中国之人种何！"[②]他在警醒国人的同时，又鼓动国人如果能奋发图强，还是大有可为的："今者外力逼迫，为我权借，变率至疾，方在此时……即彼西洋之克有今日者，其变动之速，远之亦不过二百年，近之亦不过五十年耳，则我何为而不奋发也耶！"[③]这说明，严复以进化论解读道家哲学思想，始终浸润着一种忧患意识和救世情怀，他试图借这种诠解，用进化论来激励中国人为民族的独立而斗争，以挽救所面临的亡国灭种的危局。

三、道家哲学中含有近代民主思想

严复在学习西学的过程中，曾接触了孟德斯鸠的民主思想。如同试图从道家思想中开掘进化论一样，他也热衷于由此而阐发西方的民主思想。《老子》第三章有"不尚贤，使民不争，不贵难得之货，使民不为盗，不见可欲，使民心不乱"[④]语，这句话的本意是告诫人们不要争名、争利、争财货，停止滥用智识的巧诈伪作活动。但严复却评点道："试读布鲁达奇《英雄传》中'来刻谷士'一首，考其所以治斯巴达者，则知其作

① 卢云昆：《社会剧变与规范重建——严复文选》，上海远东出版社 1996 年版，第 527 页。
② 卢云昆：《社会剧变与规范重建——严复文选》，上海远东出版社 1996 年版，第 11 页。
③ 卢云昆：《社会剧变与规范重建——严复文选》，上海远东出版社 1996 年版，第 30 页。
④ 陈鼓应：《老子注译及评介》，中华书局 1984 年版，第 71 页。

用与老子同符。此不佞所以云，黄、老为民主治道也。”[1]根据孟德斯鸠《法意》中的记载，“来刻谷士”治理斯巴达，曾采取了一系列变法措施，其中包括建立民主议政制、废除奇技淫巧等。严复将其与黄、老治道相提并论，无疑有望文生义之嫌。然而，严氏的用意是要从中国传统哲学最重视个体自由的道家思想中找到民主在中国古已有之的根据，所以便把道家思想与鼓吹民主的孟德斯鸠牵扯在一起。孟德斯鸠曾把政体分为民主、君主和专制三种，并认为这三者各有不同的政治原则，专制和君主的政治原则是恐怖和荣誉，民主的政治原则为品德。据此，严复对《老子》第三十八章所讲的“失道而后德，失德而后仁，失仁而后义，失义而后礼。夫礼者，忠信之薄，而乱之首”[2]一段话作了评点。他认为老子把“礼”视为“乱之首”，是说君主以“礼”（相当于孟德斯鸠所说的“荣誉”）治国，只会带来混乱和不安。严复强调，老子向往的是民主政治，其所提倡的“德”，即是“民主”之德，其追求的“有道”和“有德”是一回事。所以，他在诠解《老子》第四十六章“天下有道，却走马以粪，天下无道，戎马生于郊”[3]时认为，德性是民主的本质，其在老子那里早有发轫，即“纯是民主主义，读法儒孟德斯鸠《法意》一书，有以征吾言之不妄也。”[4]因此，他在评点《老子》的其他话时总是将其与民主相牵扯。如在评点《老子》第五十七章“以正治国，以奇用兵，以无事取天下”[5]时说：“取天下者，民主之政也。”[6]而对《老子》第三十九章“贵以贱为本，高以下为基”[7]语，他又评点道：“以贱为本，以下为基，亦民主之说也。”[8]

但是，如果以德性求治就是讲民主，那么专讲“德治”的儒家岂不是

---

① 卢云昆：《社会剧变与规范重建——严复文选》，上海远东出版社 1996 年版，第 458 页。

② 陈鼓应：《老子注译及评介》，中华书局 1984 年版，第 212 页。

③ 陈鼓应：《老子注译及评介》，中华书局 1984 年版，第 244 页。

④ 王栻主编：《严复集》，中华书局 1986 年版，第 1095 页。

⑤ 陈鼓应：《老子注译及评介》，中华书局 1984 年版，第 284 页。

⑥ 王栻主编：《严复集》，中华书局 1986 年版，第 1097 页。

⑦ 陈鼓应：《老子注译及评介》，中华书局 1984 年版，第 218 页。

⑧ 王栻主编：《严复集》，中华书局 1986 年版，第 1092 页。

更提倡民主了吗？这当然是严复所不愿意承认的，因为他是以反儒的姿态出现在近代历史舞台上的，所以严复强调儒家之德不同于道家之德，它是君主制中的“德”，也就是“礼”。这样一来，严复只好向道家思想中去寻找西方民主思想的光亮，以致相信老子与孟德斯鸠之间有着高度相似性。他说：“中国未尝有民主之制也。虽老子亦不能为未见其物之思想。于是道德之治，亦于君主中求之；不能得，乃游心于黄、农以上，意以为太古有之。盖太古君不甚尊，民不甚贱，事与民主本为近也。此所以下篇八十章，有小国寡民之说……如是之世，正孟德斯鸠《法意》篇中所指为民主之真相也。世有善读二书者，必将以我为知言矣。呜呼！老子者，民主之治之所用也。”[①]严复在这里虽然也承认古代中国从来没有过民主制度，但他却认为老子的思想中有民主的因素，只是由于老子的德治在君主政体中行不通，所以他才把它寄托在“小国寡民”的社会中的。

四、道家哲学中含有近代自由的观念

在向西方学习的过程中，严复认为西方之所以能够优胜于中国，是因为西方社会建立在自由的基础上，并以自由的理念建立了一套民主制度，即“推求其故，盖彼以自由为体，以民主为用”[②]。他认为，自由与否不仅是中西一强一弱的根源，而且还是中西文明的根本差异。与对民主思想的开掘一样，严复对道家自由思想的发掘也是沿着一条中西会通的路子，认为西方的“自由”即是庄子的“在宥”。“在宥”是《庄子》外篇第十一篇的篇名，意即使天下人感到自在宽容。严复早在《天演论》按语中就以“在宥”一词来说明斯宾塞的观点，“斯宾塞之言治也，大旨存于任天，而人事之为辅，犹黄老之明自然，而不忘在宥是已”[③]。此处之“在宥”是相对于天演而言，指个人所具有的自主创造能力。

---

① 卢云昆：《社会剧变与规范重建——严复文选》，上海远东出版社 1996 年版，第 462～463 页。

② 卢云昆：《社会剧变与规范重建——严复文选》，上海远东出版社 1996 年版，第 14 页。

③ 卢云昆：《社会剧变与规范重建——严复文选》，上海远东出版社 1996 年版，第 325 页。

然而，严复在将庄子的“在宥”与西方自由观念加以会通时，并没有将其归结为不受束缚、超脱物我对立的精神自由的传统诠解上，而是赋予其新的内容。他把道家无为的主张和西方自由放任的政治经济政策联系在一起，认为道家所主张的自由也包括统治者采取自由放任的统治方法。如他在批点《应帝王》篇时写道：“郭注云：夫无心而任夫自化者，应为帝王也。此解与挽近欧西言治者所主张合。凡国无论其为君主，为民主，其治行政者，即帝王也。为帝王者，其主治行政，凡可以听民自为自由者，应一切听其自为自由，而后国民得各尽其天职，各自奋于义务，而民生始有进化之可期。”[①]意即统治者给人民自由自为之处，人民就可利用这一宽松的空间自立自强、自我发展，从而成为尽责任与重义务的“国民”。严复认为以此为基础，整个社会就能逐渐达到进化的目标，即进入自由民主的天地。

与同时代的其他思想家不同的是，严复并没有将近代最富有吸引力的民主视为西方国家致富致强的根本，而是将民主与自由联系起来，视“自由为体，民主为用”。在他的眼里，民主的重要性要次于自由的重要性，民主只是自由在政治领域发展中的一种表现。严复十分强调自由的重要性，“夫自由一言，真中国历古圣贤之所深畏而从未尝立以为教者也。彼西人之言曰：唯天生民，各具赋畀，得自由者乃为全受，故人人各得自由。国国各得自由，第务令毋相侵损而已。侵人自由者，斯为逆天理，贼人道。其杀人伤人及盗蚀人财物，皆侵人自由之极致也。故侵人自由，虽国君不能，而其刑禁章条，要皆为此设耳”[②]。显然，严复已经将自由视为神圣不可侵犯的天赋人权、立法设制的根本依据。他甚至将太平盛世的到来完全寄托在自由上：“故今日之治，莫贵乎崇尚自由。自由，则物各得其所自致，而天择之用存其最宜，太平之盛可不期而自至。”[③]因此，他在评点《天道》篇时说：“上必无为而用天下者，凡一切可以听民自为者，皆宜任其自由也。下必有为为天下用者，凡属国

① 卢云昆：《社会剧变与规范重建——严复文选》，上海远东出版社 1996 年版，第 474 页。

② 卢云昆：《社会剧变与规范重建——严复文选》，上海远东出版社 1996 年版，第 4～5 页。

③ 卢云昆：《社会剧变与规范重建——严复文选》，上海远东出版社 1996 年版，第 460 页。

民宜各尽其天职，各自奋于其应尽义务也。”[①]即统治者要给予人民自由，而人民则应在此自由的环境中，尽其天职与义务。只有这样，才能实现天下大治。可见，在严复的眼中，自由是至高无上的本体，其他诸如提高社会功效、实现国家富强以及建立民主体制等，都不过是它的发“用”而已。

毋庸讳言，严复在评点老庄道家著作时确有牵强附会之处，特别是他专以进化、民主、自由为尺度来剪裁老庄之书，有削足适履之嫌；然而，平心而论，严复在以西学视野阐释老庄著作时，也并非一味地认同老庄，而是有所批判和选择的。如当他用进化历史观去解读老庄著作时，便感到二者之间存在着问题。他说：“以下三章（引者注：指《老子》第十八、十九、二十章）是老子哲学与近世哲学异道所在，不可不留意也。今夫质之趋文，纯之入杂，由乾坤而驯至于未济，亦自然之势也。老氏还淳返朴之意，犹驱江河之水而使之在山，必不逮矣。夫物质而强之于文，老氏訾之是也。而物文而返之使质，老氏之术非也。何则？虽前后二者之为术不同，而其违自然，拂道纪，则一而已矣。”[②]老子认为返回到质朴状态属于自然，但严复从进化论出发，认为从质朴到文明恰恰是自然，而返朴则是非自然的。正是由于这种返回论与进化论对立，使严复相信理想的目标应在未来，而不是在已有的过去。所以，他不仅指斥“老氏之术，非也”，而且还批评庄子所描述的“至德之世”，指出：“世间固无此物。而今日非、澳诸洲，内地未开化之民，其所当乃至苦，如是而曰至治，何足慕乎？”[③]也正是基于这种进化论与返回论的对立，严复在反对道家主张从文明向原始状态倒退的同时，又提醒人们注意西方文明所带来的种种弊端：“近世欧洲诈骗之局，皆未开化之前所无有者。”[④]“今之所谓文明，自老子观之，其不为盗夸者亦少矣。”[⑤]尽管严

① 卢云昆：《社会剧变与规范重建——严复文选》，上海远东出版社 1996 年版，第 480 页。
② 卢云昆：《社会剧变与规范重建——严复文选》，上海远东出版社 1996 年版，第 460 页。
③ 卢云昆：《社会剧变与规范重建——严复文选》，上海远东出版社 1996 年版，第 478 页。
④ 卢云昆：《社会剧变与规范重建——严复文选》，上海远东出版社 1996 年版，第 460 页。
⑤ 卢云昆：《社会剧变与规范重建——严复文选》，上海远东出版社 1996 年版，第 465 页。

复的这种警醒在当时历史条件下是十分有限的，但他却肯定了道家以“自然”、“返真”、“归朴”反对文明异化的积极作用。

总之，严复对老庄之书无论采取有选择地诠解，抑或有选择地进行批驳，都是有意为之，其意都在于以老庄哲学为载体，张扬西方的进化、民主、自由的理念，并借以激活国人不断向上的进取精神，进而铲除封建君主制度的痼疾和挽救民族危亡的局面。对民国元年那个急剧变动的时代来说，严复所做的这项工作虽然不能提供一个救国救民的真理，其社会影响也十分微弱，但从学术文化上说，严复的这种以西释中、亲和道家哲学与西方观念的诠解方式，却为道家思想的研究开辟了一条新途径。

第二节 刘师培对道家思想的研究

刘师培（1884～1919），字申叔，出生于一个四世传经的家族，在晚清学界影响较大，以三世相续共注一部《春秋左氏传》而著称于世。虽然他的学术主业是群经及小学，但由于继承了以高邮王氏为代表的“以子证经”的治经传统，他对包括道家在内的诸子典籍所作的校理文字、考辨源流的工作也极其深入。

一、对道家研究的贡献

1903 年，刘师培离开家乡扬州来到上海，投身当时风起云涌的民族民主革命的大潮中。1908 年，他出任满清两江总督的幕僚，成为政治上的保守派，终其一生不再有所改变。与这两种色彩的政治形象相对应，刘氏在 1903 年至 1919 年的学术生涯也大致以 1908 年为界限分为前后两个时期：前期激扬文字，议论风生；后期则归于汉学旧途，多做纯粹考据的工作。大致可分为三大类工作：

第一类，早期求是之作。这部分作品包括《国学发微》、《读书随笔》中的有关部分，一组关于上古学术起源的论文，《中国哲学起源考》等，全部刊于 1908 年之前的《国粹学报》。这些作品基于朴学实事求是的原则，于道家学术的源流等有重要发明。

第二类，早期议论之作。这部分作品以《伦理教科书》、《中国民约精义》、《利害平等论》中的相关论述为代表，多就道家学术的某些观点及其意义发表评论和评价，富有时代特色。

第三类，后期朴学之作。这包括《老子斠补》、《庄子斠补》及《敦煌新出唐写本提要》中的几篇，主要做很传统的考据工作。其中《老子斠补》和《庄子斠补》，继承了乾嘉学风，其成果多为从高亨到陈鼓应的今人所采纳，确乎是所见卓尔不群。

1904 年，刘师培、林獬写作的《中国民约精义》一书出版。关于撰述此书的动机，刘在其《序》中这样写道："吾国学子，知有'民约'二字者，三年耳。大率据杨氏廷栋所译和本卢骚《民约论》以为言。顾卢氏《民约论》，于前世纪欧洲政界为有力之著作，吾国得此，乃仅仅于学界增一新名词，他者无有。而竺旧顽老，且以邪说目之，若以为吾国圣贤从未有倡斯义者……因搜国籍，得前圣曩哲言民约者若干篇，篇加后案，证以卢说，考其得失。"①可以看出，这又是一种类似严复的格义。从当时学术界的一部分人的心态看，这样的格义与其说是要抬出国粹以与西学抗衡，不如说是为引进西学寻出道统方面的依据。而道家一系的著作如《老子》、《庄子》，在刘氏看来正多"民约"方面的精粹语，是可供采摭、发挥的。

二、对《老子》愚民说的反驳

刘师培认为《老子》书中并没有愚民倾向，他说："世之论《老子》者，多以《老子》为愚民之主(大抵据《老子》'国之利器不可以示人'及'圣人不仁，以百姓为刍狗'数语)。吾谓不然。"②理由在于《老子》有"圣人无常心，以百姓心为心"③的观点，这便等同于"《孟子》乐民之乐、忧民之

① 李妙根编选：《国粹与西化——刘师培文选》，上海远东出版社 1996 年版，第 9 页。

② 李妙根编选：《国粹与西化——刘师培文选》，上海远东出版社 1996 年版，第 22 页。

③ 陈鼓应：《老子注译及评介》，中华书局 1984 年版，第 253 页。

忧之意”及“《大学》好民之所好、恶民之所恶之意”[①]。基于这样的理解，刘氏由此会通《民约论》思想，结果发现东、西方圣人所思，如出一辙：

盖《老子》察理至深，明于富贵无常之说，观其言曰：飘风不终朝，骤雨不终日，天地尚不能久，而况于人乎？此则富贵无常之喻也。富贵无常，故君位无定。《民约论》谓，强非真权（第一卷三章云：强者之力，非真强也，虚名而已）。老子言，君非真贵（庄周之论人君皆出于《老子》）。既知君非真贵，故其言君德也，必以卑下为基。观《老子》一书，一则曰以贱为本，再则曰不为天下先，启贤君谦让之风，斥愚主自尊之念。《汉志》称道家为一谦四益，其此之谓乎！[②]

由此出发，刘师培认为《民约论》所称“强非真权”完全与《老子》的柔顺退让相一致，并强调《老子》“以贱为本，不敢为天下先”并非愚民，而是让统治者能行谦让之风，去除愚主自尊之念。所以，他的结论是：“《老子》谓天下多忌讳，则民弥贫，以为专制君主之戒。然则世之以愚民罪《老子》者，何以知《老子》之学哉。”[③]刘氏的这些说法，难免有牵强附会之处，但他的这种格义、会通却旨在说明老子思想并不主张“愚民”，而是与西方“民约论”相一致，其民主的意向是相当坚定的。

三、道家学说中含有自由、平等的思想

与《老子》相比，《庄子》一书宗“自然”，崇“逍遥”，更富有原始自由、平等的思想。与严复一样，庄子的“逍遥”在刘师培的眼里愈加具有了自由的色彩，他说：

《庄子》一书，以贱视君主为主。其所以贱视君主者，以君主为

---

① 李妙根编选：《国粹与西化——刘师培文选》，上海远东出版社 1996 年版，第 22 页。
② 李妙根编选：《国粹与西化——刘师培文选》，上海远东出版社 1996 年版，第 22 页。
③ 李妙根编选：《国粹与西化——刘师培文选》，上海远东出版社 1996 年版，第 22 页。

> 人民之仆役故也。《民约论》云：君主也者，即代执众人之权利而为之统辖者也，如御者然，东西南北，一乘者之意，御者不与也，惟善于驾驭，不至有颠覆倾侧之患耳……《庄子》深知此义，故力言为君之难。观《让王》篇，尧以天下让许由，许由不受；以天下让子州支父，子州支父不受。舜以天下让善卷，善卷不受；以天下让石户之农，石户之农不受。以明人君不以国伤身。可知三代以上，视君位为畏惧之途，则世之因君位而生篡夺者可以自反矣。①

上述的种种议论同样有牵强附会之处，但刘师培毕竟肯认庄子的自由思想是与绝对君权相对立的，这说明西方的自由与中国传统文化并不隔绝，它也是中国古已有之的思想。不仅如此，刘师培的深刻之处还在于，他把庄子式的自由同卢梭的自由论作了明确区分，指出《庄子》“欲废人造之自由”而“复天然之自由”的思想，是与“卢氏之旨”相背离的：“据天然之自由，则强者益强，弱者益弱，而不能归于一。有人造之自由，则通国人民不分强弱，而一心从公，保平等之利益。是卢氏以人造自由为主。”②可见，刘氏已不满足于庄子式的精神自由，而是要将其变为“人造之自由”，这显然包含着在实践、行动中实现人之自由的要求。

在刊于 1907 年 5 月《民报》第十三号的《利害平等论》一文中，刘师培还对道家的平等观念有一简要评论：“及观中邦之学术。昔东周末叶，诸子朋兴。道家之祖，厥惟老聃，老聃之书垂五千言。以为福为祸倚，祸为福根。人之有患，在于有身，吾既无身，更复何患？庄子继之，首陈齐物，废彼此对待之词，而视万物为一体，故能以相忘为上。列子持论略同庄子。然道家之说不知自信心，一若心物而外别有真宰真空。则立说之疏也。”在 1905 年印行的《伦理教科书》中，刘氏于两处评论道家：“一者：老子贵柔贱刚，创为守黑守雌之说，故和光同尘，不敢居天下先。效其法者，出则为鄙夫患得患失，处则为乡愿之同流合污。后世以

① 李妙根编选：《国粹与西化——刘师培文选》，上海远东出版社 1996 年版，第 22～23 页。

② 李妙根编选：《国粹与西化——刘师培文选》，上海远东出版社 1996 年版，第 23 页。

其便于处世也，遂群奉柔德为依归。不知刚之德近于方，柔之德近于圆。生处衰世，非崇尚刚德，不足以砥柱颓风。”①“二者：中国人民失人格者复有一端，即自古以退让为美德是。老子言守雌守黑，又言不敢居天下先，又言盛德若愚。不知人人去竞争之心，即人人生自退之心。自退之心生，非惟于己身不求进益也，即他人侵犯己身之自由，亦将含垢而忍辱，匪惟不拒他人之侵犯也，且放弃一己之自由。”②“以此为包容，以此为能忍，且以贤人长者自居。不知放弃权利与辱身同，故退让之人即卑污之人也。今欲人人具有人格，非斥退让之说，何以禁世人之放弃权利哉。”③

通过刘氏《利害平等论》一文和《伦理教科书》的两段评论可以看出，他治道家完全是从时代的需要出发，凡是原始道家思想中与西方近代自由、民主思想相合者，则加以选择、肯定、会通和阐发；凡是不符合时代要求的，如道家立论抽象空疏、缺乏自信力以及讲不争、退让、容忍等，则进行斥责和批评。这说明刘师培的格义、会通有其时代原则，无论其“以西释中”、“以西融中”或对道家思想加以褒贬，都是以自由、平等为选择、评判的标准，这无疑为怎样嫁接中西文化做了一次有意义的探索。

四、无政府主义与老子

无政府主义作为一股社会思潮开始于19世纪40年代，它反映了资本主义制度倾轧下小资产阶级对现实社会的愤懑。它以反对一切国家和任何强权的极端主张，发泄出对不公正的资本主义制度的怨恨，并编织了一幅无国家、无强权的理想化的社会图案。作为无政府主义的创始人，法国小资产阶级思想家普鲁东，从小生产者的利益出发，仇视一切组织、制度、国家和政权。在他看来，国家纯粹是一种虚构，是人类愚昧的产物。普鲁东所设想的“自由”社会是以“个人领有”为基础的

① (清)刘师培：《刘申叔遗书》，江苏古籍出版社1997年版，第2037页。
② (清)刘师培：《刘申叔遗书》，江苏古籍出版社1997年版，第2037页。
③ (清)刘师培：《刘申叔遗书》，江苏古籍出版社1997年版，第2038页。

“互助制”社会。后继者俄国的巴枯宁和克鲁泡特金均反对国家制度，巴枯宁认为：“如果有国家，就必然有统治，因而也就有奴役。”“任何国家……都是一种羁绊，就是说，它一方面产生专制，另一方面产生奴役。”①克鲁泡特金则以他从事科学研究的特长，运用地理考察得到的具体材料，提出社会的进化并不完全像达尔文所说的那样，是通过弱肉强食的竞争手段实现的。他认为互助互援是包括人类在内的一切物种得以保存衍生并不断进化的主要原因。按他的分析，互助是人类天生的本能，在没有权威、没有权力的地方，人类也能靠这个本能的作用维持和平的社会生活。因而，没有国家和没有任何权力支配的社会不仅是完全可能的，而且将比存在国家和权力支配的社会更完善、更理想。他强调个人的无限自由，反对任何带有强制意义的约束。

中国人最初接触到西方无政府主义思想始于20世纪初年，当时是通过日本思想家的介绍实现的。可以说，1907年之前中国人介绍无政府主义的书籍或文章，基本上都出自于留日的中国学生之手。此时中国人对于无政府主义的了解多是肤浅的，但这种情况到1907年时发生了改变。《新世纪》和《天义报》形成了中国人传播无政府主义的两个中心。其中，《天义报》的核心人物就是刘师培。

在对无政府主义的宣传中，刘师培仍然使用了格义的方法，从中国传统文化中寻求根据。在《天义报》第5卷登载了图画“中国无政府主义发明家老子像”，以证明无政府主义思想出自中国。刘氏还说：“佛言一切法无位，又言众生不异法身，法身不异众生。又言众生无有齐限。中国孟轲亦曰：故凡同类者，举相似也，何独至于人而疑之，圣人与我同类也……近世西儒卢梭，又创天赋人权之论。是人类平等之旨久为先哲所昌言”②。

为了寻找中国实行无政府主义的理论，刘师培写了《西汉社会主义学发达考》、《鲍生学术发微》、《区田考序》等文章，推崇西汉末抑制豪民

---

① 转引自《马克思恩格斯文集》第3卷，人民出版社2009年版，第405页。

② （清）刘师培：《人类均力说》，载《辛亥革命前十年间时论选集》第3卷（下），三联书店1960年版，第907页。

的肖望之、匡衡、贡禹等人，认为削富民特权正合无政府主义之主张。他还推崇魏晋时期信奉老庄思想的鲍敬言，称鲍敬言“言无君”思想与“无政府之说同”[①]。声称无政府主义，“在欧美各国为理想之谈，然中国数千年来，即行无政府之实，今也并其名而去之，亦夫复何难之有”，“由是以观，则实行无政府主义，以中国为最易，故世界各国无政府，当以中国为先”[②]。中国比其他国家更易于实行无政府主义的原因在于：

第一，“中国去封建之世已数千年，历代之守令，习于放任。甚至千里之地，所设职官不过数人”[③]。而且，这些职官“又苟其心思，坐待迁职，故于民间之情伪，不识不知”[④]。由于统治松弛，所以人民“得置身政法之外”[⑤]。

第二，“中国自三代之后”，统治者“坚持孟氏性善之说”，所以，在政治上“偏于放任，一任人民之自然”。而“人民因之，遂得保其无形之自由。较之白人视政法为神圣者，固不同矣”[⑥]。

第三，“中国自古迄今，多遁世之民，离世特立”。这些人无“君臣上下”，“天子不能臣，诸侯不能友”，“虽身居国土之中，然已脱国家统治之范围”。另外，中国的僧徒“亦不守国法，不为帝王所屈”[⑦]。总之，中国

---

① (清)刘师培：《鲍生学术发微》，载《刘师培学术文化随笔》，中国青年出版社第 1999 年版，第 257 页。

② (清)何震、刘师培：《论种族革命与无政府革命之得失》，载《辛亥革命前十年间时论选集》第 2 卷(下)，三联书店 1960 年版，第 950 页。

③ (清)何震、刘师培：《论种族革命与无政府革命之得失》，载《辛亥革命前十年间时论选集》第 2 卷(下)，三联书店 1960 年版，第 958 页。

④ (清)何震、刘师培：《论种族革命与无政府革命之得失》，载《辛亥革命前十年间时论选集》第 2 卷(下)，三联书店 1960 年版，第 958 页。

⑤ (清)何震、刘师培：《论种族革命与无政府革命之得失》，载《辛亥革命前十年间时论选集》第 2 卷(下)，三联书店 1960 年版，第 958 页。

⑥ (清)何震、刘师培：《论种族革命与无政府革命之得失》，载《辛亥革命前十年间时论选集》第 2 卷(下)，三联书店 1960 年版，第 958 页。

⑦ (清)何震、刘师培：《论种族革命与无政府革命之得失》，载《辛亥革命前十年间时论选集》第 2 卷(下)，三联书店 1960 年版，第 958 页。

历史上的“所谓逸民、隐士、高僧者，其心目之间，均不知政府为何物”[①]，始终过的是“个人无政府主义”的生活。刘师培认为，由于以上三方面的原因，所以中国“易于实行无政府也”[②]。他断言，无政府主义在世界范围内，“可以先行于中国”[③]。

《天义报》的这些观点曾受到《新世纪》的批驳，但将近代西方无政府主义思想与道家思想相融通，颇合一般“西学中源”的习俗，迎合了当时社会对西学的心理接受模式，对无政府主义从西方移植到中国并流传推广有化疑解惑的作用。

道家具有自由、民主思想的基本因素，为中国文化的更新和发展不断注入了活力。尽管“老庄”基于自然主义的“民主”和“自由”与西方近代体现为政治权利的民主、自由有相当大的差异，但以西方思想阐发老庄仍有意义。秦汉以来，历代注解《老子》、《庄子》者多至千百家，无论是以儒、佛解“道”，还是追求“老庄”本义，均未接触所谓道家自由、民主思想的问题，以致使道家学说的价值多体现在修养心性及无为而治方面，其对正统文化及专制主义的批判精神不能得到彰显。严复、刘师培等会通中西，阐发道家的“自由”、“民主”思想，不仅对传播西学，而且对道家思想的开展均具有积极的意义。20 世纪以来，发掘道家的“自由”、“民主”思想成为一股进步的文化潮流，成为古学新释的重要内容，也是拓展道家文化的重要基础。

---

① (清)何震、刘师培：《论种族革命与无政府革命之得失》，载《辛亥革命前十年间时论选集》第 2 卷(下)，三联书店 1960 年版，第 959 页。

② (清)何震、刘师培：《论种族革命与无政府革命之得失》，载《辛亥革命前十年间时论选集》第 2 卷(下)，三联书店 1960 年版，第 959 页。

③ (清)何震、刘师培：《论种族革命与无政府革命之得失》，载《辛亥革命前十年间时论选集》第 2 卷(下)，三联书店 1960 年版，第 959 页。

第三节　对西方文化的迎拒——章太炎道家思想研究

当19世纪末20世纪初西方文化冲击中国时，在一般学者的眼里，西学便等同于现代化，因为人们很容易发现西学优越性，尤其是在技与器的物质层面上。但是章太炎却借助于道家思想，敏锐地分析和批判了西方文化，重新诠释了西方的平等、自由和进化发展的观念。以《齐物论》作为对待西方文化之方法的主张，既表现了他对民族文化传统的维护，又表达了他的文化多元存在的构想。

一、章太炎与《庄子》

章太炎(1869～1936)作为中国近代史上著名的思想家和国学大师，其思想异常矛盾和复杂。人们对他的评价因时代风候而异，更是毁誉参半。但他重视诸子之学的价值和东西兼容的学术视野，却是为大多数学者所肯定的。钱穆先生曾说："虽以治经馀力，旁及诸子，而筚路蓝缕，所得已觳。至于最近学者，转治西人哲学，反以证说古籍，而子学遂大白。最先为余杭章炳麟(引者注：即章太炎)，以佛理及西说阐发诸子，于墨荀庄韩诸家皆有创见。"[①]梁启超在《清代学术概论》中也说："炳麟用佛学解老庄，极有理致，所著《齐物论释》，虽间有牵合处，然确能为研究庄子哲学者开一新国土。"[②]学者贺麟对章太炎提倡诸子学及发挥道家自然主义等方面的成就，表示了相当的敬意，特别提到"他的思想深刻缜密，均超出康、梁，在哲学方面亦达到相当高的境界"，并认为"俱分进化论""不惟乎素为退化观及循环观的中国人的脾胃，且与他的道家的自然主义相贯通"，是"相当有力"的。[③]

从上述评论可以看出，章氏不仅关注包括道家在内的诸子学研究，而且钟情于《庄子》一书。章太炎治《庄子》的代表是《庄子解故》和《齐

① 钱穆：《国学概论》，商务印书馆1997年版，第322页。

② (清)梁启超：《清代学术概论》，东方出版社1996年版，第86～87页。

③ 参见贺麟《五十年来的中国哲学》，辽宁教育出版社1989年版，第5页。

物论释》两部著作。其实，在这两部著作撰写之前的19世纪末，他就心仪庄子，明确否定“庄氏足以乱天下”的说法。后来他又高度评价庄子的人格：“庄子晚出，其气独高，不惮评弹前哲……其术似与老子相同，其心乃与老子绝异。”[①]1899年，他流亡东京，经历了许多重大事变后，对《庄子》有了更深切的理解：“余向者诵其文辞，理其训诂，求其义旨，亦且二十余岁矣，卒如浮海不得祈向。涉历世变，乃始謋然理解，知其剀切物情。”[②]正是由于章氏早就怀有庄学情结，所以他便在此基础上开始认真研读和诠释庄子学说，以致在研究中深感《庄子》一书是诸子中最完美的思想宝库，对其作了“若夫九流繁会，各于其党，命世哲人，莫若庄氏。逍遥任万物之各适，齐物得彼是之环枢，以视孔墨，犹尘垢也”[③]的高度评价。

章太炎对《庄子解故》和《齐物论释》的创作甚勤、甚工。前者继承朴学方法，训释《庄子》各篇，多引用其师俞樾的见解，也偶尔采用王念孙、孙诒让的训释，明显受清代汉学的影响。而《齐物论释》则属于义理之学，此书使他超越了19世纪的考据家，悉以佛学和西方哲学来解释庄子思想，并由此提出了一些超乎寻常的见解。章太炎本人也对其《齐物论释》十分推重，乃至自诩其“一字千金”[④]。在过去的研究中，学者大都认定《齐物论释》以佛解庄，如庞俊说：“齐物论释一篇，以佛解庄，名理渊渊，高蹈太虚，足为两千年来儒墨九流，解其封执。”[⑤]认为章氏所关切的是纯学术性的以佛解庄，以求“齐物”在庄学中的正解。即使章氏及门弟子在校点此书时，也未能理解乃师的微意，以至于惋惜章太炎在民主革命的关键时刻援释解庄，既“无益”又“费精神”，“有似黄金掷虚牝”[⑥]。但本人认为，章氏撰写此书的时间大致在1905～1911年

① 刘梦溪：《中国现代学术经典·章太炎卷》，河北教育出版社1996年版，第486页。

② 刘梦溪：《中国现代学术经典·章太炎卷》，河北教育出版社1996年版，第97页。

③ (清)章太炎：《章太炎全集》(六)，上海人民出版社1986年版，第127页。

④ 刘梦溪：《中国现代学术经典·章太炎卷》，河北教育出版社1996年版，第642页。

⑤ 庞俊：《章先生学术述略》，载章念驰编《章太炎生平与学术》，三联书店1988年版，第1～4页。

⑥ (清)章太炎：《章太炎全集》(六)：上海人民出版社1986年版，第123页。

之间，正值西方文化不断冲击中国的时代，故该时代所提出的问题必然会对他的解释与表述产生影响，而且这种创获亦可能会使人们真正理解他为何会感到“千载之秘，睹于一曙”[①]。

“自揣平生学术，始则转俗成真，终乃回真向俗。”[②]这是章太炎对自己思想变迁之迹所作出的概括和总结。在章太炎看来，学术的求是与致用是不可能截然分开的。在《菿汉微言》中，他说：“学术无大小，所贵在成条贯制割。大理不过二涂：一曰求是，再曰致用。下验动物、植物，上至求证真如，皆求是耳。人心好真，制器在理，此则求是致用更互相为矣。”[③]尘俗生活的实践，使他在面对西方文化冲击时，有了更多的理性思考。在“回真向俗”的层面上，最明显的表现是他对西方文化中关于平等与自由、进化与发展基本信念的动摇。正是这些基本信念的动摇，直接推动了他在哲学上的重新探索。

二、用《庄子》诠释与反思西方平等与自由、进化与发展观念

打破封建宗法制下的人身依附关系，实现西方启蒙学者们所热烈讴歌的平等、自由，是章太炎的夙愿，也是他同时代的许多有识之士的共同要求。但是，中国资本主义初步发展的现实，尤其是西方资本主义国家的社会状况，恰恰证明了“和启蒙学者的华美诺言比起来，由‘理性的胜利’建立起来的社会制度和政治制度竟是一幅令人极度失望的讽刺画”[④]。迷信、偏私、特权和压迫，并没有被所谓永恒的真理、永恒的正义以及所谓基于自然的平等及不可剥夺的人权所取代。“贿赂代替了暴力压迫，金钱代替了刀剑，成为社会权力的第一杠杆。”[⑤]所有这些现象都引起了章太炎的震动，究竟什么是真正的平等与自由？

在庄子的《齐物论》中，章太炎找到了他理想的对于平等的诠释：

---

① 刘梦溪：《中国现代学术经典·章太炎卷》，河北教育出版社 1996 年版，第 640 页。

② 刘梦溪：《中国现代学术经典·章太炎卷》，河北教育出版社 1996 年版，第 641 页。

③ (清)章太炎：《菿汉三言》，辽宁教育出版社 2000 年版，第 38 页。

④ 《马克思恩格斯文集》第 9 卷，人民出版社 2009 年版，第 273 页。

⑤ 《马克思恩格斯文集》第 9 卷，人民出版社 2009 年版，第 273 页。

"大概世间法中，不过平等二字。庄子就唤作'齐物'。并不是说人类平等，众生平等，要把善恶是非见解一切打破，才是平等。"[①]意即真正的平等，"非独等视有情，无所优劣"[②]。因此，绝不能用某一种固定的观念去分别人事，判定是非。20 世纪 20 年代初，章太炎在上海讲授国学，对庄子"齐物"的平等观念仍表示了相当欣赏："近人所谓平等，是指人与人的平等，那人和禽兽草木之间，还是不平等的。佛法中所谓平等，已把人和禽兽平等。庄子却更进一步，与物都平等了。仅是平等，他还以为未足；他以为'是非之心存焉'，尚是不平等。必要去是非之心，才是平等。庄子临死有'以不平平，其平也不平'一语，是他平等的注脚。"[③]坚持是非善恶的相对性质，并非根本不讲是非善恶，它的真正含义是要求"只是随顺人情，使人人各如所愿"[④]。对此，章太炎又作了进一步的解释："老子明明说的'辅万物之自然而不敢为'，又说'圣人无常心，以百姓心为心。善者吾善之，不善者吾亦善之，德善……'，意中说只要应合人情，自己没有善恶是非的成见。"[⑤]意即要求承认万事万物客观上的、实际的不平等，反对强行将这实际的不平等一概拉平，在此前提下，坚持所有国家、民族、社会集团和个人都有存在的权利和自由发展的权利，坚持随顺"百姓之心"，听任和保障万物的自然变化。章太炎认为这样的平等才是真正的平等，而且也只有这样，才能实现真正的平等。

在《逍遥游》中，章太炎则找到了理想的对于"自由"的解释。他写道："近人所谓'自由'，是在人和人底当中发生的，我不应侵犯人底自由，人亦不应侵犯我底自由。《逍遥游》所谓'自由'，是归根结底到'无待'两

---

① (清)章太炎：《论佛法与宗教、哲学以及现实之关系》，载《中国哲学》第 6 辑，三联书店 1981 年版，第 308 页。

② (清)章太炎：《章太炎全集》(六)，上海人民出版社 1986 年版，第 4 页。

③ (清)章太炎：《国学概论》，巴蜀书社 1987 年版，第 58 页。

④ (清)章太炎：《论佛法与宗教、哲学以及现实之关系》，载《中国哲学》第 6 辑，三联书店 1981 年版，第 306 页。

⑤ (清)章太炎：《论佛法与宗教、哲学以及现实之关系》，载《中国哲学》第 6 辑，三联书店 1981 年版，第 306 页。

字。他以为人与人之间底自由，不能算数；在饥来想吃、寒来想衣的时候，就不自由了。就是列子御风而行，大鹏自北冥徙南冥，皆有待于风，也不能算‘自由’。真自由惟有‘无待’才可以做到。”[①]可见，要达到绝对“自由”的境界，只有在做到真正的“无待”时才能实现；而要做到真正的“无待”，则只有逐步达到“无政府”、“无聚落”、“无人类”、“无众生”及“无世界”的“五无”[②]境地。这样，章氏便把庄子追求的精神自由还原到世俗社会生活之中，并试以“五无”达到人的社会性自由。

与平等与自由信念相联系，章太炎早期曾通过严复的译著，接受过斯宾塞的社会进化论，并以此为武器，鼓吹革命、赞扬革命，与以康有为为首的改良派展开论战。1906 年，他东渡日本，广泛接触了西方各种思潮，并目睹了资本主义国家现实中的各种矛盾后，其关于进化和发展的观念开始发生变化。他认为，所谓进化的观念表现于自然、社会和道德方面具有不同的意义，即“进化之所以为进化者，非由一方直进，而必由双方并进，专举一方，唯言知识进化可尔。若以道德言，则善亦进化，恶亦进化；若以生计言，则乐亦进化，苦亦进化。双方并进，如影之随形，如罔两之逐影，非有他也”[③]。在他看来，所谓进化能使人达到尽善尽美的境地，不过是一种主观的说法，绝非颠扑不破的真理。他意识到知识确实是在不断地累积，向前推进，但若以道德与人民的生计而言，则并非一直趋向善与乐，而是善与恶、乐与苦齐头并进的。知识之发达可以做大善事，享受大乐事，但同时也可能带来大恶事，制造灾难性的苦事。换言之，知识愈发达，恶可能会愈大，苦可能愈多。总之，他接受进化论的事实，但并不赞同进化论的结果，即“进化之实不可非，而进化之用无所取”[④]，因此，他自称其论是“俱分进化论”[⑤]。显然这种“俱分进化论”已蕴含着对庄子批判社会异化、知识异化的反思，甚至与老庄

---

① (清)章太炎：《国学概论》，巴蜀书社 1987 年版，第 57 页。

② (清)章太炎：《五无论》，载《辛亥革命前十年时论述集》第 2 卷(下)，三联书店 1960 年版，第 756～759 页。

③ 刘梦溪：《中国现代学术经典·章太炎卷》，河北教育出版社 1996 年版，第 586 页。

④ 刘梦溪：《中国现代学术经典·章太炎卷》，河北教育出版社 1996 年版，第 586 页。

⑤ 刘梦溪：《中国现代学术经典·章太炎卷》，河北教育出版社 1996 年版，第 586 页。

关于文明进化所导致的各种负向价值的思想也是相感通的。因此，其说应是受到了老庄哲学的某些启迪。

三、以《齐物论》作为评判西方文化的方法

章太炎在治《庄子》的过程中，还引出了怎样对待西方文化的方法问题。他曾高度评价《庄子》的《齐物论》："夫言兵莫如《孙子》，经国莫如《齐物论》。"[①]《齐物论》"剀切物情"，"为人事之枢"[②]，"惟有把佛与老、庄和合，这才是'善权大士'，救时应务的第一良法"[③]，等等。

那么《齐物论》究竟为章太炎解决中西文化问题提供了什么方案呢？他认为《齐物论》关于"非有正处、正味、正色之定程，而使万物各从所好"[④]的思想，应成为中国文化对待西方文化的态度。他说："庄周明老聃意，而和之以齐物，推万类之异情，以为无正色、正味，以其相伐，使并行而不害。其道在分异政俗，无令干位。故曰：'得其环中以应无穷者，各适其欲以流解说，各修其行以为工宰，各致其心以效微妙而已矣。'"[⑤]其意是说，在人文世界里，不应该有所谓标准的口味与颜色，而应该相互争胜而并行不悖。由此，章氏在对待西方文化的态度上，与当时的学者便也有所不同。他认为，外国可学，但不可自我轻鄙、一切照收；因为"饴豉酒酪，其味不同，而皆可于口。今中国之不可委心远西，犹远西之不可委心中国也"[⑥]。即中学、西学各有所长，也各有所短，没有一种文化可以包打天下。故他反对撇开本民族文化的特色与优势，亦步亦趋地照搬西方文化，而是主张不同的文化"短长相覆"[⑦]，通过交

---

① 刘梦溪：《中国现代学术经典·章太炎卷》，河北教育出版社 1996 年版，第 97 页。

② 刘梦溪：《中国现代学术经典·章太炎卷》，河北教育出版社 1996 年版，第 97 页。

③ （清）章太炎：《论佛法与宗教、哲学以及现实之关系》，载《中国哲学》第 6 辑，三联书店 1981 年版，第 310 页。

④ 姜玢：《革故鼎新的哲理——章太炎文选》，远东出版社 1996 年版，第 304 页。

⑤ 刘梦溪：《中国现代学术经典·章太炎卷》，河北教育出版社 1996 年版，第 109～110 页。

⑥ 刘梦溪：《中国现代学术经典·章太炎卷》，河北教育出版社 1996 年版，第 98 页。

⑦ 刘梦溪：《中国现代学术经典·章太炎卷》，河北教育出版社 1996 年版，第 98 页。

流与比较来达到相互理解，进而在这种理解的基础上达到互补互益。凡此种种，都表现出比较公允的文化立场。

对于不同的文化所持的这种“齐物”与兼容的态度，章太炎在《齐物论释》第三章作了诠释。庄子在《齐物论》中讲了一个故事：“昔者尧问于舜曰：‘我欲伐宗、脍、胥、敖，南面而不释然。其故何也？’舜曰：‘夫三子者，犹存乎蓬艾之间。若不释然何载！昔者十日并出，万物皆照，而况德之进乎日者乎！’”[①]晋人郭象在《庄子注》中说，此寓言大意是“若乃物畅其性，各安其所安，无有远近幽深，付之自若，皆得其极，则彼无不当而我无不怡也”。章太炎十分赞赏郭氏的注解，认为他“独会庄生之旨”[②]，并进一步阐释说：“原夫《齐物》之用，将以内存寂照，外利有情。世情不齐，文野异尚，亦各安其贯利，无所慕往。”[③]他由此揭露那些打着文明的旗号，借口文化有高下优劣之别，实则“志存兼并”的西方侵略者，是“外辞蚕食之名，而方寄言高义，若云使彼野人获与文化，斯则文野不齐之见，为桀跖之嚆矢明矣”[④]。

从文化立场上检讨，章氏认为西方列强基于民族优越感和文化中心主义，不可一世，泥于竞争之说而强行改变物之自性，是不闻庄子“齐物”大道。他深信“向令《齐物》一篇方行海表，纵无减于攻战，舆人之所不与，必不得藉为口实以收淫名，明矣”[⑤]。他认为以“齐物”的观点，可以止竞争、减攻战、去淫名，这有民族文化本位主义的倾向和理想主义的色彩，但章氏标举“应物之论，以齐文野为究极”[⑥]的核心宗旨，却颇能见出他反对文化霸权，主张多元文化存在的思想，这应是以中国传统文化批判西方侵略的一次果断尝试。

---

① 曹础基：《庄子浅注》，中华书局 2000 年版，第 33 页。

② （清）章太炎：《章太炎全集》（六），上海人民出版社 1986 年版，第 39 页。

③ （清）章太炎：《章太炎全集》（六），上海人民出版社 1986 年版，第 39 页。

④ （清）章太炎：《章太炎全集》（六），上海人民出版社 1986 年版，第 39 页。

⑤ （清）章太炎：《章太炎全集》（六），上海人民出版社 1986 年版，第 40 页。

⑥ （清）章太炎：《章太炎全集》（六），上海人民出版社 1986 年版，第 40 页。

第四章　对近代道家思想研究的反思

从近代学术的发展来看，诸学者对道家思想的研究作为诸子学在西学东渐、文化转型的条件下复兴的结果，既不是乾嘉遗风的简单延续，也不是以前书院式研究的翻版，而是以学术为基，面向中国与世界，凸显其思想意义，并关怀中西文化的融合与创新。近代学者在阐释道家传统资源的基础上，不仅把对传统文化的批判、继承问题引向深入，推动了传统文化的转型和重建；而且也促进了西学在中国的广泛传播，从而有利于新思想、新文化的萌动和生长。由于学术上的共性和社会实践的需要，古老的道家学说实际上成了格义、诠释近代西学的重要载体，这既有利于把陌生的西方观念转释为中国人所熟悉的学术话语，从而既推动了西学的广泛传播，又促进了道家学说与西学的亲和。这多少改变了以前那种新旧对立、中西分殊的思维定式，有助于从文化格局上吸纳、调整和纠偏西化思潮。

但是近代道家思想研究并非完美无缺，两千余年的学术禁锢，扼杀了中国思想的创造精神。陷于理论困境的中国思想家们既要依赖于西学，又要借重传统学术资源。但是时代的激流却使他们既来不及深入细致地研究传统学派，又使他们无暇系统而全面地理解和消化西学。诸学者中仅有少数几人有系统的道家思想研究专著，大多数学者只是对道家的一些思想发表了一些见解，并未系统深入地研究道家著作。同时，这些研究道家思想的学者对西学的理解程度也深浅不一，未能作整体把握，更不能结合中国的国情来运用、实践西学。这些情况便决定了近代道家思想的研究，不论在使用的方法上，还是其学理的建构上，

都存在着一定缺陷和不足，甚至有些还相当严重。

一、主观比附性倾向

近代学者的道家思想研究，多以中学比附西学，进行类比式研究。这虽然可以以此会通中西学术，但也会导致过于夸大道家思想与西学之同的方面。其结果既有可能扭曲道家思想的本义，又有可能随意延伸西学本意，以至于偏离西学。

本书第三章所论格义之法即是此种类比式研究方法。这种类比式研究最早可追溯到“西学中源”说。“西学中源”说是“西学源于中学”的节略语，其萌生则在清初。当时，在以传教士为媒介的中西文化接触中，西方近代科学知识传入中国，清初的科学家们发现西学中的代数与中国古代的算学有名异实同之处，“近代西洋新法，大抵与土盘历同原，而书器尤备，测候加精”[①]。他们不明白科学认识的普遍性，又囿于中国传统文化极度发展带来的优越感，自以为是地认为西洋科学知识是西洋人从中国学去的，再加上传教士们为了传教的方便，亦有意附会中国士大夫们这种观点，更促使了西学中源说的形成。

西学中源说达到高潮是在戊戌变法时期。为了变法的需要，康有为采用了“托古改制”的方式。他曾列举了中国古代大量的科学成就，由此而论证“凡西人所号长技，我中人千数百年皆已有之”[②]。他向光绪帝说，西方国家的一切成就，均是借鉴了中学，“实暗合于经义之精，非能力新创之治也”[③]。梁启超在其《变法通议》、《西学书目表后序》等著述中，也曾把其所知的西学分门别类地纳入中国传统文化中。他说：“当知今之西学，周秦诸子多能道之”，“西人今日讲求之而未得者，吾圣人于数千年前发之，其情切深明，为何如矣”[④]。之后，“西学中源”说进一步将内容由器物层次深入到文化的深层结构。1902 年 5 月，孙宝瑄

① (清)梁启超著，朱维铮校注：《论清学史二种》，复旦大学出版社 1985 年版，第 251 页。

② 汤志钧编：《康有为政论集》(上)，中华书局 1981 年版，第 49 页。

③ 汤志钧编：《康有为政论集》(上)，中华书局 1981 年版，第 151 页。

④ (清)梁启超：《饮冰室合集》卷一，中华书局 1989 年版，第 95 页。

在日记中写道："余数年来，专以新理新法治旧学，故能破除旧时一切窠臼障碍。"①《国粹学报》的办报宗结旨明确写道："于泰西学术其有新理精识，足以证明中学者，皆以阐发。"并曰："士生今日不能藉西学证明中学，而徒炫皙种之长，是犹有良田而不知辟，徒咎年凶；有甘泉而不知疏，徒虞山竭。"②这是主张用西方之"新理精识"来"证明中学"，以达到发明中国旧学之新义的目的。由此，他们便强调中国旧学渊博高深，其包含着西方近代学术，乃至认为周末诸子与西方学术相符："如墨荀之名学，管商之法学，老庄之神学，计然白圭之计学，扁鹊之医学，孙吴之兵学，皆卓然自成一家之言，可与西方哲儒并驾齐驱者也。""诸子之书，所含之义理，于西人心理、伦理、名学、社会、历史、政法，一切声光化电之学，无所不包。"③甚至把荀子、孟子、子思、邓析等人说成是中国之卢梭、苏格拉底、孟德斯鸠、斯宾塞，类比之意甚为明显。至于其盛赞孔子是学习外来文化的楷模，程朱是吸收佛学的典范等，这些牵强附会皆在了证中学是完全可以用西学加以阐释的。这种主观比附的状况到新文化运动时并没有得到多少改观，"当时思想界有影响力的人物，在他们反传统、反礼教之际首先便有意或无意地回到传统中非正统或反正统的源头上去寻找根据。因为这些正是他们比较最熟悉的东西，至于外来的新思想，由于他们接触不久，了解不深，只有附会于传统中的某些已有的观念上，才能发生真实的意义。所以言平等则附会于墨子兼爱，言自由则附会于庄生逍遥，言民约则附会于黄宗羲的《明夷待访录》。这是魏晋间以佛经配拟外书的所谓'格义'的老路子，有时尽管他们笔下写的全是外国新名词，若细加分析则仍无法完全摆脱传统的旧格局。胡适在当时对西方文化最有亲切的体会，但他的'非孝'说也还是根据王充、孔融以来所谓'父之于子，当有何亲'那一派的议论"④。

---

① 孙宝瑄：《忘山庐日记》(上)，上海古籍出版社 1983 年版，第 529～530 页。

② 转引自李帆《中国古典学术向现代的迈进》，载《江海学刊》2004 年第 6 期。

③ 邓实：《古学复兴论》，载《辛亥革命前十年间时论选集》第 2 卷(上)，三联书店 1960 年版，第 59 页。

④ 余英时：《中国思想传统的现代诠释》，江苏人民出版社 1989 年版，第 346～347 页。

这种类比式研究方法固属牵强附会，与中国典籍之本义有相当的差距，但它的基本调点在于使中国传统典籍能够表达出近代学术之观念。因此，曾有人评价说："在中国古典学术逐步与西学融合从而迈向现代形态的过程中，刘（引者注：指刘师培）之简单、肤浅的中西学比附因具有代表性和较易为人接受的特质，可能恰恰发挥了更重要的作用。在这方面，他的'援西入经'和从小学入手接纳西学的方式，即能促使经学分化瓦解，有助于学术转型。"[①]可见，对西学之比附式理解、附会式会通或类比式研究虽非科学，但这却是中西学术交流过程必然出现的现象。

至于类比式研究出现的原因，学者姜义华之论颇具慧眼：

> 对于中国传统学术，没有来得及从其自身内部生长出批判和创新的力量，来独立地进行疏浚清理、发展转化；对于西方新学，也没有足够的基础与时间去加以咀嚼、消化、吸收。急迫的形势，驱使他们中间许多人匆匆地将两者简单地加以比附、黏合，结果造成传统的旧学和舶来的新学双双变了形。[②]

传统之旧学与舶来之新学"双双变了形"，应是这一时期中西学术交流之必然趋势。正是在这种不断"变形"的过程中，中国传统旧学向西方学术体系转轨，逐渐取得了近代形态；也正是在这种"变形"的过程中，传入中国之西学开始其中国化历程，逐渐取得了中国之民族形态。

类比式研究自然也不可避免地存在着缺陷。在近代这样特殊的历史背景下，由于大多数的学者一方面深受中国传统文化的熏陶，另一方面其价值参照系却基本源于西学，因此在其历史遗传与价值取向之间便存在着深刻的矛盾。前者要求他们发现、认定中学的地位，后者则决定着他们遵循中学从属于西学的思维定式。这样便不可避免地出现过于夸大道家思想与西学之同的状况，这不仅会扭曲了道家思想的本义，

---

① 李帆：《刘师培与中西学术》，北京师范大学出版社 2003 年版，第 189 页。

② 姜义华：《章太炎评传》，百花洲文艺出版社 1995 年版，第 19 页。

而且也会导致对西学本意的延伸、偏离。美国著名汉学家本杰明·史华兹在其《寻求富强——严复与西方》第十章“对道家学说的沉思”中专门针对严复将西方近代的进化、民主、自由思想与道家思想相比附的现象进行过研究，其研究表明：其一，赫胥黎原著书名为《进化论与伦理学》，而严复译著只叫《进化论》，即《天演论》。而且，赫胥黎的任务是维护人类的伦理观念，反对竭力创立一种“进化伦理”。“就这一点来说，严复在达尔文主义体系中为人类行为寻找应变方法的强烈愿望与赫胥黎的哀婉情调有着天壤之别。毋需赘述，严复对国家富强的关注与赫胥黎的关注是风马牛不相及的两回事。”①其二，严译《天演论》包含着严复自己“寻找超出中西两种文化的人类思想的普遍问题”②的倾向。其中，中国传统文化的特质和思想影响与他所要表达的西学思想是难以清晰地剥离的。一方面，因为“他使用的大多数中国术语本身就与先秦思想和宋代思想的各种流派有关”③；另一方面，“更多的是由于他的先入为主的充满曲解的成见，正因为他的译著中贯穿着这种成见，所以使原著的意思发生了偏移”④。《天演论》在近代中国的成功，“不上几年，便风行到全国，竟做了中学生的读物了”⑤，除了当时中国民族危机对于新思想的客观需求外，与严复个人基于中学对西学思想的再创造不无关系。“严复的声望主要基于他作为一个翻译家和评论家的作用。在这里，必须强调的显然是后者的作用，因为多数译著中都夹有他的按语，并且可以肯定，这些按语与原文一样引起了人们极大的注意。”⑥

---

① ［美］本杰明·史华兹著，叶风美译：《寻求富强：严复与西方》，江苏人民出版社 1990 年版，第 68 页。

② ［美］本杰明·史华兹著，叶风美译：《寻求富强：严复与西方》，江苏人民出版社 1990 年版，第 73 页。

③ ［美］本杰明·史华兹著，叶风美译：《寻求富强：严复与西方》，江苏人民出版社 1990 年版，第 73 页。

④ ［美］本杰明·史华兹著，叶风美译：《寻求富强：严复与西方》，江苏人民出版社 1990 年版，第 65 页。

⑤ 胡适：《四十自述》，岳麓书社 1998 年版，第 85 页。

⑥ 胡适：《四十自述》，岳麓书社 1998 年版，第 85 页。

在《清代学术概论》中，梁启超也曾对这种比附现象作过揭示和批评。他说：

> 摭古书片词单语以傅会今义，最易发生两种流弊：一，倘所印证之义，其表里适相吻合，善已；若稍有牵合附会，则最易导国民之不正确之观念，而缘郢书燕说以滋弊。例如畴昔谈立宪谈共和者，偶见经典中某字句与立宪共和等字义略相近，辄摭拾以沾沾自喜，谓此制为我所固有。其实今世共和、立宪制度之为物，即泰西亦不过起于近百年，求诸彼古代之希腊罗马且不可得，遑论我国。而比附之言传播既广，则能使多数人之眼光之思想，见局见缚于所比附之文句。以为所谓立宪共和者不过如是，而不复追求其真义之所存……此等结习，最易为国民研究实学之魔障。二，劝人行此制，告之曰，吾先哲所尝行也；劝人治此学，告之曰，吾先哲所尝治也；其势较易入，固也。然频以此相诏，则人于先哲未尝行之制，辄疑其不可行，于先哲未尝治之学，辄疑其不当治。无形之中，恒足以增其故见自满之习，而障其择善服从之明。①

正因如此，梁氏深恶痛绝地说：“吾所恶乎舞文贱儒，动以中学缘附西学，以其名为开新，实则保守，煽思想界之奴性而滋益之也。”②他还严厉批评道：“中国思想之痼疾，确在‘好依傍’与‘名实混淆’。若援佛入儒也，若好造伪书也，皆原本于此等精神。”③

二、缺乏系统的学理研究

由于近代道家思想研究所彰显的是其时代价值或意义，缺乏深入而系统的学理研究，这便导致了道家学理研究的淡出。近代学者对道家思想的研究主要不在于学理的建构上，而是流于运作的层面，使道家

---

① （清）梁启超：《清代学术概论》，东方出版社 1996 年版，第 79～80 页。

② （清）梁启超：《清代学术概论》，东方出版社 1996 年版，第 79 页。

③ （清）梁启超：《清代学术概论》，东方出版社 1996 年版，第 80 页。

思想成了为时代呼喊的工具，这种状况既导致了道家学理的贫乏，又夸大了道家思想的时代价值。

近代诸学者的道家思想研究基本上都是围绕着一个问题展开的，即西学或近代化。而这个西学或近代化的归宿，回答的是“中国向何处去”的问题，亦即怎样“救中国”的问题。如同中国传统哲学在近代受科学主义、经验主义以及爱国、反帝的历史使命的冲击一样，道家的形而上学本体论并没有为近代学人们所看重和发展，他们看重的是道家无为而治的政治哲学，以及与国计民生密切相连的若干思想观点，故“自然”、“无为”及与它相关的范畴、概念等倒是成了近代学人的研究对象。这也就是本文“导言”中所论及的近代对道家智慧的开掘往往集中于平等、自由、民主观念和经世意识等方面的原因。

近代学者对道家思想自身缺乏学理研究的一个重要原因，就是他们在接受西学的过程中简单地采取了“以西裁中”的研究形式，用西方哲学的宇宙论、本体论、认识论来裁剪包括道家在内的中国哲学，主要是沿循西方哲学的理路来进行整理、分析和阐述，因而忽视了对道家自身文本资料的解读、梳理和学理上的挖掘与建构。包括道家哲学在内，中国哲学本是一种天道性命之学，它是把天道与性命、形上与形下作为一个连贯的整体来加以感悟的。但是，就严复、章太炎、梁启超等人对道家思想的解读来说，他们大都以西方哲学裁剪中国哲学和道家，把一个活生生的中国哲学和道家大树，裁成若干枝条，无法重新显示出自身精神上的创生力量。这正如日本汉学家冈田武彦所言：“中国哲学的研究，自近年汲取了科学的、唯理的西学以来，变得愈来愈精密，结果连续创造了划时代的业绩……但是，这一学科的研究在某些方面同西方哲学正好相反。如果说，中国哲学被认为具有东方特点的话，那么其研究方法是否真是最有价值的呢?”他自己的回答是：“随着西欧式的科学研究方法的盛行，中国哲学，同传统的东方研究方法即以体认为宗旨的实践性的研究方法一样，也衰落了。结果，虽然优秀的学者辈出，可是优

秀的思想家寥寥无几。这的确是一个严重的问题。”①事实上，不只限于“体认”或者“体悟”问题，就先秦道家学说而言，它还内含着阴阳、五行、天文、地理、方技、术数、神话寓言等多方面的内容，但由于近代学人持“以西裁中”的研究方法，这些皆被疏离在哲学之外。但两千多年前，道家哲人恰恰是以此一天地、同万物，于一己在天地间的生生有所见，从而有所道。而这些深妙的社会人生问题，都被诸学者们剪掉了，它怎能肩负起重建道家学理上的重任呢?!

三、实用化、功利化的倾向

与上述两个不足相联系，近代道家思想研究还具有实用化、功利化的倾向。按照学术研究的规律和范式，无论开掘一种思想的时代价值抑或对其进行学理上的建构，都需要通过研究者对经典文本加以认真刻苦的研读，通过解释者与经典文本的对话，方可在传统与现实、历史客体与认识主体的关系中来发现和提出它的学理，方可在创造性的理解中搞清楚它的价值和意义。但是，由于近代道家思想研究的开展，始终是在爱国反帝、救亡图存、中国向何处去这些关乎民族危亡的严重问题的笼罩下进行的，所以这些知识分子群体即使对道家思想饶有兴趣，他们也不可能既像乾嘉学者那样执著于文本的校勘、文字的考证和训诂，也不可能像义理学派那样致力于天道性命之学的梳理阐释，只能从解决时代严重问题的需要出发，在道家文本中寻找着“有用”的东西，以解燃眉之急。这样一来，近代道家学术思想研究所走的便是一条实用化、功利化的路子，诸学者虽然在阐释道家的所谓“微言大义”中也能发出一阵振聋发聩的时代强音，却不能把这种时代强音汇聚成一种挽救民族危亡的伟大精神力量，其原因就在于只是满足一时的实用和功利。这种情况表明，学术研究切忌走实用、功利化的路子。在近代中国，无论坚持以儒家或道家打天下、救天下，都是一种发于知识分子的烂漫幻想，都没有得到真正的准确定位。事实上，正是实用性、功利性的救亡

① 辛冠洁等:《日本学者论中国哲学史》，中华书局1986年版，第1～2页。

图存的目的限制了近代道家思想研究的视野，甚至砍掉了道家思想淡泊无私、空灵高洁的真精神。换言之，正是由于诸学者的近代道家研究以实用性、功利性为目的，所以他们缺少求真求是的学术精神，因而也制约了一个新的学术文化在精神价值上的目标实现。

第五章　现代道家思想研究开展的背景

关于中国现代历史开始的时间，学界有不同的看法，但大多数学者还是比较认同以 1919 年前后的五四新文化运动作为开端的。[①] 学界一般也将 1919～1949 年这一历史区间的中国哲学称为中国现代哲学。[②]

1919 年 5 月 4 日，中国历史上爆发了以北京大学为主导的学生游行示威活动，其本身是一具体的历史事件，但此后不久即被人称之为“五四运动”。到 1919 年底 1920 年初，“五四运动”一词已广为流传，后世史家也沿用其词，用来指称“五四学生事件”前后的新思潮、新文化运动和罢课、罢工运动，“五四运动”一词的含义大大扩展。学者傅国涌曾说：“真正的‘五四’首先是一个时代概念。‘五四’绝不仅仅是指 1919 年一批学生上街游行这么简单的一件事情，它实际上代表了近代中国一次重大的变迁，其起止日期大致从 1914 年、1915 年开始，到 1924 年、1925 年落幕，前后大约十年这样的一个历史过程。这可以看作是中国社会转型的一个重大时期。期间，中国发生了许多事情，不仅仅局限于政治层面，也不仅仅局限于文化层面。”[③]在这个意义上，“五四”事实上成为 20 世纪早期中国长达十多年的启蒙时代，它从思想文化领域

---

① 对于现代哲学的开始时间，学界意见尚不一致。参见广哲《关于中国近代哲学史的分期问题》，载《学术研究》1984 年第 4 期。

② 参见宋志明《中国现代哲学通论》，中国人民大学出版社 2008 年版，第 1 页；吕希晨、王育民《中国现代哲学史》，吉林人民出版社 1984 年版，第 665 页。

③ 转引自孙云《何谓“五四”——兼论“五四”的启蒙经验与政治误读》，载《兰州学刊》2009 年第 5 期。

缘起，波及社会各个领域。

第一节　思想背景："五四"启蒙和三大思潮的涌入

一、"五四"启蒙

何为"启蒙"？《辞海》的解释是："开发蒙昧。《风俗通·皇霸》'亦足以祛蔽启蒙矣。'因指教育蒙童，使初学的人得到基本的、入门的知识。亦指通过宣传教育，使之接受新事物。"[①]在英文中，"启蒙"即"enlightment"，是直接从"light"（光）一词派生出来的，是光对黑暗的穿透和驱逐，是事实的揭露和显示。德国古典哲学代表康德认为："启蒙就是人类对他自己招致的不成熟状态的摆脱。这个不成熟状态就是这样的一种状态，即人们在没有别人的指点时，无力使用自己的知性。这种不成熟状态之所以是自己招致的，其原因不在于缺乏理性，而在于，当没有别人的指点时，他缺乏使用理性的决心和勇气。要勇于认识！'要有勇气使用你自己的理性！'……这就是启蒙的口号。"[②]无论怎样解释"启蒙"，要开启蒙昧，就需要人的自主意识的觉醒，用理性冲破愚昧，即将人从"神"的控制下解放出来，创造自己的历史，掌握自己的命运。

鸦片战争以来，"中国向何处去"的问题仍然在现代中国延续，救亡图存仍是中国最迫切的问题。在经历了洋务运动、戊戌变法之后，实业救国、改良政治制度救国的希望也均以失败而告终。1912 年，中华民国成立，虽然它结束了长达两千多年的封建帝制，但中国的社会仍然是军阀混战、民不聊生。这一切便引起了有识之士的反思。他们发现，器物的优良、制度的先进只是结果而不是原因，真正的原因在于解决人的思想问题。正如梁启超所说："革命成功将近十年，所希望的件件都落空，渐渐有点废然思返，觉得社会文化是整套的，要拿旧心理运用新制

① 《辞海·词语分册》，上海辞书出版社 1984 年版，第 1672 页。

② ［德］伊曼努尔·康德著，孙少伟译：《道德形而上学基础》，九州出版社 2007 年版，第 169 页。

度，决计不可能，渐渐要求全人格的觉悟。”[①]这样，实现救亡图存的路径就发生了转变，由“救国”转变为“救人”。而“救人”则要先对人进行启蒙，重建人的价值观。当然，“救人”的最终目的还是为了实现“救国”。

当时中国人的存在状态又是怎样的呢？长期以来，中国传统社会处于农业社会，并在此基础上构建了以宗法制度为主体的社会结构。在这个社会结构中，任何个人都不是独立的存在，而是依存于严密的等级秩序之中，即君为臣纲、父为子纲、夫为妻纲。同时，以礼学、礼教体系为核心的儒学成为维护这种等级秩序的官方意识形态，在几千年的历史中，这种思想体系通过读经、科举考试等各种途径，逐渐成为人们头脑中唯一的认知体系。可以说，对于个体而言，全然没有独立的人格。陈独秀在《新青年》的创刊号中曾说：“解放云者，脱离夫奴隶之羁绊，以完成其自由自主之人格之谓也。”并且进一步解释道：“我有手足，自谋温饱；我有口舌，自陈好恶；我有心思，自崇所信；绝不认他人之越俎，亦不应主我而奴他人。盖自认为独立自主之人格以上，一切操行，一切权利，一切信仰，唯有听命各自固有之智能，断无盲从隶属他人之理。”[②]

可见，把国民思想从传统的精神牢笼的束缚中解放出来，医治其心理的创伤，树立其独立的人格和理性精神，当是“救人”的重点，这也成为五四运动的启蒙所在。五四运动作为一场思想文化运动，它的核心内容便是呼唤人的觉醒，由此引起对传统文化和国民性的激烈批判，期望通过“立人”达到“立国”的最终目的。

具体而言，“五四”启蒙的内容包括以下几个方面：

（一）提倡民主与科学，反对专制与迷信

陈独秀在《敬告青年》一文中论及欧洲近代历史发展的大势时指出，欧洲近代的历史是一部“解放历史”：破坏君权，求政治之解放；否认教权，求宗教之解放；均产说兴，求经济之解放；女子参政，求男权之解

---

① （清）梁启超：《史学论著四种》，岳麓书社 1985 年版，第 6 页。

② 陈独秀：《敬告青年》，载《独秀文存》，安徽人民出版社 1987 年版，第 7 页。

放。因此，“吾国欲图世界的生存，必弃数千年相传之官僚的专制的个人政治，而易以自由的自治的国民政治”[①]。李大钊则认为：“民与君不两立，自由与专制不并存，是故君主生则国民死，专制活则自由亡。”[②]

民主是与专制相对立的，争取民主便要反对专制、争取人权、实现人的价值。何谓人的价值？在陈独秀看来，它包括“法律上之平等人权，伦理上之独立人格，学术上之破除迷信，思想自由”，以及“经济学上之个人财产独立”[③]。其中，平等人权就是反对封建等级制度和特权人治，实行法治，在法律面前人人平等；独立人格就是反对封建伦理纲常和人身依附关系，实现个性解放，发挥人的主体意识和能动创造精神；思想自由则是反对封建文化专制，人人能独立思考、言论自由。

科学则是“五四”启蒙思想家们所倡导的另一重要内容。启蒙思想家们把西方的“赛先生”请到中国后，便赋予其两种含义：一是用自然科学救中国；二是提倡科学精神、求实态度和理性思维，反对愚昧迷信。陈独秀强调，如果不知道科学，其对社会危害极大。他说：“士不知科学，故袭阴阳家符瑞五行之说，惑世诬民，地气风水之谈，乞灵枯骨。农不知科学，故无择种去虫之术。工不知科学，故货弃于地，战斗生事之所需，一一仰给于异国。商不知科学，故惟识罔取近利，未来之胜算，无容心焉。医不知科学，既不解人身之构造，复不事业药性之分析，菌毒传染，更无闻焉。”故“欲根治之，厥维科学”[④]。李大钊也指出：“人生最高之理想，在于求达于真理”，而求达真理之途，“一在查事之精，一在推论之正。二者交备，则逻辑之用以昭。而二者之中，尤以根乎事实为要”[⑤]。提倡科学的另一方面是反对愚昧迷信。他们认为，鬼神猖獗泛滥，国家必将灭亡。易白沙在《诸子无鬼论》一文中说：“鬼神之势大张，国家之运告终，证以历史，自三代以至清季，一部二十五史，莫不如是。”

---

① 陈独秀：《吾人最后之觉悟》，载《独秀文存》，安徽人民出版社 1987 年版，第 40 页。

② 李大钊：《民彝与政治》，载《李大钊文集》，人民出版社 1984 年版，第 175 页。

③ 陈独秀：《袁世凯复活》，载《独秀文存》，安徽人民出版社 1987 年版，第 90 页。

④ 陈独秀：《敬告青年》，载《独秀文存》，安徽人民出版社 1987 年版，第 9 页。

⑤ 李大钊：《真理之权威》，载《李大钊文集》，人民出版社 1984 年版，第 446 页。

钱玄同大声呼吁:“青年呵! 如其你还想在二十世纪做一个人,你还想中国在二十世纪算一个国,你自己承认你有脑筋,你自己还想研究学问;那么赶紧鼓起你的勇气,奋发你的毅力,剿灭这种最野蛮的邪教,和这班兴妖作怪胡说八道的妖魔!”①树立正确的世界观、破除迷信、解放思想,再加上科学的思维方法,就能认清国情,找到改造社会的真理,这恰恰是科学启蒙的目的之所在。

(二)批判“孔学”,改造国民性

“五四”启蒙思想家们把攻击的矛头集中于封建主义的正统思想——孔学以及其人格代表孔子。他们以《新青年》为主要阵地,以进化论观点和个性解放思想为主要武器,猛烈抨击以孔子为代表的“往圣前贤”。大力提倡新道德,反对旧道德;提倡新思想,反对旧思想。陈独秀曾发表《宪法与孔教》一文,对孔教发起了全面的攻击。他认为,“三纲五常”是孔教的核心,要想反对复辟,捍卫共和国,就必须对孔教进行猛烈的抨击。他在《一九一六年》这篇文章中认为,“三纲”的实质在于率天下之男女,为臣、为子、为妻,而不见有一独立自主之人,所以谴责宗法社会制度下的道德是“奴隶的道德”②。文化革命的主将鲁迅则在《狂人日记》中一针见血地指出,中国几千年来封建社会的历史实际上是封建统治者吃人的历史。他假借“狂人”之口说道:“我翻出历史一查,这历史没有年代,歪歪斜斜的每页上都写着‘仁义道德’几个字。我横竖睡不着,仔细看了半夜,才从字缝里看出字来,满本都写着两个字是‘吃人’!”③这是对传统认知体系的彻底否定和毁灭性的打击。

(三)变革文体形式,提倡白话文

“五四”启蒙思想家们在批判孔学的同时,也把文字改革同实现“救人”的目的联系在一起。在他们看来,只有多数国民主动参与改革,现代化才能有成功的希望。而要使国民主动投身于社会变革,就必须使

① 钱玄同:《随感录》(八),载《钱玄同文集》第2卷,中国人民大学出版社1999年版,第11页。

② 陈独秀:《一九一六年》,载《独秀文存》,安徽人民出版社1987年版,第44页。

③ 鲁迅:《狂人日记》,载《鲁迅全集》第1卷,人民出版社2005年版,第447页。

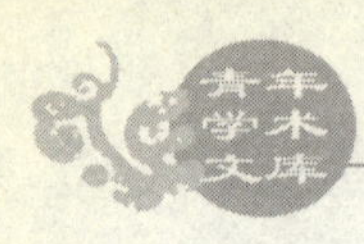

近代西方的民主思想和科学精神深入人心，从而启发其觉悟，掌控其心灵，推动其积极、主动参与变革。要达到这一目的，就离不开文体形式的变革。诚如钱玄同所说："欲使中国民族成为二十世纪文明之民族，必以废孔学、灭道教为根本之解决，而废记载孔门学说及道教妖言之汉文，尤为根本之根本解决。"①

如何变革文体形式？首先就要倡导白话文，反对文言文。胡适认为，既然作文的目的是表达自己的感情和见解，就不能无病呻吟，话怎么写就怎么写，而且是什么时代人，说什么时代话。② 陈独秀则提倡"平易的抒情的国民文学，新鲜的立诚的写实文学，明了的通俗的社会文学"③。

除了变革文体形式，"五四"启蒙思想家们还十分重视更新文学内容，力求达到形式与内容的统一。诸如强调要用白话和大众所喜爱的体裁来描写人民的真实生活，反映人间的悲欢离合，进一步启迪人们的自主人格和民主权利；提倡文学要有理想性，应鼓舞人们反对旧制度，追求和创造新生活；提出以人为核心进行文学革命，以人道主义反对奴性主义，提倡个性解放和平等的人格，等等。

总之，"五四"启蒙思想家们通过对中国传统文化展开的多方面的批判，在一定程度上破除了社会群体对主流意识的迷信，打破了人们对孔子及儒学的偶像崇拜，进一步解放了思想，也为接受和容纳西方的先进思想文化扫清了道路，并由此掀起了一场前所未有的深刻的文化变革，开启了探索和建设中国的新文化之路。

二、西方三大思潮的涌入

"五四"时期是西方思想文化大规模传入中国和中西学术融合、创

① 钱玄同：《中国今后之文字问题》，载《钱玄同文集》第1卷，中国人民大学出版社1999年版，第166～167页。

② 胡适：《建设的文学革命论》，载《胡适文集》第2册，北京大学出版社1998年版，第45页。

③ 陈独秀：《文学革命论》，载《独秀文存》，安徽人民出版社1987年版，第95～96页。

新的时期。在这一时期，西方近几个世纪发展起来的种种主义和方法经由不同的方向，以不同的方式传入中国，构成了学术多元、文化繁荣的空前盛况。在西方思想文化中，影响较大有以下三种：

（一）实证主义

实证主义是西方自然科学发展的产物，是以实证科学为基础的哲学流派。从孔德、穆勒、斯宾塞等开始，实证主义就站在哲学的立场上，认为哲学应以现象和经验为基础，用自然科学的方法建立清晰明确的系统。伴随着西学东渐，西方的实证主义传入中国，在中国的学术土壤中形成了一股实证主义的思潮，并呈现出与西方实证主义几乎同步的状态。五四运动以前，经严复、梁启超等人的宣传，第一代实证主义者斯宾塞、赫胥黎的学说在中国得到一定的传播。“五四”时期，杜威、罗素等先后来华讲学，胡适、丁文江、王星拱等人也倾力介绍实用主义和马赫主义的观点，第二代实证主义（马赫主义）与实证主义的变种——实用主义和新实在论便风靡一时，特别是实用主义赢得了广泛的影响。作为杜威的学生，胡适曾说：“实验主义成了我的生活和思想的一个向导，成了我自己的哲学基础。”[①]他以实用主义为指导，将其运用于哲学、文学、历史、教育等方面的研究，如提倡白话文、研究中国哲学史、考证《水浒传》和《红楼梦》等，都是对实用主义的应用。

20世纪三四十年代，逻辑实证主义和新实在论逐渐取代了实用主义和马赫主义的优势，占了上风。逻辑实证主义和新实在论作为一种方法，对于中国学术界的影响是普遍的，几乎每一个有成就的学者都直接或间接地受到过它的影响。如冯友兰曾用新实在论为指导，诠释中国哲学及宋明理学。他曾把朱子哲学纳入到新实在论体系中，认为“朱子之哲学，非普通所谓之唯心论，而近于现代之新实在论”。但他也认识到二者的差别，“惜在中国哲学中，逻辑不发达，朱子在此方面，亦未著力”[②]。尽管如此，冯友兰仍然用逻辑实证主义方法来区分理与气、真际与实际、共相与殊相。抗日战争时期，冯友兰“接着”理学讲，完成

---

① 胡适：《胡适留学日记·自序》，上海书店1947年版，第5页。

② 冯友兰：《中国哲学史》，中华书局1984年版，第297页。

了《新理学》等“贞元六书”。另一学者金岳霖，最初在美国攻读的是政治思想史，拿到的是政治学博士学位，但他后来转向逻辑学。他将自己转向的原因总结为两点：一是“在辛亥之后的几年中，因为大多数的人注重科学，所以有一部分人特别喜欢谈归纳，我免不了受了这种重归纳底影响”；一是“民国十一年在伦敦念书，有两本书对于我的影响特别的大，一部是罗素底 *Principles of Mathematics*，一部是休谟底 *Treatise*”[①]。金先生的《知识论》、《论道》、《逻辑》等著作，体现了其对新实在论的运用。

（二）非理性主义

非理性主义是以贬抑理性，崇尚非理性为特征的哲学流派。开启非理性主义先河的是唯意志主义创始人叔本华和存在主义先驱克尔凯郭尔。继他们之后，还有尼采的权力意志论、以柏格森为代表的生命哲学等。第一次世界大战后，资本主义社会的弊病不断暴露出来，为非理性主义思潮的发展提供了契机。随着社会批判思潮的兴起，非理性主义便作为社会批判思潮的组成部分在全世界范围内流行开来，并传播到中国。尼采“对一切价值重新评估”[②]的口号，在以反对封建专制主义为己任的中国思想家那里得到了回应。1919 年，杜威到中国讲学，曾把法国生命哲学家柏格森作为“现代三大哲学家”之一介绍给他的听众。非理性主义也得到了现代新儒家的认可，他们甚至将这一思潮当作阐发儒家价值观念的重要思想资源。如梁漱溟曾对柏格森哲学赞赏备至，说它“迈越古人，独辟蹊径”[③]。他宣扬柏格森的生命哲学和直觉主义，并凭借生命哲学的思想观念和方法，重新解释和发挥儒家“万物化生”的变易思想，从生活直觉和宇宙本体论的意义上凸显“生命”原则，以“生”涵盖孔子儒家形而上学的全部及由此衍生出的人生哲学。

---

① 刘梦溪主编：《中国现代学术经典·金岳霖卷》（上），河北教育出版社 1996 年版，第 4～5页。

② ［德］尼采著，钱春绮译：《查拉图斯特拉如是说》，三联书店 2007 年版，第 1 页。

③ 梁漱溟：《东西文化及其哲学》，《梁漱溟全集》第 1 卷，山东人民出版社 1989 年版，第 406 页。

关于生命本体和生命创造，梁氏曾说："宇宙的本体不是固定的静体，是'生命'，是'绵延'。"[①]"生命"就是无尽的意欲。梁氏用柏格森的生命绵延和自由意志与佛教唯识宗的"见分"、"相分"、"阿赖耶识"进行相互诠释，进而与陆王心学相会通。他认为"直觉"是体认"宇宙大生命"的唯一、直接的方法。另一新儒家大师熊十力也曾自称为"柏格森生命论"者，"其所见足与新（识）论相发明者自不少"[②]，主要是指直觉主义的"反本求心"、"反求实证相应"等，当然，熊十力对柏格森也有批评，他认为柏氏生命论派"言直觉不甚明了，时与本能混视。本能即是习气……柏氏犹在习气中讨生活，实未证见自性也。其言生之冲动，冲动即习气也。"[③]可见，熊十力认为，叔本华讲盲目意志，柏格森讲生命冲动，都只是看到了与形骸俱始的习心（欲望、本能冲动），便将其认作是生命力的本质，而其实并未实证本心。

（三）马克思主义

19 世纪末 20 世纪初，马克思主义在全世界范围内走向高潮，也影响到处于社会大变革过程中的中国。中国一些先进的思想家在向西方寻找思想武器的时候，也把马克思主义学说介绍过来，从而给古老的中国思想界吹进了一股新风。1918～1921 年，李大钊、陈独秀、蔡和森、毛泽东、邓中夏、瞿秋白、李达等人在中国传播马克思主义，并使其在"问题与主义"、"社会主义"、"无政府主义"和"科学与人生观"四次论战中，得到了进一步的传播。20 世纪二三十年代，中国翻译出版了大量的马克思主义著作，并进行了关于中国社会性质、中国社会史分期和唯物辩证法的三次论战。伴随着马克思主义在中国的传播，大批宣传和阐释马克思主义的著作问世。如毛泽东的《中国社会各阶级的分析》，瞿秋白的《现代社会学》、《社会哲学概论》、《唯物的宇宙观概论》，李达的《现代社会学》，都试图将马克思主义与中国社会实际和中国革命的

---

① 梁漱溟：《梁漱溟全集》第 1 卷，山东人民出版社 1989 年版，第 406 页。

② 熊十力：《十力语要·印行十力丛书记》，载《熊十力全集》第 4 卷，湖北教育出版社 2001 年版，第 10 页。

③ 熊十力：《十力语要》，上海书店出版社 2007 年版，第 303 页。

具体实践结合起来。艾思奇的《大众哲学》、李达的《社会学大纲》则对马克思主义哲学的传播作出了贡献。抗日战争时期，毛泽东的《论持久战》、《抗日游击战争中的战略问题》、《新民主主义论》等，在与中国革命实际相结合中，发展了马克思主义辩证法和军事科学。

与马克思主义在中国的传播相伴随，马克思主义的唯物史观和唯物辩证法作为重要的学术研究方法，对中国学术界产生了日渐深远的影响。唯物史观有两个基本的方法论原则：一是物质利益与阶级分析的方法。从物的关系中发现和透视出其中掩盖的人与人的关系，是马克思以"人的眼光"来审视社会历史的独特的视野，是唯物史观最基本的观点和研究方法之一。二是历史与逻辑相统一的方法。它是用来揭示事物，尤其是社会历史现象和本质的重要工具，特别是确立科学理论体系的重要方法。唯物辩证法则以其学理与方法成为学者致思和著述的工具。郭沫若、吕振羽、侯外庐、范文澜等学者便将马克思主义作为一种方法论，运用到中国古代思想史、中国哲学史的研究中，取得了丰硕的成果。

第二节　学术背景：现代学术范式的确立

"五四"前后，中国的学术界在话语模式、思维方式、学术精神和学术方法方面出现了大范围的更新，现代学术范式得以确立。

一、现代学术范式

"范式"(paradigm)是由美国科学哲学家库恩最先提出并为学术界广为使用的一个概念。它是指在某一时期，被某一科学共同体公认的并指导科学家思想的观念和范例，它对科学研究往往起着定向的作用。库恩用"范式"这个概念试图来说明科学理论的发展具有一定的规律性，他认为任何一门科学在形成公认的范式之前，各种假说相互排斥与竞争，没有被公认的权威性理论，这叫"前范式"或"前科学"阶段。一旦形成范式，则标志着该学科趋于成熟，进入常规时期。在常规时期，由

主导范式提供研究方向、规定方法，科学共同体在主导范式的指导下进行释疑活动，解释各种异常现象，使其与主导范式一致，促使科学迅速发展。但是随着科学的发展，总会出现原有范式解释不了的反常现象，随着反常现象的增多，原有的范式往往会陷入应付不了的危机。危机的到来便意味着科学革命即将来临，在危机中通过竞争，新范式取代旧范式，新的科学共同体取代旧的科学共同体，这就是科学革命。科学革命之后又会出现一种新的常规科学，进行新的释疑活动。这样，库恩提出了科学发展的基本模式，即前科学—常规科学—危机和科学革命—新的常规科学。如此循环，不断发展，科学史便呈现出新旧范式竞争、不断更迭的规律。可见，范式是划分科学发展的不同时期的关键，前科学没有范式，常规时期拥有统一范式，危机时期没有统一范式。

学者余英时在其《中国近代思想史上的胡适》中，就曾借用库恩的科学范式革命理论，来阐释胡适的《中国哲学史大纲》在中国近代史学革命上的中心意义和学术的地位。他认为“清代三百年的考证学到了‘五四’前夕恰好碰到了‘革命’的关头”，《中国哲学史大纲》又恰好提供了“一整套关于国故整理的信仰、价值和技术系统”①，故理所当然地成了新典范的代表。余先生认为，所谓“典范”或曰“范式”的建立有广义和狭义两种理解。从广义而言，涉及全套的信仰、价值和技术的改变；而从狭义着眼，则指具体的研究成果发挥示范作用，既开启新的治学门径，又留下许多亟待解决的新问题。不难看出，余先生是按狭义来理解胡适的《中国哲学史大纲》，并依此确立胡适在中国近代史学变革中的中心地位的。

关于中国传统学术转型的这个“关键时刻”，学界观点不一。余英时认为，清末民初是旧范式出现危机，新范式即将破壳而出的关键时刻，而这一“关键时刻”是由胡适来诠释的。学者陈平原却认为，清末民初学术转型和新的学术范式的确立并非仅由胡适一人来完成，而应归功于清末和民初两代人。他将在新旧之间保持“必要的张力”的章太

① 余英时：《中国近代思想史上的胡适》，台北联经出版事业公司 1984 年版，第 19～21、88 页。

炎、梁启超、沈曾植、王国维等人当作转换过渡的关键人物。他还指出："晚清以降，不管是否曾经踏出国门，传统的变异与西学的冲击，均有目共睹。面对此'三千年未有之大变局'，学界虽有'激进'与'保守'之分，但上下求索，为中国社会及学术闯出一条新路的心态，却是大同小异。"①至于这一"关键时刻"的确立时限问题，陈先生指出："相对来说，上限好定，下限则见仁见智。在我看来，1927 年以后的中国学界，新的学术范式已经确立，基本学科及重要命题已经勘定，本世纪影响深远的众多大学者也已登场。另一方面，随着舆论一律，党化教育的推行，晚清开创的众声喧哗、思想多元的局面也不复存在，取而代之的是立场、旗帜鲜明的党派与主义之争，20 世纪中国学术从此进入了一个新的时代。"②事实上，一种学术的确立，全然不是一夜之间能够完成的，而是需要一个过程。可以说，整个"五四"新文化运动期间，启蒙思想家们高举科学与民主的旗帜，"打倒孔家店"，走出经学时代，提倡新文学，反对旧文学，倡导白话文等，这些举动必将在思维方式、学术精神和学术方法等方面带来巨大的变化，昭示着一个学术研究新时代的到来。

二、现代学术范式的确立

现代学术范式自然是与传统学术范式相比较而言的。关于传统学术范式与现代学术范式的分际，学界早有探讨。如刘梦溪在《中国现代学术要略》一文中指出："以人为中心还是以学中心，以人为单位还是以学为单位，是传统学术与现代学术的一个分界点"③，并提出了"传统学术重通人之学，现代学术重专家之学"④的论断。李慎之认为，中国传

---

① 陈平原：《中国现代学术之建立——以章太炎、胡适之为中心》，北京大学出版社 1998 年版，第 2～3 页。

② 陈平原：《中国现代学术之建立——以章太炎、胡适之为中心》，北京大学出版社 1998 年版，第 8 页。

③ 刘梦溪：《中国现代学术要略》，载杨玉圣《书的学术批评》，辽宁大学出版社 1998 年版，第 463 页。

④ 刘梦溪：《中国现代学术要略》，载杨玉圣《书的学术批评》，辽宁大学出版社 1998 年版，第 495 页。

统学术与现代学术最清晰的界标，就是“五四”先贤所标榜的“民主”与“科学”。他说：“自从清末逐渐酝酿，到五四时期经陈独秀提出要拥护德先生（德谟克拉西，即民主）与赛先生（赛因斯，即科学）的大声疾呼而成为不刊之论。从此以后，凡是朝这个大方向努力的，就是现代学术，与这个大方向相违背的，就不是现代学术。”“因此，除民主与科学外，中国学术不可能有别的区分现代与传统的标准。”[①]这些论断各具特色，均反映了传统学术与现代学术分野的个别片断。应当注意的是，传统与现代的区分仅存在于相对意义上，在不同的时间与空间里，传统所具有的含义不尽相同，因此与传统相对的现代，其含义自然也不尽相同。就学术而言，传统学术是经过历代发展，不断形成的学术旨趣、学术方法和学术系统等范式，尤其表现为以儒学为代表的经学系统。在这个意义上，现代学术则指力图走出经学时代，颠覆儒学中心，融合西方学术而创建的新的学术范式。具体而言，包括以下几个方面：

第一，新的话语模式。

语言是一种文化的理性载体与表征。如果说既定的语言规则与模式能够为业已形成的学术思想与传统划定框架，并承担表述的义务，那么一种新的学术传统的形成就离不开新式的语言表述原则与表述模式的重新界说。[②] 由此可见，在语言的革新与新的学术范式的形成之间，存在着极为复杂的互动关系。

1916 年，胡适在给陈独秀的一封信中指出：“年来思虑观察所得，以为今日欲言文学革命，须从八事入手。八事者何？一曰不用典。二曰不用陈套语。三曰不讲对仗。四曰不避俗字俗语。五曰须讲求文法结构。此皆形式上之革命也。六曰不作无病之呻吟。七曰不模仿古人，语语须有个我在。八曰须言之有物。此皆精神上之革命。”[③]胡适在此呼吁用通俗的白话文取代艰涩的文言文，便是针对言、文不一的传

① 李慎之：《什么是中国的现代学术经典》，载《传统文化与现代化》1998 年第 3 期。

② 参见刘泉《语言革新与新学统的建立——论五四白话文运动的学术语言特性》，载《中国文学研究》2006 年第 3 期。

③ 姜义华：《胡适学术文集——新文学运动》，中华书局 1993 年版，第 22 页。

统学术的弊病而发的，他的呼吁拉开了语言革新的序幕。语言的革新不仅扫荡了旧的传统的话语模式，确立了现代的新的话语模式，而且为现代学术范式的确立提供了前提和保障。

第二，新的学术精神。

现代学术范式确立了怀疑与实证的学术精神，由怀疑而“大胆假设”，由实证而“小心求证”，这便在古今中西学术之间能够保持一种必要而合理的“张力”。怀疑的精神与批判、实证与实验成为“五四”学人秉承的基本理念，它们像两把利器一样，将一切“邪说”纷纷打倒，严谨而理性的现代学术范式由此确立起来。

第三，新的学术方法。

学术方法有时泛指学术原则，有时则专指治学方法，两者很难区别。但无论是学术原则，还是治学方法，都说明在现代学术范式的确立中，学术研究方法与传统学术相比，已有了明显的区别。一般来讲，中国传统学术方法有两种：一是考据训诂，二是推阐义理。学者薛其林认为“五四”时期大致已经确立了四种主流的学术研究方法：科学实证方法、马克思主义唯物辩证法、阐释方法、直觉体悟方法。就其影响看，前两个居于主流地位，影响最大。①

第四，新的学术著作。

现代学术范式的确立，还有一个明显的标志——新的学术著作的涌现。“五四”时期，中国涌现了大批学术群体和大量的学术著作，其中有不少是确立新的学术范式的开山之作。如胡适的《中国哲学史大纲》、冯友兰的《中国哲学史》、梁启超的《中国近三百年学术史》、钱穆的《中国近三百年学术史》、侯外庐的《中国近代启蒙思想史》等。其他如顾颉刚为代表的“古史辨派”，则代表了一个学术群体在现代学术范式确立中的表现。在众多的代表中，最值得一提的还是胡适。无论是在政治和学术上，还是在舆论宣传和方法引导上，胡适对现代社会转型和学术转型的作用都是全面的。余英时先生称赞胡适的《中国哲学史大

① 参见薛其林《融合创新的民国学术》，湖南大学出版社2005年版，第60页。

纲》提供了"一整套关于国故整理的信仰、价值和技术系统"[1]而成为现代学术范式的代表，便足以说明问题。经学史家周予同先生则从经学研究的角度指出："使中国史学完全脱离经学的羁绊而独立的是胡适。"其理由在于胡适能"集合融会中国旧有的各派学术思想的优点，而以西洋某一种的治学方法来部勒它，来涂饰它"[2]，更能代表学术新范式的确立。

① 余英时：《中国近代思想史上的胡适》，台北联经出版事业公司 1984 年版，第 88 页。

② 周予同著，朱维铮编：《周予同经学史论著选集》，上海人民出版社 1996 年版，第 522～524 页。

第六章　20世纪二三十年代关于老子年代问题的争论与反思

第一节　疑古思潮的兴起

兴起于五四运动前后的疑古思潮，曾对20世纪中国历史研究的进程产生了巨大的影响，其主要代表是顾颉刚先生及其创立的“古史辨派”。关于这一思潮的特质，诚如学者陈其泰所言，“是当时西方强劲传入的新学理，尤其是科学理性精神，批判、审查史料的方法，重视逻辑、系统和‘历史演进’的方法，与传统学术中乾嘉严密考证方法，今文学派猛烈批判千百年来禁锢人们头脑的泥古、守旧、僵化思想体系的怀疑和进取精神，互相结合的产物”①。

疑古思潮的首倡者其实应当追溯至胡适。1919年，胡适的《中国哲学史大纲》出版。在该书中，他截断众流，一刀砍掉了“三皇五帝”这些为旧史家所津津乐道的半政史、半神话的资料，直接从周宣王以后讲起，首开疑古思潮的先河。1921年，胡适在致顾颉刚的信中，宣称“宁

① 陈其泰：《“古史辨派”的兴起及其评价问题》，载《中国文化研究》1999年春之卷，第13页。

疑古而失之，不可信古而失之”[1]。在此疑古精神的推动下，1923 年，顾颉刚在《努力周报》上发表了《与钱玄同先生论古史书》一文，推崇“历史演进的方法”。他说“我们看史迹的整理还轻，而看传说的经历却重。凡是一件史事，应看它最先是怎样，以后逐步逐步的变迁怎样”，并进而提出“累层地造成的中国古史”[2]；又说三皇五帝、盘古不过是传说中的人物。由此引起了史学界的轩然大波，引发了一场关于古史的大论战，并最后以疑古派的胜利而告终。在这种形势下，一时间，社会上疑古成风，学者钱玄同甚至改名为“疑古玄同”。从表面上看，这种疑古辨伪的精神属于专门的史料学研究范畴，但实际上却是“五四”反传统的产物，是史学领域内的“价值重估”。疑古的实质恰恰是要将矛头指向以孔、孟为代表的儒家思想文化，以破除人们对经书及古史的迷信。如果从更深的层面来考察，疑古精神又体现了对个体和理性的肯定，这与“五四”时期“人的觉醒”的主题是一致的。

疑古思潮的兴起并非是胡适、顾颉刚等人的凭空发明，而是有着极深刻的历史渊源。早在东汉时期，思想家王充在其《论衡》中就指出，许多古事之不可信。他说：“世信虚妄之书，以为载于竹帛上者皆圣贤所传，无不然之事，故信而是之，讽而读之，睹真是之传与虚妄之书相违，则并谓短书不可信用。”[3]至宋代，欧阳修、苏轼、郑樵、朱熹等人均有辨伪的著作。至清代，则有姚际恒、崔述两位辨伪大家，他们二人对胡适和顾颉刚的影响很大。但是，真正激发疑古思潮的，当属康有为和章太炎。由康有为的《新学伪经考》和章太炎的《诸子学略说》开启的今古文之争及在论争中激发出来的疑古辨伪精神，在一定程度上影响了“五四”及之后的思想界。

正如上文所言，疑古思潮的兴起与西方观念的传入是相关联的，人

---

① 胡适：《自述古史观书》，载顾颉刚《古史辨》第 1 册，上海古籍出版社 1982 年版，第 22 页。

② 顾颉刚：《与钱玄同先生论古史书》，载顾颉刚《古史辨》第 1 册，上海古籍出版社 1982 年版，第 59～60 页。

③ 黄晖：《论衡校释》，中华书局 1990 年版，第 167 页。

们开始用西方观念中的进化论来支持、标榜疑古的合理性。西方的进化论主张历史是一个有目的的线性发展过程，古不如今，今胜于古。这样人们就可以毫无顾忌地怀疑过去的一切了。胡适在《介绍我自己的思想》一文中曾说，他的思想受两个人的影响最大：一是赫胥黎，一是杜威。赫胥黎教他怎样怀疑，教他怎样不信任一切没有证据的东西[①]；同时他又强调杜威的实验主义是达尔文进化论在哲学上的应用，其基本意义在方法论一面。[②] 顾颉刚在谈到他为什么敢于疑古时，也曾说是因为得到一些社会学和考古学的知识，知道社会进化和这标准不符合，所以敢疑。[③] 可见，西方进化论是"五四"疑古思潮最有效的武器。当然，这一时期从西方引进的历史方法、归纳法等，也进一步增强了疑古辨伪的系统性和科学性。另外，从当时的历史条件来看，辛亥革命推翻了专制政体，直接导致了"天不变，道亦不变"信念的崩溃，这也是"五四"时期疑古思潮较历史上任何时期更为彻底和激烈的原因。

疑古思潮对20世纪二三十年代的中国思想界产生了巨大的影响。徐旭生先生在其《中国古史的传说时代》中曾说："近三十余年(大约自1917年蔡元培长北京大学时起至1949年全国解放时止)，疑古学派几乎笼罩了全中国的历史界。"[④]大批的学者参与到疑古辨伪的思潮中去，不仅壮大了疑古思潮的声势，而且在文献考辨方面也取了瞩目的成就。不仅如此，疑古思潮还对中国史学的近代化进程起到了积极的推动作用。在此影响下，人们开始审慎地选择传说中的史料，并结合考古发现，逐步建立起科学的古史体系，从而极大推动了中国史学的近代化。另外，疑古思潮与"五四"时期反封建的思潮相一致，也起了解放思想的作用，它促使人们从旧的古史体系、封建道统中走出来，因此又具有反封建的重要意义。

---

① 参见胡适《介绍我自己的思想》，载葛懋春、李兴芝《胡适哲学思想资料选》，华东师范大学出版社1981年版，第337页。

② 参见胡适《实验主义》，载葛懋春、李兴芝《胡适哲学思想资料选》，华东师范大学出版社1981年版，第51页。

③ 参见顾颉刚《我是怎样编写〈古史辨〉的?》，载顾颉刚《古史辨》第1册，上海古籍出版社1982年版，第28页。

④ 徐旭生：《中国古史的传说时代》，文物出版社1985年版，第23页。

第二节 20世纪二三十年代关于老子年代问题的争论

1919年，胡适出版《中国哲学史大纲》，在此书中，将老子作为中国哲学史的开端人物。这样一种对中国哲学史的理解，引起了学术界极大的争议，由此开启了一场关于老子年代问题的大论争。这场论争前后持续了十余年的时间，吸引了当时几乎所有的优秀学者参与其中，从而极大地推动了对道家思想的研究。

一、对老子其人其书争论的源起

关于老子其人，在司马迁的《史记·老子韩非列传》中就同时立了三个老子：一是与孔子基本同时代的李耳（老聃），二是老莱子，三是战国时期的周太史儋。在《史记》中，司马迁基本认为老子就是李耳，即老聃。据司马迁记载，老聃姓李，名耳，字聃，楚国苦县（今河南鹿邑）厉乡曲仁里人，曾做过周王室的"守藏室之史"，即掌管图书的史官。老子是一个学问广博的人，相传孔子曾向他请教过关于"礼"的一些问题。他甚至还曾教训过孔子，"子所言者，其人与骨皆已朽矣，独其言在耳，且君子得其时则驾，不得其时则蓬累而行。吾闻之，良贾深藏若虚，君子盛德，容貌若愚。去子之骄气与多欲，态色与淫志，是皆无益于子之身。吾所以告子，若是而已"[①]。从这里可以看出，老子要年长于孔子。因此，孔子对老子也非常尊重，甚至把他比作深不可知、能"乘风云而上天"[②]的龙。晚年时的老子见周王朝日益没落，便辞官西去。走到函谷关时，关令尹喜请他著书，于是老子便著《上下篇》，"言道德之意五千馀言而去"[③]，这就是后来的《老子》一书，此书又称"《道德经》"。

① 《史记·老子韩非列传》，中华书局1980年版，第2140页。

② 《史记·老子韩非列传》，中华书局1980年版，第2140页。

③ 《史记·老子韩非列传》，中华书局1980年版，第2141页。

在司马迁之后，关于老子其人的说法还有不少，诸如说他姓李，名耳，字伯阳，一名重耳，外字聃，号伯阳父；说他"生而皓首"，"身长八尺七寸"，其母怀他"七十二年而生"（一说八十一年），而且是"割左腋而生"；如此等等，不一而足。[1] 但其中大多是后来神仙家们的附会之说，不足为信。

关于《老子》其书的争论，主要集中在其成书年代及其真伪问题上。从一般的文献资料来看，《老子》一书至迟在战国后期就已经有了相当的传播。主要依据是韩非子的《解老》、《喻老》篇，这可以说是目前所知最早的对《老子》一书的注释。今本《老子》一书，是经过西汉时期的刘向校订过的，之后《汉书·艺文志》、《隋书·经籍志》等均有著录，为之作注者历代都有不少。今通行本《老子》，以西汉河上公《老子章句》本、三国魏时王弼的《老子注》和唐代傅奕的《道德经古本编》本最普遍。

关于老子其人其书何以能成为一个争论的话题，一个主要的原因是长期以来人们形成的一个学统的认可问题。长期以来，儒学一直作为封建社会的主流意识形态而存在，儒学的代表孔子便理所当然地成为上承尧舜，下开汉唐儒学、宋明理学及清代考据学的宗主。如果有人承认老子年长于孔子，孔子曾向老子问道，那岂不是将孔子作为儒学学统的宗主地位撼动了？但是司马迁在《史记》中的确有孔子曾向老子问道一说，这就不免引起后世学者的争议了。从唐代的韩愈到宋代的叶适，虽为老子为孔子师而愤愤不平，但均以无可靠证据而偃旗息鼓。到了清代，毕沅、汪中、崔述等人又从考据的角度，对老子与孔子孰先孰后的问题进行了考证，但最终未走出经典崇拜的误区。真正做到怀疑的是晚清学者章太炎，他在《论诸子学》一书中，认定孔子曾受学于老子，在这个意义上，使老子思想成为儒家思想的先导。章氏指出，作为史官的老子亲眼目睹了春秋末年社会的剧烈变动，认识到政治成败、人间祸福均取决于人事，绝非鬼神之力。老子在体会到帝王为一己之利，不惜设下圈套残害百姓之后，便有了柔弱不争的胆怯心理。他甚至认为，孔

---

① 参见徐洪兴《疑古与信古——从郭店竹简本〈老子〉出土回顾本世纪关于老子其人其书的争论》，载《复旦学报》（社会科学版）1999 年第 1 期。

子受学于老子并将其思想加以发展之后，竟然将老子的藏书诈取无余，并且不再奉老子为师。面对这种情况，老子虽有心向世人公布真相，但迫于孔子门徒众多，不得不到异地避难，由此写作了《道德经》。章太炎还推论说，如果《道德经》早出的话，老子则必有杀身之祸。[①] 与章太炎相比，同时代的另一学者王国维的态度则要审慎得多。对于老子这个人，王国维认为他是周时的一位太史，年长于孔子，孔子曾向老子问过礼。至于《老子》一书，王国维肯定其是一部古书，且其成书时间在战国初年，这主要依据此书对语言与文字的使用推断出来的。[②]

包括章太炎和王国维在内的晚清学者关于老子其人其书的考证虽不乏真知灼见，但在当时并未引起学界的广泛注意。真正引起强烈反响的是胡适在其《中国哲学史大纲》中对老子的考证。1919 年，胡适的《中国哲学史大纲》出版，这是一部划时代的著作，堪称现代学术的典范之作。蔡元培先生亲自为之作序，并概括此书特点有四：一是"证明的方法"；二是"扼要的手段"；三是"平等的眼光"；四是"系统的研究"[③]。胡适也曾自称："中国治哲学史，我是开山的人。这一件事要算是中国一件大幸事，这一部书的功用能使中国哲学史变色。以后无论国内国外研究这一门学问的人都躲不过这一部书的影响。"[④]既然秉承的是"平等的眼光"，胡适在其《中国哲学史大纲》中，便按年代顺序将孔、孟、老、庄作一排序。于是，胡适便将老子作为中国哲学史上第一位哲学家，排在孔子的前面。而原来被人们奉为神圣的经典之学——儒学，便与诸子各家平起平坐了。胡适认为，老子比孔子至多不过大 20 岁，出生于公元前 570 年左右。但老子死于何时，不可确定。并且认为孔子是在他 34 岁与 41 岁之间见老子的。至于老子为何有"老子"之名，胡适认为所谓"生而皓首，故称老子"、"以其年老，故号其书为《老子》"的

---

① 参见(清)章太炎《国故论衡》，上海古籍出版社 2000 年版，第 107～109 页。

② 参见熊铁基等《二十世纪中国老学》，福建人民出版社 2000 年版，第 81 页。

③ 胡适：《中国哲学史大纲》，上海古籍出版社 1997 年版，第 2 页。

④ 胡适：《整理国故与打鬼》，载《胡适文集 · 胡适文存三集》，北京大学出版社 1998 年版，第 118 页。

旧说是不可信的[①]，他认为“老子”之称有两种可能：一是“老”可能是字，春秋时人往往把字用在“名”前，并在字下加“子”字；二是“老”可能是姓。虽然有这两种可能，“但我们现今没有凭据，不能必定哪一说是的”[②]。表面看来，胡适不过是在沿用以往的旧说，但实际上其内在的学术价值系统已发生了变化，一种对固有学术支撑的怀疑已然产生。

二、关于老子年代问题的争论

1922年，北京大学哲学社邀请梁启超、胡适二人作演讲，演讲的主题便是围绕着胡适的《中国哲学史大纲》而展开。梁启超对中国哲学史是否应从老子讲起提出质疑，并证明《老子》一书作于战国末年，由此拉开了关于老子年代问题论争的序幕。后来陆续参与论争的学者很多，其中不乏名家，如钱穆、顾颉刚、罗根泽、冯友兰、唐兰、马叙伦、张西堂、孙次舟、张煦、叶青、高亨、张岱年、熊伟、谭其骧、杨荣国、金景芳等，他们从《老子》一书的文献征引、思想系统、语言风格、文体特征、韵律特点等各个方面展开了激烈的论辩，而这一争论又自始至终与对老子其人的考证纠结在一起，因此更凸显出问题的错综复杂。笔者根据罗根泽主编的《古史辨》第四、六册所载，整理出20世纪二三十年代关于老子年代问题的争论简表(见表6-1)。

① 胡适：《中国哲学史大纲》，上海古籍出版社1997年版，第34页。

② 胡适：《中国哲学史大纲》，上海古籍出版社1997年版，第34～35页。

表 6-1 20世纪二三十年代关于老子年代问题争论简表[①]

作者	孔子问礼之人	《老子》一书作者及生活年代	《老子》成书时代
胡适	老聃	老聃，春秋末年	春秋末年
梁启超	老聃	李耳，孔、墨后	战国末年
张煦	老聃	老聃，春秋末年	春秋末年
张寿林	老聃	人不详，在孔子后	孔子之后，孟子左右
唐兰	老聃	老聃，春秋末年	战国前期
高亨	老聃	老聃，春秋末年	春秋末
黄方刚	老聃	老聃，春秋末年	至迟庄子生时已存在
钱穆	老莱子，即荷蓧丈人	不详，孔子后	战国庄子之学兴盛时
张荫麟	老聃或老彭	人不可考，庄子前	庄子前已传于世
冯友兰	传说为老聃	李耳，战国时	战国中后期，孔子、墨子、孟子后
张岱年	不存在，后人依托为老聃	可能是太史儋，墨子后，孟子前	战国初期
罗根泽	不存在	太史儋，战国时	战国时期
顾颉刚	不存在	老聃、杨朱、关尹、庄子等人，战国中晚期	《吕氏春秋》与《淮南子》之间
孙次舟	不存在	庄子，战国时	孟子后，荀子前
谭戒甫	老彭，即老莱子	老莱子，春秋末	战国晚年
马叙伦	老聃，即老彭	老聃，春秋末	春秋末

① 此表主要参见罗根泽主编《古史辨》(四、六)，上海古籍出版社 1982 年版；刘汝霖《周秦诸子考》，文化学社 1929 年版；蒋伯潜《诸子通考》，浙江古籍出版社 1985 年版；李进宝《民国时期的老子研究》，载《首都师范大学学报》(社会科学版)2004 年增刊。

（续表）

作者	孔子问礼之人	《老子》一书作者及生活年代	《老子》成书时代
郭沫若	老聃	老聃，春秋末	战国孟子时
刘汝霖	老聃	老聃，春秋末	战国时期，不早于《韩非子·解老》、《韩非子·喻老》
刘节	不存在	杨朱、孟子时人	两汉文景之间
蒋伯潜	不存在	杨朱、庄子等人，战国时期	战国之末，同于或晚于《庄子》

其争论的结果，大致形成两种对立的意见：一是以梁启超、冯友兰等为代表的“晚出说”，即认为老子要比孔子出现晚；二是以胡适、张煦等为代表的“早出说”，即认为老子的出现要比孔子早。下面就这两种意见作一介绍：

（一）“晚出说”

主张“晚出说”的学者有梁启超、钱穆、顾颉刚等人。梁启超提出六条证据，证明《老子》一书作于战国末年。这六条证据如下：

其一，据《史记》记载推算，“前辈的老子八代孙与后辈的孔子的十三代孙同时，未免不合情理”①。

其二，孔子乐道人之善，然除了在《史记》中称“老子犹龙”外，在别的书里再无一句称道的话。而极好批评的墨子、孟子也都始终不提老子一字。

其三，据《礼记·曾子问》记孔子问礼于老子时的五段谈话，老子应是拘谨守礼的人，和五千言的精神恰恰相反。

其四，《史记》关于老子的记载大部分取材于《庄子》，而《庄子》大部分是寓言，不能作信史看。

其五，从思想系统论，老子的话太自由了，太激烈了，不太像是春秋时人的语言。

① 罗根泽编：《古史辨》（四），上海古籍出版社 1982 年版，第 306 页。

其六，从文字语气上论，《老子》书中用"王侯"、"侯王"、"王公"、"取天下"、"万乘之君"等语，不是春秋时人所使用，而"仁义"两字连用应该是孟子的专卖品，从前是没有的。

最后，梁启超总结说："老子这部书或者身份很晚，到底在庄周前或在其后，还有商量余地。"[①]他甚至不无调侃地说："胡先生所说三百年结的胎，头一胎养成这位老子，便有点来历不明了。胡先生对于诸子时代，考核精详，是他的名著里头特色之一，不晓得为什么像他这样勇于疑古的急先锋，忽然对于这位'老太爷'的年代竟自不发生问题！"[②]

张寿林在其《老子〈道德经〉出于儒后考》中认为，中华古文字"于"、"於"二字异用，"于"字作介词，"於"字则多与"呼"字连用，作叹词。根据卫聚贤研究，二字之假借始于战国。《老子》书中无一"于"字，所用"於"字凡 51 处，绝大多数作介词用，"由是言之，则其书著作时代在战国之世无疑，而出于孔子之后可知矣"[③]。

钱穆在 1923 年写成《关于〈老子〉成书年代之一种考察》一文，在文中，他另辟蹊径，主要从"哲学思想之系统"立论，以《老子》的"道"与"名"两个范畴的演变发展为线索，论证《老子》一书系后于《庄子》。钱氏认为，《论语》言道，仅言人事，墨子言义不言道，"以思想之进程言，道绝不相类"[④]。至《庄子》论道，乃与老子有同样之见解。然《庄子》中的"道"，有与"论语素朴之义为近，与老子深玄之旨为远"[⑤]。因此，庄子论道，是由孔、墨向老子过渡的一个中间环节。以"名"而言，钱穆认为，孔子首言正名，然其所指不过君臣父子间之名分，非谓凡名实之名也；墨辩论名，乃指凡名实之名。[⑥] 至庄子则谓名字言说均不足以言真理，其意不过为儒墨两家作一调人。"至老子则息争之事匪急，而认道之心

---

① 罗根泽编：《古史辨》(四)，上海古籍出版社 1982 年版，第 307 页。

② 罗根泽编：《古史辨》(四)，上海古籍出版社 1982 年版，第 307 页。

③ 罗根泽编：《古史辨》(四)，上海古籍出版社 1982 年版，第 329～330 页。

④ 罗根泽编：《古史辨》(四)，上海古籍出版社 1982 年版，第 385 页。

⑤ 罗根泽编：《古史辨》(四)，上海古籍出版社 1982 年版，第 385 页。

⑥ 参见罗根泽编《古史辨》(四)，上海古籍出版社 1982 年版，第 407 页。

方真，于是名以举实者，乃求所以举道，而道终不可举也，故曰‘道隐无名’。”[①]据此，钱穆认为《老子》一书当在《庄子》之后。

在《再论〈老子〉成书时代》一文中，钱穆指出，《老子》书中“对政治社会所发种种理论而推测当时之背景，则其书颇似战国晚期之作品”，其书中有“不尚贤”的主张，“春秋之际，列国行政，本不以尚贤为体，老子何乃遽倡不尚贤之理论”[②]？《老子》书中言及从政者，均不似春秋时的贵族世袭制，“既不俟功立而始进，亦不以功成而许退”，而《老子》书中有“功遂身退”等语，皆出自战国中晚期游士升沈之际。春秋时期，“政治对象之中心，则仍在贵族阶级之内部自身，与全民无预也”，《老子》一书“乃多言治天下，少言治国。言治天下又以民事为归”，“此固非天子诸侯大夫封建制未破，贵族世袭制未坏，礼乐征伐，惟祀与戎之际所能与知也”[③]。其次，他从学术思想之系统阐明，“先秦显学，惟儒与墨”，“儒墨初期，其议论归于反抗贵族阶级之骄僭而思加以改革。儒家缓和，可称右派。墨家激进，则为左派。墨主兼爱，其底里则反对贵族阶级之特权”[④]。“墨子兼爱之说，一变而为惠施之万物一体论。惠施之万物一体论复转化而为庄周之物化论，及公孙龙之惟名论，庄周与公孙龙之说合并而成《老子》之虚无论。”[⑤]宋钘有人心欲寡不欲多之说，是墨学晚起的一大师，而《老子》言人生涉世之道，大抵从宋钘来。因此，按照学术思想的流变，钱穆认为“疑《老子》书出宋钘、公孙龙同时或稍后之说也”[⑥]。

顾颉刚的《从〈吕氏春秋〉推测〈老子〉之成书时代》一文认为，“在没有儒家提倡仁义以前，老子说的‘绝仁弃义’是无意义的；在没有墨家提倡尚贤以前，《老子》说的‘不尚贤’也是无意义的；在没有战国的游士跑来跑去，‘足迹接乎诸侯之境，车轨结乎千里之外’以前，《老子》说的‘使

① 罗根泽编：《古史辨》(四)，上海古籍出版社 1982 年版，第 409 页。

② 罗根泽编：《古史辨》(六)，上海古籍出版社 1982 年版，第 534 页。

③ 罗根泽编：《古史辨》(六)，上海古籍出版社 1982 年版，第 539 页。

④ 罗根泽编：《古史辨》(六)，上海古籍出版社 1982 年版，第 542～543 页。

⑤ 罗根泽编：《古史辨》(六)，上海古籍出版社 1982 年版，第 549 页。

⑥ 罗根泽编：《古史辨》(六)，上海古籍出版社 1982 年版，第 552 页。

民重死而不远徙’，‘民至老死不相往来’的话也是无意义的。在没有战国的诡辩者‘知诈渐毒，颉滑坚白，解垢同异’以前，《老子》说的‘绝圣弃知’、‘绝学无忧’以及‘民之难治，以其智多’的话也是无意义的”[①]。

1931 年，冯友兰出版《中国哲学史》一书，该书作为“清华丛书”的一种，提请陈寅恪和金岳霖审查。陈寅恪称之“能矫傅会之恶习，而具了解之同情”[②]。金岳霖则称之用一种“哲学的主见”来写中国哲学史。陈、金二人的高评，从一个方面说明了冯友兰此书的价值和影响。在《中国哲学史》中，冯友兰将孔子摆在中国哲学史的起点上，而老子则由开端位置跌落至孟子之后。冯氏主要是根据春秋战国时期的社会形势，得出了孔子先于老子的论断。其理由在于：第一，孔子之前，无私人著述之事，《老子》不可能早于《论语》；第二，《老子》之文体，非问答体，故应在《论语》、《孟子》之后；第三，《老子》之文，为简明之“经”体，可见其为战国时之作品。冯友兰说：“此三端及前人所已举之证据，若只任举其一，则不免有为逻辑上所谓‘丐词’(begging the question)之嫌。但合而观之，则《老子》之文体、学说及各方面之旁证，皆指明其为战国时之作品，此则必非偶然矣。”[③]

冯友兰此书一出，又燃起辩论的烽火，两个月之后便有署名“素痴”(张荫麟)的文章问世。该文认为关于老子年代的争论，“现在应当是结算的时候了”[④]。该文主要在两派间走中间路线，将《老子》一书写作的时间定在《淮南子》之后，即由汉代人凑集而成。但其又认为老学产生于庄子、孟子之前，而老学的创始者其人其事已不可考，虽然曾经以老聃之名写过《道德经》，但其书在秦代战火中已亡佚或残缺。而《史记》中的李耳只是汉初一李姓人，他攀附老聃作祖宗，著人家谱，而被司马迁所误用。素痴之论几乎没有证据，因此，他自己也说：“以上关于《老子》时代的话，自然大部分是假说。但我相信这假说比较可以满意地解

① 罗根泽编：《古史辨》(四)，上海古籍出版社 1982 年版，第 464 页。

② 冯友兰：《三松堂全集》第 2 卷，河南人民出版社 2001 年版，第 613 页。

③ 冯友兰：《冯友兰选集》(上)，北京大学出版社 2000 年版，第 78 页。

④ 罗根泽编：《古史辨》(四)，上海古籍出版社 1982 年版，第 414 页。

释一切关于‘老子’的记载。”①

在主张老子晚出的阵营中，还有一位言论更为激烈的人——孙次舟。孙氏著有《跋古史辨第四册并论老子之有无》一文，不仅否认历史上曾有老子这个人存在，认为“老子本无其人，乃庄周之徒所捏造，藉以敌孔丘者也”②，还进一步指出，“现行老子书，乃传庄学者所假讬者”③。文中所列证据有三：其一，《论语》、《墨子》、《孟子》都没有称及老子，至《庄子》始忽有老子。其二，《庄子》中无趾、老子对话，称孔子学于老聃，其中无趾者，无足也；老聃者，大耳也。都是两个虚构的人物。其三，《史记·老子传》妄诞而不可信。④

此外，还有谭其骧的《二老研究》、《〈史记·老子传〉考证》两文，均坚持老子后出，并对老莱子、老彭、老聃、太史儋等人名进行了辨析，认为“老莱子和老彭为一人，老聃和太史儋为一人”⑤。

罗根泽于 1925 年发表的《由老子籍贯考老子年代》、《由老子子孙考〈老子〉年代》、《由尚贤政治考老子年代》、《由礼教观念考老子年代》、《由诸书引老考老子年代》等一组文章，综合各家的观点，补充自己的证据，可谓持“晚出说”一派观点的总结性文字。罗氏得出了十一点结论：

其一，就老子的籍贯来看，应当是战国人，不是春秋人。

其二，就他的子孙来看，也应当是战国人，而不是春秋人，其年代正与太史儋相当。

其三，就他的反尚贤来看，应当在孔、墨之后。

其四，就他的反礼教来看，应当在儒家的拥护礼教之后。

其五，庄子以前的书籍，仅引及孔子，未引及老子。

其六，庄子始站在道家的立场，以寓言、重言、卮言的文章，载着老子教训孔子而得到孔子崇拜的故事。

---

① 罗根泽编：《古史辨》(四)，上海古籍出版社 1982 年版，第 417 页。

② 罗根泽编：《古史辨》(六)，上海古籍出版社 1982 年版，第 76 页。

③ 罗根泽编：《古史辨》(六)，上海古籍出版社 1982 年版，第 76 页。

④ 罗根泽编：《古史辨》(六)，上海古籍出版社 1982 年版，第 77～100 页。

⑤ 罗根泽编：《古史辨》(六)，上海古籍出版社 1982 年版，第 476 页。

其七，就《庄子》所载，老聃既是杨朱的老师，就不能也是孔子的老师。

其八，就《庄子》所载，老聃的弟子多，孔子的老师多，显系有意地抬高道家的老子，压抑儒家的孔子。

其九，《庄子》以后，儒书及其他书中也有了孔子请教老子的故事，但显然系受了《庄子》的影响。

其十，就《庄子》及其他先秦书中所引老子语大半见于《老子书》，知其著作年代在庄子之前，和老子是庄子以前的战国时人正相合。

其十一，《史记·老子传》透露了老子后人或史家认为老子即太史儋的消息，可知老子就是太史儋，后孔子百余年。①

（二）"早出说"

主张"早出说"的学者主要有胡适、马叙伦、高亨等。

1931 年，针对冯友兰的观点，胡适在《大公报·文学副刊》上发表《致冯友兰先生论老子问题书》一文，就老子年代问题与冯氏商榷，并对冯氏提出的三项证据逐一反驳：

第一，"孔子以前，无私人著述之事"，此通则有何根据？当孔子生三岁时，叔孙豹已有三不朽之论，其中"立言"已为三不朽之一了。

第二，"《老子》非问答体，故应在《论语》、《孟子》后"，此通则又有什么根据？《老子》之书韵语居多，若依韵语出现于散文之前这个世界通则言之，则《老子》正应在《论语》之前。

第三，"《老子》之文为简明之'经'体，可见其为战国时之作品"。"什么样子的文字才是简明之'经'体？是不是格言式的文体？孔子自己的话是不是往往如此？《论语》是不是"简明之'经'体？"②

1933 年，在《哲学论丛》第一集上，胡适又发表了《评论近人考据〈老子〉年代的方法》一文，他说："近十年来，有好几位我最敬爱的学者很怀疑老子这个人和那部名为《老子》的书的时代。我并不反对这种怀疑的态度；我只盼望怀疑的人能举出充分的证据来，使我们心悦诚服的

---

① 罗根泽编：《古史辨》（六），上海古籍出版社 1982 年版，第 683～684 页。

② 罗根泽编：《古史辨》（四），上海古籍出版社 1982 年版，第 418～419 页。

把老子移后，或把《老子》书移后。但至今日，我还不能承认他们提出了什么充分的证据。"[①]胡氏首先从冯友兰所说的"丐辞"切入。所谓"丐辞"，"在论理学上，往往有人把尚待证明的结论预先包含在前提之中，只要你承认了那前提，你自然不能不承认那结论了：这种论证叫做丐辞"[②]。冯友兰曾说，他所提的证据"若只举其一，则皆不免有逻辑上所谓'丐辞'之嫌"[③]，但合而观之，皆可以说老子是晚出，此则必非偶然。胡适认为，证据若分开来看，免不了"丐辞"之嫌，即便是合在一起，仍不能逃"丐辞"之嫌。聚蚊可以成雷，但究竟是蚊不是雷。

胡适将梁、钱、顾、冯的证据分为两类：其一是从"思想系统"或"思想线索"上，证明老子之书不能出于春秋时代，应该移到战国晚期。胡适认为"这个方法是很有危险性的，是不能免除主观的成见的，是一把两面锋的剑可以两边割的"[④]，研究"思想系统"、"思想线索"的人往往带有主观先见，所谓仁者见仁、智者见智，缺乏客观的依据。以《论语》中有颂赞"无为而治"的话为例，既可得出孔子受了老子的影响、老子及《老子》一书在孔子之前的结论，也可以得出《老子》的作者承袭了孔子的见解，其人其书在孔子之后的结论。其二是用文字、术语、文体来证明《老子》是战国晚期的作品，这个方法虽然有用，但也有其危险性。因为：其一，我们不容易确定某种文体或术语起于何时；其二，一种文体往往经过很长的历史，而我们只知道历史的一部分；其三，文体的批判往往不免夹有主观的成见，容易错误。正如"同一时代的作者巧拙的不同，有拘谨与豪放的不同，还有地方环境的不同，绝不能由我们单凭个人所见材料，悬想某一时代的文体应该是怎样的"[⑤]。

胡适在论文的最后部分专门讨论了顾颉刚的考据方法，他指出，首先，顾文所归纳出的《吕氏春秋》一书的引书例，并不符合实际。其次，

---

① 罗根泽编：《古史辨》（六），上海古籍出版社，1982 年版，第 387 页。

② 罗根泽编：《古史辨》（六），上海古籍出版社 1982 年版，第 388 页。

③ 罗根泽编：《古史辨》（四），上海古籍出版社 1982 年版，第 421 页。

④ 罗根泽编：《古史辨》（六），上海古籍出版社 1982 年版，第 390 页。

⑤ 罗根泽编：《古史辨》（六），上海古籍出版社 1982 年版，第 395 页。

顾文说《吕氏春秋》一书简直把《老子》五千言的三分之二都吸收进去了，这种结论是不成立的。最后，胡适经过逐条辨析，认为在顾氏所引的五十三条中，只有三条可算是与《老子》相同，此外那四十多条，至多不过有一两个字眼近似《老子》的文辞，不能作为证据。因此，顾氏的所谓"义合"，断章取义，不免牵强。

马叙伦的《辨〈老子〉非战国后期之作品》一文认为关尹子即老子，是《老子》一书的著者。马叙伦从三个方面论证了《老子》不是战国后期的作品：

其一，据《庄子》记载，列子问于关尹子，列子与子产同时，则"老子绝不生于战国后期"。

其二，据《庄子》、《战国策》等书所引《老子》之文或学说，则"《老子》必不作于战国后期明矣"。

其三，以文体言，战国之书如《墨子》、《庄子》、《荀子》等虽不尽相同，而大体方式一致，即《孟子》亦未离其宗，而《老子》独不然，而类于《易》之爻辞、诗之雅颂，以及《论语》。而春秋时私人著述已多，"则老子作品不必后于孔子矣"[①]。

另外，除了"早出说"和"晚出说"两种观点外，还有第三种观点。这种观点将老子与《老子》一书分开，认为老子与孔子同时，并曾为孔子师，《老子》一书则是老子的遗言，是由百年之后的老学学者集撰而成(如太史儋、环渊、杨朱等)，持此观点的以唐兰和郭沫若为代表。

古文字学家唐兰的《老聃的姓名和时代考》一文，从《庄子》诸篇寓言中梳理出与老聃有关的材料共十六条，并得出四点意见：一是老聃比孔子长，孔子曾学于老聃；二是老聃和老子是一人；三是老聃住的地方是沛；四是老聃就是《道德经》的著者——至少是其中一部分的传授者——老子。[②] 值得一提的是，该文在论证方法上比较灵活，注意使用反证法，如说："假定要认定(子)老聃与老子是两人，(丑)老子在孔子后，(寅)《道德经》和老聃无关系，三个假设的话，那末至少也得有老聃

① 罗根泽编：《古史辨》(六)，上海古籍出版社 1982 年版，第 527～532 页。

② 罗根泽编：《古史辨》(四)，上海古籍出版社 1982 年版，第 344～345 页。

以外别有一个老子的证据，或《道德经》不根源于老聃的证据，但古书上却丝毫影响都没有。”[①]所以，“近时人的假设在事实上是不能成立的”[②]。稍后，唐兰又发表了《老子时代新考》，较前文又有了进一步的深入，有了更多的证据来充实“老聃和孔子见过面，而年辈比孔子长的事实”；在坚持“《道德经》是老聃的遗言”[③]的基础上，唐氏进而对《老子》一书的撰写年代作了辨析，认为老聃虽与孔子同时，《道德经》确是老聃的遗言，代表了老聃的学说，但其书的撰写却在老聃身后的战国时期，当在《墨子》、《孟子》撰成之时。《道德经》中有“万乘之主”，又把“仁义”连用，与《墨子》、《孟子》书相类似，表明三书的时代相近。“本来，许多大师的著作，都不是自己撰集的。即以《论语》说，已经记到曾子的死，显然是战国初期曾子子思学派盛行时所撰集。那末，《老子》虽代表老聃学说，老聃虽和孔子同时，而老子的撰成，却无妨无害远在战国时比《论语》还要迟些的《墨子》撰成时期。”[④]

1945年，郭沫若相继出版了两部史学著作——《青铜时代》和《十批判书》。关于老子其人与《老子》的归属，郭沫若根据《史记》中老聃、老莱子、太史儋三种不同解说，认为这个疑问其实在汉代时已存在了。关于老聃，郭氏认为“老子即是老聃，略先于孔子，曾经教导过孔子，在秦汉以前的人本来是没有问题的。《庄子》、《韩非子》、《吕氏春秋》是绝好的证人”[⑤]。这与唐兰的观点基本一致，只是郭氏进一步将《老子》一书的集成者考定为环渊，即关尹。“老子确是孔子之师老聃，《老子》书也确是老聃的语录……特集成《老子》这部语录的是楚人环渊。环渊集成这部语录时，没有孔门弟子那样质实，他用自己的文笔来润色了先师的遗说，故尔饱和着他自己的时代色彩。”[⑥]

郭沫若认定环渊是《老子》一书的集录者，其依据是《史记·老子韩

① 罗根泽编：《古史辨》(四)，上海古籍出版社1982年版，第346页。
② 罗根泽编：《古史辨》(四)，上海古籍出版社1982年版，第346页。
③ 罗根泽编：《古史辨》(六)，上海古籍出版社1982年版，第600页。
④ 罗根泽编：《古史辨》(六)，上海古籍出版社1982年版，第608页。
⑤ 罗根泽编：《古史辨》(六)，上海古籍出版社1982年版，第633页。
⑥ 罗根泽编：《古史辨》(六)，上海古籍出版社1982年版，第636页。

非列传》中有“老子乃著书《上下篇》”，而同书的《孟子荀卿列传》中又有“环渊……学黄老道德之术，因发明序其旨意，著《上下篇》”。由此便得出结论：这个环渊就是关尹。他说：“‘关令尹’就是《庄子·天下篇》和《吕氏·不二》中的关尹。关尹即是环渊，关环渊尹均一声之转。《天下篇》中与关尹并列的是墨翟、禽滑厘、宋钘、尹文、彭蒙、田骈、慎到、老聃、庄周、惠施、公孙龙，《不二篇》中与关尹并列的是老聃、孔子、墨翟、子列子、陈骈、阳生、孙膑、王廖、兒良，都是直称人的姓名，或存其姓而加以尊称，断不至于关尹独称其官职。只因环渊别书为关尹，汉人望文生训，便说为‘关令尹’。又因《上下篇》本为环渊即关尹所著录，故又诡造为老子过关为关令尹著书的传说。”[①]

三、悬而未决的疑案

1919～1936年，以“古史辨派”为中心，学术界进行了近二十年的关于老子年代问题的争论，这场争论吸引了当时几乎所有的优秀学者，他们的参与极大地推动了对先秦道家思想的研究。当时的讨论主要文章都汇集在《古史辨》第四册和第六册中，计有三十五六万字之多。用编者罗根泽的话来说，真是有点“小题大作”，以至“旁观者望而却走，当事者也见而生畏”[②]。尽管讨论空前，众说纷纭，但《老子》一书的年代问题仍是未取得共识的悬案。

未取得共识的一个重要的原因，就是考证的材料不足，这就为各种怀疑和猜测留下了很大的余地。胡适在讨论之中便已意识到这个问题，在其《评论近人考据老子年代的方法》一文中，他提出一个折中的建议：“我至今还不曾寻得老子这个人或《老子》这部书有必须移到战国或战国后期的充分证据。在寻得这种证据之前，我们只能延长侦查的时期，展缓判决的日子。怀疑的态度是值得提倡的。但在证据不充分时肯展缓判断(suspension of judgement)的气度是更值得提倡的。”[③]确

① 罗根泽编：《古史辨》(六)，上海古籍出版社1982年版，第638页。

② 罗根泽编：《古史辨·自序》(六)，上海古籍出版社1982年版，第1页。

③ 罗根泽编：《古史辨》(六)，上海古籍出版社1982年版，第410页。

实，在双方争执不下而又没有新的证据来帮助说明问题之时，胡适的这个暂时搁置起来的建议应当说是中肯的。但在当时要想做到却很困难。如冯友兰就马上起而反驳道，他写《中国哲学史》，就总要把老子放在一个地方，"如果把《老子》一书放在孔子以前，我觉得所需要的说明，比把它放在孔子以后还要多。因为现在我们对先秦历史的认识，与以前大不相同。就现在我们对于先秦历史的认识，把老子放在孔子以后，是最说得通的办法"[①]。冯氏还郑重声明，他所强调的《老子》一书的时代问题，"至于孔子在以前或同时有没有名老聃的一个人，我认为是无关重要。总之《老子》一书是出于孔子以后的"[②]。这场讨论就这样无果而终了，在当时实属无奈之举。

关于老子其人其书的年代问题的研究，直到 20 世纪后期考古新成果的出现才取得突破性的进展。

1973 年冬，湖南长沙马王堆三号汉墓出土的帛书，有《老子》书二种，被名之为甲本、乙本。翌年，即由文物出版社出版了这两种本子及其注释。帛书《老子》二种的发现，对 20 世纪二三十年代关于《老子》一书年代问题的争论，提供了不少有力的证据，这些证据又明显地偏向于"早出说"，主要体现在以下几点：

其一，帛书《老子》甲、乙二种均是《德经》在前，《道经》在后，与韩非子《解老》、《喻老》相吻合，说明今本与古本确有不同。

其二，帛书的出土，进一步证明了墨子所谓"书之竹帛"的事实，也证明了战国时期不仅有竹简，而且有帛书，书写工具并不如以前想象的那么困难。换言之，孔子以前有私人著作也并非不可能。

其三，《老子》一书中"夫佳兵者不详之器"一章，在帛书中亦有。"晚出论"者多次强调此章为晚出的说法，对此"早出论"者过去只能以王弼本无注，可能为后来所加予以回答，这实际上都成了无根之谈。

其四，帛书《老子》甲本中有 22 处"邦"字，而乙本则全易为"国"字，说明甲本抄写于刘邦称帝之前，故没有避刘邦的名讳，而乙本抄于刘邦

① 罗根泽编：《古史辨》（六），上海古籍出版社 1982 年版，第 417 页。

② 罗根泽编：《古史辨》（六），上海古籍出版社 1982 年版，第 417 页。

称帝之后，故因避讳而改“邦”字为“国”。这一点，使“晚出说”中《老子》成书于西汉文景之世的说法不攻自破。

其五，帛书《老子》甲本中凡提到国家时，“邦”占绝大多数，而“国”字仅二见两处：“莫知其极，可以有国。有国之母，可以长久。”[1]西周时多用“邦”称“国”，一直延续到春秋末期。如《论语》中“邦”字凡48处，其中47处为“国家”之义，一处为与“封”字通假，而“国”字仅10处。[2]“邦”字至战国时期，随着封邦诸侯的逐渐消亡也渐渐少用了，取而代之的是“国”字越来越普遍起来。因此，帛书《老子》甲本，与《论语》的用字法十分接近，可以从一个侧面证明《老子》一书的成书年代与《论语》相近。[3] 帛书《老子》的发现，虽然澄清了一些问题，但它毕竟出土于汉墓，因此还不足以完全动摇“晚出论”，尤其是成书于“战国中期”说。

二十年过去了，直到1993年，湖北荆门市郭店1号楚墓出土了竹简《老子》(残卷)，竹简中有《老子》三种，整理者名之为甲组、乙组、丙组。这三组抄本，尽管因墓葬数遭盗扰，缺失颇多，但它们的出土，对澄清《老子》年代提供了新的和更有力的证据。据发掘该墓的考古学家推断，“该墓年代为战国中期偏晚”[4]，郭店楚简的年代下限应略早于墓葬年代，即应在战国前期。此次出土的竹简《老子》被称为“简本”，而王弼本的《老子》以及1973年出土的帛书《老子》被称为“今本”。学者们在比较了“今本”与“简本”之后，认为“简本”要早于“今本”，老子其人生活的年代在春秋末年，与孔子同时。“简本”是出自老子之手，当然不排除后人对其润色与加工。至此，20世纪二三十年代关于老子年代问题的争论可谓尘埃落定，有了一个比较明确的结论，关于“晚出说”即老子要晚于孔子的观点是不成立的。由此可以推论，司马迁关于老子其人其书的记载是可信的。当然，持“晚出说”观点的学者在老子其人其书问

---

① 陈鼓应：《老子注译及评介》，中华书局1984年版，第295页。

② 参见杨伯峻：《论语译注》，中华书局1980年版，第246～247页。

③ 参见徐洪兴《疑古与信古——从郭店竹简本〈老子〉出土回顾本世纪关于老子其人其书的争论》，载《复旦学报》1991年第1期。

④ 徐少华：《郭店一号楚墓年代析论》，载《江汉考古》2005年第1期。

题上的探究并非毫无价值，说到底，正是“早出说”与“晚出说”及其他观点的碰撞与辩难，才使人们对史料的分析与判断更加深入，这对厘清历史的真相是一个有力的推动。

郭店《老子》竹简本的出土，虽然提供了关于老子其人其书的问题上争论的有力证据，让人们了解了问题的真相，但关于“简本”是否是原始的、完整的传本，“简本”与“今本”的关系如何，是否应定“简本”为老子所撰，而“今本”为太史儋抑或他人所撰，等等，还是学术界尚未定论的问题。①

四、关于老子年代问题争论的启示

关于老子其人其书的年代问题本不是学术史上举足轻重的大事，但它却引起学界的极大关注，吸引了几乎当时所有的优秀学者的参与，其背后必定有一个支撑，诚如钱穆所言“一时学者均热心为先秦诸子之探讨，夫岂无故而然哉”②。那么，这个背后的支撑当与思想史的构建相关涉。在老子其人其书的问题上，虽然有学者本着疑古的精神，遵循考据的方法，旨在弄清历史的真相。但更多的学者则在史实考证的背后，还有不同的文化理想和思想取向，有着他们自己的学术价值追求。这就不难理解为何同样都坚持老子后出的“晚出说”，钱穆与顾颉刚两人却在坚守的学术道统上根本不同。前者要认同中国的文化传统，力求维护儒家学统，后者却一定要推翻传统的儒家道统观，重新构建新的古史系统。

（一）维护儒学道统、学统的地位

新文化运动后，儒家思想受到攻击，传统的价值评价体系处于风雨飘摇之中。值社会大变动之际，儒家的学统地位自然也受到质疑。在

---

① 关于此类文章，可参见郭沂《从郭店楚简〈老子〉看老子其人其书》，载《哲学研究》1998年第7期；尹振环《也谈楚简〈老子〉其书——与郭沂同志商榷》，载《哲学研究》1999年第4期；高晨阳《郭店楚简〈老子〉的真相及其与今本〈老子〉的关系》，载《中国哲学史》1999年第3期；程一凡《从郭店本看〈老子〉一书的形成》，载《管子学刊》2004年第2期。

② 罗根泽编：《古史辨·钱穆序》（四），上海古籍出版社1982年版，第6页。

这种形势下，不少学者从历史的角度维护其文化理想，力图挽救处于危机之中的学统。钱穆便是一代表，他在为罗根泽编著的《古史辨》第四册作序道："《汉志》所列九流十家，决非一源异流，同时并出，此即观于各家立名之不同而可见。夫若道，法，名，阴阳，纵横，农，杂七者，就其名即晓其义，而儒墨两号独不然，显征有先后之别……先秦学派，不出儒墨两宗，而其得名所由，尽系当时实际生活之流品，与后起所谓道，法，名，阴阳，纵横，农，杂诸称绝不类，即此可定《汉志》九流十家之无据。而先秦学派，渊源孔门，在前不容复有一为道家宗之老聃，事亦易见。"[①]很明显，钱穆这番细细寻绎中国思想史发展的线索，便是要以此为依据，力主老子晚出。

中国传统文化发展到近代，面临着向现代转化的问题。冯友兰认为，中国传统文化的主流是儒学，中国哲学中存在着一个道统，即儒家道统。儒学发展的最高阶段即是宋明理学，它上承汉唐，下启清代，成为近代文化的先导。因此，冯氏便自觉地以理学作为自己的学术先导，并称自己的哲学为"新理学"。他特别强调，对于宋明理学，自己不是"照着讲"，而是"接着讲"，试图通过对中国哲学史的重新梳理和诠释，开孔孟儒学和理学的"新统"。正是基于这个原因，冯友兰将孔子放在中国哲学史的起点上，称孔子是中国历史上第一个私人讲学的人、第一个私人立说的人、第一个创立学派的人。总之，孔子是儒学道统的创始人，在孔子之前，是不能有老子来乱其道统的。20世纪二三十年之后，当胡适重印其《中国哲学史大纲》时，他曾作了一个《自记》，结尾处有一番感慨，很耐人寻味。他说："有一天，我忽然大觉大悟了！这个老子年代问题原来不是一个考证方法的问题，原来只是一个宗教信仰的问题！像冯友兰先生一类的学者，他们诚心相信，中国哲学史当然要认孔子是开山老祖，当然要认孔子是'万世师表'，在这个诚心的宗教信仰里，孔子之前当然不应该有个老子。在这个诚心的宗教信仰里，当然不能承认一个跟着老聃学礼的孔子，试看冯友兰先后如何说法：'……在中国

---

① 罗根泽编：《古史辨》(四)，上海古籍出版社1982年版，第1～2页。

哲学史中，孔子实占开山之地位，后世尊为惟一师表，虽不对而亦非无由也。以此之故，此哲学史自孔子讲起。'懂得了'虽不对亦非无由也'的心理，我才恍然大悟：我在二十五年前写几万字的长文讨论'近人考据老子年代的方法'真是白费心思，白费精力了。"[①]胡适一语道破了冯友兰学术背后的思想支撑。

（二）怀疑有余，求证不足

20 世纪二三十年代关于老子年代问题的争论，是以"古史辨派"为中心，在疑古思潮下进行的。它主张用历史演进的观点和大胆疑古的精神，吸收西方的考古学、社会学等方法，对上古历史和典籍进行重新整理和研究。在这场争论中，"古史辨派"所取得的许多研究成果，至今仍是研究中国古代历史和典籍颇有价值的参考文献。但是，不能否认的是，"古史辨派"在其研究中也明显存在着矫枉过正的地方，往往是"大胆怀疑"有余，而"小心求证"不足，武断、片面的地方颇多，由此造成了不少"冤假错案"。这也表现出学界对于新的学术方法的运用尚存在着一定的问题。

---

① 胡适：《中国古代哲学史》，台湾商务印书馆 1958 年版，第 16～17 页。

第七章　道家思想研究的多元方法

五四运动之后，在中西文化的交流激荡下，当时的中国正面临着一个文化重建的问题。这其中既有对传统文化的批判、继承和重释，又包含了对西方文化的回应、选择和吸取。第一次世界大战充分暴露了近代西方文化的某些弊端，使得人们对一味追求西化产生怀疑，一些人便转而试图挖掘传统文化的价值，走调和中西、新旧结合的文化途径。在此过程中，道家充当了不可忽视的角色。这一时期的道家思想研究既受动于形势发展的需要，又在更广阔的文化领域发挥了作用。

如何对待西学和传统文化，这是当时的学人普遍思考的一个问题，这种思考也明显地反映到道家思想研究中，使其呈现出多元化的特征：

其一，道家思想研究与批判儒家思想相结合。在"五四"前后的新文化运动中，批判专制主义的健将吴虞率先借用道家学说来阐发新知。他以道家思想中固有的社会批判精神反对以儒家纲常伦理为核心的封建专制主义，并使之与张扬自由主义相结合，从而使其道家研究在新文化运动中独树一帜。

其二，用西方哲学的话语系统研究道家思想。胡适的《中国哲学史大纲》、梁启超的《老子哲学》、冯友兰的《中国哲学史》和《中国哲学简史》便是此方面的代表，这些著作中既有近代西方的观念和方法，又有对道家思想的新释与推阐。

其三，用道家思想反思现代文明。用道家思想回应西方文化，可以说是这个时期道家研究的一个鲜明特点。亲眼目睹过一战后欧洲社会萧条的梁启超，试图通过对道家思想的开掘，将偏重科学主义的西方文

化和偏重人文主义的中国文化结合起来，以重建"第三种文明"。与此同时，更有胡适从服膺实用主义和唯科学主义思想的情怀出发，从另一方面批判了庄子的人生哲学和所谓反科学思想。因此，这个时期的治道家者，已呈现出多元方法的研究态势。

第一节　梁启超对道家思想的研究

梁启超（1873～1929）是近代中国著名的百科全书式的学术大师，他对中国传统文化作过很多研究，其中既包括对儒学、墨学和佛学的探讨，也包括对先秦道家思想的论说。梁启超对道家思想的研究集中体现在《老子哲学》和《先秦政治思想史》这两部著作中。本文即主要以这两部著作为依据，对梁氏的道家思想研究作一介绍和评析。

一、对道家学说的申辩

梁启超早年并不喜欢道家思想，甚至认为老子思想是"弱我民志"、"坏我民心"，因而"毒天下久矣"。但在1920年出版的《老子哲学》这部篇幅不太大的著作中，梁氏对老子的态度却发生大变，开始公然为老子的一些思想观点进行申辩。他批评时人以"厌世"评老子，是对老子的曲解，指出："我读了一部老子，就没有看见一句厌世的语，他若是厌世，也不必著这五千言了。老子是一位最热心、热肠的人。说他厌世的，只看见'无为'两个字，把底下'无不为'三个字读漏了。"①在谈到老子的价值时，梁氏还指出："老子的生而不有，为而不恃，长而不宰是专提倡创造的冲动，所以老子的哲学是最高尚而且是最有益的哲学。"②他甚至认为："老子的大功德是在替中国创出一种有统系的哲学；他的哲学虽然草创，但规模很宏大，提出许多问题供后人研究，他的人生观是极

① （清）梁启超：《老子哲学》，载《饮冰室合集》（专集35），中华书局1989年版，第22页。
② （清）梁启超：《老子哲学》，载《饮冰室合集》（专集35），中华书局1989年版，第16页。

高尚而极适用。”①

对于梁启超在对老子态度上为什么会前后判若两人，不少论者在总结其原因时，或简单地认为这是梁氏不断“以今日之我宣判昨日之我”，或者认为这是梁氏晚年行为上的保守，从向西方学习转向传统文化的复归。但本文认为梁氏的这一变化是与其晚年的文化观转变是相联系的，可以说，他的这种变化是在特定的心路中完成的。

1918 年，梁启超被迫退出官场，同年 12 月 28 日到 1920 年 1 月 23 日，他与丁文江、张君劢、蒋百里等七人先后访问了英国、法国、比利时、荷兰、瑞士、意大利和德国。在此期间，他们参观了工厂、学校、银行、博览会、教堂、议会、著名风景区和一般的平民家庭，还发表演说，交流学术，并涉足了正在巴黎召开的巴黎和会。这次实地考察，使梁氏的思想发生了一次较大的变化，即他朦胧地觉察到半个多世纪来一直被先进的中国人奉为“老师”的西方人，因为这次世界大战而暴露出来的“科学”与“自由”思想的负面影响，竟然被迫向作为“学生”的中国人学习起整治其民族心灵的药方来。故而，梁氏在归国后写成的《欧游心影录》中，令人震撼地批评起西方“科学万能论”来。他说：“大凡一个人，若使有个安心立命的所在，虽然外界种种困苦，也容易抵抗过去，近来欧洲人，却把这件没有了。为什么没有了呢？最大的原因，就是过信‘科学万能’。”他还指出，近代以前欧洲文明的三大支柱是封建制度、希腊哲学和耶稣教，如果说哲学“从智的方面研究宇宙最高原理及人类精神作用，求出个至善的道德标准”的话，那么宗教则“是从情的、意的两方面，给人类一个‘超世界’的信仰，那现世的道德，自然也跟着这个标准。十八世纪前的欧洲，就是靠这个过活”。然而，近代人因科学发达，生出工业革命，外部生活变动不居，内部生活也飘摇不定，人们本可以用哲学和宗教固定人民，哪知哲学首先举手向科学投降，实验心理学家们把人类的精神看成一个心理过程，做种种实验来测算它，“硬说人类精神，也不过是一种物质，一样受‘必然法则’所支配，于是人类的自由意志，不

① （清）梁启超：《老子哲学》，载《饮冰室合集》（专集 35），中华书局 1989 年版，第 23 页。

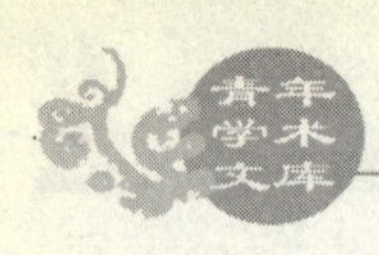

得不否认了；意志既不能自由，还有什么善恶的责任，我为善不过那‘必然法则’的轮子推着我动，我为恶也不过那‘必然法则’的轮子推着我动，和我有什么相干！如此说来，这不是道德标准如何变迁的问题，真是道德这件东西能否存在的问题了。现今思想界最大的危机，就在这一点”。这说明梁氏的欧洲之旅，对他的文化观的转变触动很大，使他初步认识到世界的发展需要以西方的物质文明去解决东方的经济落后，又要以东方的精神文明来补救西方的精神饥荒。“救知识饥荒，在西方找材料，救精神饥荒，在东方找材料。”[①]他认为只有将这两者合一、互补，才能创造出所谓“第三种文明”。他认为科学知识必须学习和掌握，但它也必须为造就健全的人格服务；能够造就健全人格的学术除了西方的科学知识以外，最为直接的还有中国古代的人生哲学，并辅之以宗教哲学。正是基于这样一种文化观上的转变，使梁启超从不喜欢、漠视道家思想，转向关注、研究道家思想，乃至撰写成著作，试图从精神上来补救西方的精神饥荒。

也正是出于对“西方精神饥荒”的“补救”，梁启超在1922年撰写了《先秦政治思想史》，对道家思想的价值作了开掘和张扬。他认为道家可取之处有二：一是道家对人类缺点的揭破，“使人得反省以别求新生命”；二是它舍弃物质文化去追寻高尚的精神文化，教人离开外生活以完成其内生活。梁氏指出，道家认为文字、智识、艺术、礼俗、法律、政府乃至道德等都是罪恶的，因此，文明或文化在道家眼里是罪恶的根源。但他又从另一视界对道家的这种思想加以申辩：“文明之本质，孰敢谓其中不含有宜诅咒者存！”[②]他进而分析道：一是古今人类所谓文明，大部分皆为拥护强者利益之工具，这是宜诅咒者的；二是“凡烂熟之文明，必流为形式的以相率于伪”，这也是宜诅咒者的。而“道家对于此等毒害之文明，揭破其假面目，高叫赤裸裸的‘自然’一语以逼之，使如汤沃雪，实刷新人心之一良剂也”[③]。经过一番“刷新”之后，就可以创造出

① 葛懋春、蒋俊：《梁启超哲学思想论文选》，北京大学出版社1984年版，第434页。

② (清)梁启超：《先秦政治思想史》，天津古籍出版社2003年版，第129页。

③ (清)梁启超：《先秦政治思想史》，天津古籍出版社2003年版，第129页。

更高一级的新文明。“此即道家学说之价值也。”①

梁启超还极力称赞老子学说中的“无私主义”，认为它能将“所有”的观念打破，以臻于“后其身外其身”的境界，并指出人若能达到这种心境，世间就不会有“争”了。因为“老子所以教人破名相，复归于无名之朴，就是为此”②。梁氏所以称赞老子的“无私主义”，正是针对达尔文进化论在社会领域里的推广应用而发，他认为达尔文虽然使“全世界思想界起一个大革命，他在学问上的功劳，不消说是应该承认的。但后来把‘生存竞争、优胜劣败’的道理，应用于人类社会学上，成了思想的中坚，结果闹出许多流弊”。由此，他认为道家精神可以纠偏达尔文主义和科学主义所带来的社会弊端。“将物质生活减杀至最低限度，而精神生活发育到最高限度”③，这是因为道家文化精神能为人的内生活确立一个最高目标，能对人之欲望起调节、控制的作用，即所谓“其耆欲深者，其天机浅”④；其求治之法则在于“去甚、去奢、去泰”，“为道日损，损之又损，以至于无为。无为而无不为”⑤；其理想的人生则是“生而不有，为而不恃，长而不宰”⑥。基于此种分析，梁氏认为道家所言生活，“不以生活为达任何目的之手段，生活便是目的”⑦。意即为生活而生活，扩而大之，为学问而学问，为劳作而劳作，即一切皆“无所为而为”。

可见，梁氏对道家学说的申辩，完全是有为而发，它是针对一战后西方资本主义世界所暴露出的种种危机而开掘道家思想的价值。但他的这种开掘不是单向的，也不是复古的，而是处处体现着道家思想精义与西方文化的融合，因而在内容上是多元的、丰富的。

---

① (清)梁启超:《先秦政治思想史》，天津古籍出版社 2003 年版，第 129 页。

② (清)梁启超:《老子哲学》，载《饮水室合集》(专集 35)，中华书局 1989 年版，第 18 页。

③ (清)梁启超:《先秦政治思想史》，天津古籍出版社 2003 年版，第 130 页。

④ 曹础基:《庄子浅注》，中华书局 2000 年版，第 87 页。

⑤ 陈鼓应:《老子注译及评介》，中华书局 1984 年版，第 250 页。

⑥ 陈鼓应:《老子注译及评介》，中华书局 1984 年版，第 96 页。

⑦ (清)梁启超:《先秦政治思想史》，天津古籍出版社 2003 年版，第 130 页。

二、用多元方法研究道家

梁启超在《老子哲学》和《先秦政治思想史》两部著作中，还采用多元方法研究道家思想。这主要表现为：

其一，用西方本体论解说老子哲学。梁启超在《老子哲学》中是这样解释"本体"的："人类思想到稍为进步的时代，总想求索宇宙万物从何而来，以何为体？这是东西古今学术界久悬未决的问题。"[①]这样的解说，当然与西方哲学本体论（ontology）的本来意义有出入。因为一说到宇宙万物从何而来、以何为体，其前提就是要有"自其所出"的"存在"，而这万物所自出的、本源的"存在"，本身就又成为问题——什么是"存在"呢？当时的梁启超，在把老子作为哲学研究的对象时，不可能达到当代人对西方本体论的认识水平，但其在对老子关于"道"本原问题进行探讨时，所使用的理论和方法已接近于或相似于西方所说的本体论。例如，梁氏开始用有神与无神、唯物与唯心等哲学概念来分析老子的"道"。他认为老子是无神论者，并引用《老子》第六章"谷神不死，是谓玄牝，玄牝不死，是谓天地根"语作佐证，指出"它说的'先天地生'说的'是谓天地根'"，"这分明说道的本体，是要超出'天'的观念来求他"。他赞成老子此说，强调这是主张"天法道"而不是"道法天"，是"把古代的'神道说'极大破除"，"是他见解最高处"[②]。亦即认为，老子把天与鬼神从至高无上的位置上拉下来，而置于"道"之下，是一种无神论思想。梁氏还在解说"道"本体的过程中对西方的"唯物"和"唯心"划分作了理解。"从客观上求，于是有一元的唯物论或多元的唯物论"，这是其最高明的地方。唯物论"都是向客观的物质求宇宙的本体"，而"唯心论总是靠我自已做出发点"[③]。可以看出，当时的梁启超在研究老子哲学的过程中，至少已认识到唯物论是从物质出发求宇宙本体，而唯心论则是从自我或主观精神出发探求宇宙本原。尽管他对唯物与唯心范畴的

---

① （清）梁启超：《老子哲学》，载《饮冰室合集》（专集 35），中华书局 1989 年版，第 3 页。

② （清）梁启超：《老子哲学》，载《饮冰室合集》（专集 35），中华书局 1989 年版，第 7 页。

③ （清）梁启超：《老子哲学》，载《饮冰室合集》（专集 35），中华书局 1989 年版，第 5 页。

认识是非常肤浅的，但这却表明，他已开始接受西方哲学的话语系统来研究道家思想了。

其二，用逻辑分析的方法解说老子哲学。老子所说的“道生一，一生二，二生三，三生万物”是中国古代比较典型的一个宇宙生成论命题。对于这个命题的解读，传统的方法都诉诸考据、训诂，而梁氏则采用了西方逻辑分析或逻辑析理的方法。他认为这句话的“一”和“三”实际上是相通的，“老子的意思，以为一和二是对待的名词”，“‘二生三’生出来的‘三’，成了个独立体，还是等于‘一’”[①]。显然，这是把老子的此命题作了展开式的解释。他还用西方哲学的运动观分析老子的“有无相生”，认为对立双方的相“生”，不是静止的，而是在“动”中实现的。他说：老子“拿乐器的空管比这阴阳正负相摩相荡的形相，说他本身虽空洞无物，但动起来可以出许多声音，越出越多。这个‘动’字，算得是万有的来源了”[②]。梁氏注意到“动”在对立中的转化作用，认为“动”并非来自另外的“主宰”，而是法于“自然”，这种分析是相当深刻的。老子还提出了有与无、美与丑、难与易、长与短、高与下、前与后、善与不善等一系列相反相成的辩证法范畴。对于这些辩证法范畴的理解，梁启超一方面认为这些对立的范畴是出自人类的“分别心”，即属于主观辩证法；另一方面又认为人类只拥有这种“分别心”或主观辩证法是“靠不住”的，因为人类只凭借“分别心”或主观辩证法就会各执一词，无法成为客观性的标准。故而，要想使老子的这些辩证法范畴从“分别心”、从主观辩证法走向客观辩证法、走向实际，就必须“崇拜自然”，“法自然”。这样一来，老子的“自然”在梁氏的眼中就转化为事实、实际的代名词。他试图以“自然”消除人之“分别心”、主观性，即意味着将老子提出的这些辩证法范畴改造成主观辩证法与客观辩证法的统一，这在当时应属于一种相当深刻的哲学见解。倘若不接受西方哲学的逻辑分析的洗礼，梁氏是难以达到这种认识水平的，也不会实现对老子辩证法思想的改造的。

---

① (清)梁启超：《老子哲学》，载《饮冰室合集》(专集35)，中华书局1989年版，第11页。

② (清)梁启超：《老子哲学》，载《饮冰室合集》(专集35)，中华书局1989年版，第11页。

其三，用罗素的说法解说老子哲学。对于老子的“少私寡欲”的命题，历史上的研究者纷争不已，往往以“消极”斥责之。梁启超不受俗见所拘，采用英国哲学家罗素的说法对这个命题的积极意义作了开掘。罗素曾说：“人类的本能有两种冲动，一是占有的冲动，一是创造的冲动。占有的冲动是……不好的冲动，应该裁抑的。创造的冲动是……好的冲动，应该提倡的。”[①]梁启超借用罗素的这句话诠释《老子》第三十四章关于“万物恃之以生而不辞，功成而不居，衣被万物而不为主”语，认为《老子》此语与第十章“生而不有，为而不恃，长而不宰”的意思是一致的，都是提倡“创造的冲动”而反对“占有的冲动”。所以，老子哲学属于最高尚而最有益的哲学。与此相联系，梁氏认为人们对老子的“无为而无不为”的理解也不全面，他们把老子“无为”后面的“无不为”给忘掉了，这种以偏概全的认识只能把老子的本意“弄成一种跛脚的学说，失掉老子的精神了”[②]。

其四，用佛教的“空有”解说老子哲学。梁启超认为老子的“道”很像《大乘起信论》所说的“非有相、非无相。非非有相、非非无相”[③]。这是运用佛教的“非有非无”的中道观来解释“道”。《大乘起信论》的中道观是以非有非无以及连非有非无的欲念也破除来确立其“万法皆空”的本体论，其中也包括破除道家、玄学等以“有”、“无”来论“道”，彻底泯灭人对“有”、“无”及“有”、“无”的欲念的执著，这实际上表现了其对道家“道”本体的消解。梁氏虽然试图以佛教的中道观来释“道”，却表现了对“道”本体的维护，并渗透着西方哲学对“本体”的理解。他说：“然则道体到底是有还是无呢？老子的意思以为，有咧无咧都是名相的边话”[④]，梁氏最后只好以“本体是个不许思议的东西”[⑤]来了结。这个了结显然是受了西方哲学本体论的影响，因为不可思议、不可言说乃是西

① （清）梁启超：《老子哲学》，载《饮冰室合集》（专集35），中华书局1989年版，第16页。

② （清）梁启超：《老子哲学》，载《饮冰室合集》（专集35），中华书局1989年版，第15页。

③ （梁）真谛译，高振农校释：《大乘起信论校释》，中华书局1992年版，第22页。

④ （清）梁启超：《老子哲学》，载《饮冰室合集》（专集35），中华书局1989年版，第7页。

⑤ （清）梁启超：《老子哲学》，载《饮冰室合集》（专集35），中华书局1989年版，第9页。

方哲学本体论的一个重要特征。故其引佛教中道观解“道”只是采用了一种先扬后抑的方法，其最终是肯认西方哲学对本体的理解。

总之，梁启超的确是采用了中西混杂的多元方法研究老子。他之所以采用这种中西混杂的多元研究方法，除了前面所说的一战后的形势变化使然外，也与中西文化由碰撞走向融合有关涉。在这种融合没有步入成熟之前，必然呈现出中西混杂的局面，这也恰恰是中国近代哲学的一个特点，这在梁启超的研究道家思想的方法中也得到了充分的体现。梁氏的这种中西混杂的多元方法，一方面拓宽了道家思想研究的新视野，有利于从新时代的高度去开掘道家思想的价值；另一方面，用这种研究方法论述道家思想时又出现了诸多问题和障碍，使他的贯通中西遇到阻碍。贺麟先生在他的《五十年来的中国哲学》中曾幽默地说，梁启超是“用他不十分懂得的佛学去解释他更不甚懂得的康德”。同样，梁启超用中西混杂的方法解说道家思想，那就像他用“不十分懂得的佛学去解释他更不甚懂得的康德”①一样，许多见解就难免差强人意了。

三、梁氏的比较哲学

比较哲学作为当代哲学研究的一个重要课题，无论对于把握比较对象的学说、内涵、特质，抑或比较对象间的差异性、共通性以及把握当代哲学发展的走势等，都具有重要的意义、价值和功用，因而受到哲学界的普遍重视和关注。其实，比较哲学作为一种研究方法早在五四运动前后就受到学人们的关注。其中，梁启超就在《老子哲学》和《先秦政治思想史》的有关章节中运用了比较研究的方法。

从对研究方法的运用来看，梁氏的比较哲学可分为中国哲学内部各学派间的比较和中国哲学与外国哲学间的比较。就前一种比较来说，梁启超认为儒墨两家学说对人的精神生活关注均不如道家。他指出，精神文化与内生活是人生的最高目的，“自己欲作何种生活，最少可

① 贺麟：《五十年来的中国哲学》，辽宁教育出版社 1989 年版，第 26 页。

以凭自己意力作一大半主”[①]。这就意味着道家较之儒墨两家更关注人的精神生活，更着力于人之心灵空间的开拓。基于这种感受，梁氏着重对道家哲学与儒家哲学作了比较。在《先秦政治思想史》中，他指出“道家哲学，有与儒家根本不同之处。儒家以人为中心，道家以自然界为中心”[②]；儒家主张“人能弘道，非道弘人”，道家则认为“人法地，地法天，天法道，道法自然”[③]。正是由于儒道两家的哲学切入点或侧重点不同，梁氏认为它们两家的政治见解也有差别。他指出，与儒家“入世”、“有为”的政治理念相比，道家的政治主张更倾向于一种“无治主义”。他认为，尽管道家的政治主张与现实相去甚远，但其“所创造者则人类极有价值的作品也”[④]。梁氏的这种比较虽然渗入了他晚年浓重的道家情结，但从现代人的认识水平来说，其比较还是中肯、公允的。而就中国哲学与西方哲学比较来说，梁启超则反对西方哲学的人类中心主义，强调道家自然主义的价值和意义，指出人应以自然为中心，“自然”是绝对的美和绝对的善。他还通过对欧洲近代启蒙思想的分析，发现道家崇尚自然的思想，其“持论正如欧洲十九世纪末卢梭一派所绝叫的‘复归于自然’”[⑤]，认为两者之间具有跨越时空的契合。

值得注意的是，梁氏在《先秦政治思想史》中，还将老子所倡的“自然主义”划分为四派：一是顺世的个人主义，代表者杨朱；二是遁世的个人主义，代表者陈仲；三是无政府主义，代表者许行；四是物治主义，代表者慎到。由此，他将先秦各学派的政治思想概括为无治主义、礼治主义、人治主义、法治主义。不难看出，他的这种划分自然是以中西哲学的比较为浚发、匡正和参照的，也显示出梁氏是立足于包括道家在内的中国哲学与西方哲学的融通来进行中西比较研究的。

① （清）梁启超：《先秦政治思想史》，天津古籍出版社 2003 年版，第 130 页。

② （清）梁启超：《先秦政治思想史》，天津古籍出版社 2003 年版，第 120 页。

③ 陈鼓应：《老子注译及评介》，中华书局 1984 年版，第 163 页。

④ （清）梁启超：《先秦政治思想史》，天津古籍出版社 2003 年版，第 131 页。

⑤ （清）梁启超：《先秦政治思想史》，天津古籍出版社 2003 年版，第 121 页。

第二节　胡适对道家思想的研究

胡适(1891～1962)作为中国近现代学术思想史上一位卓有建树的启蒙学者，曾被余英时先生称为“二十世纪中国学术思想史上的一位中心人物”[①]，他在文学、哲学、史学、道德、教育、文化等诸多领域都作出了重要的贡献。在一般人的心目中，胡适是一个“西化”的人物，但从其思想渊源上看，胡适受中国传统思想文化的影响很大，这其中也包括受道家思想，特别是受老子思想的影响。自幼年起，胡适就嗜好老子思想。他曾说：“老子对我幼年的思想影响很深。”[②]留学美国时，他也曾沉溺于老子，撰写了《读老子》、《老子是否主权诈》等文章。离美返国后，为了维护老子早于孔子的优先地位，他独自与冯友兰、钱穆、顾颉刚等人展开对垒论辩，撰写了《与冯友兰先生论老子问题书》、《与钱穆先生论老子问题书》等文章。20 世纪 30 年代，他发表著名的《说儒》一文，独辟蹊径地力主老子为儒学之道。即使到晚年，胡适在其文章和演说中，也仍持续不断地宣扬老子学说。可以说，他一生追捧老子，对老子情有独钟。

综观胡适一生的学术活动，他用力最深、影响最大的还是所谓的“科学方法”。从某种意义上讲，他的整个学术活动，无论是从事哪一方面的具体研究，都是围绕着“科学方法”展开的。胡适的“科学方法”是与杜威的实验主义密切联系在一起的，它们虽然没有给 20 世纪初的中国人提供一个令人心悦诚服的行动方案，但在学术研究上留下了一种实验主义的“哲学方法”。他把这种“哲学方法”与中国传统的考据、考证学相比附，将其视为研究学术文化的“科学方法”。这种“科学方法”的本质是西方哲学的话语系统，其所关注的是“我们在哪里能找到可以有机地联系现代欧美思想体系里合适的基础，使我们能在新旧文化内

---

① 余英时：《中国近代思想史上的胡适·前言》，台北联经出版事业公司 1986 年版，第 6 页。

② 唐德刚译：《胡适口述自传》，华文出版社 1989 年版，第 65 页。

在调和的新的基础上建立我们自己的科学和哲学”[①]？故胡适是以西方近代文化的观念、意识作为寻根的坐标的。与文化保守主义者不同，他对中国的历史文化是采取重新评判的态度，而重新评判的判断标准则是西方现代文化的价值系统。他要在中国历史文化中寻求的承接新文化的基础，不是陆王心性之学，也不是程朱理学，而是来自西方的自由、独立、科学、民主等精神。正是以这种“科学方法”为指导，胡适出版了著名的《中国哲学史大纲》，而后又将这种“科学方法”贯穿于他的道家思想研究中，甚至表现出肯定老子哲学与批判庄子哲学的两种不同的学术倾向。

一、对老子的钟情

1906 年 9 月，胡适在上海中国公学读书，时值具有革命倾向的《竞业旬报》创刊，他应邀为该刊撰稿。后来在《四十自述》中，胡适提及此事，说“第一期里有我一篇通俗《地理学》，署名‘期自胜生’”[②]，此即取自《老子》第三十三章的“自胜者强”语，意即人自知、自胜才能克服自身的惰性和弱点。

按照胡适自已的说法，他最初受老子“柔弱不争”思想的影响最大。《老子》曾说：“坚强者死之徒，柔弱者生之徒”[③]，其表现在人生态度上，就是要坚持“贵柔”、“守慈”、“不争”的处世方式。胡适自幼对老子以“柔道”处世深表认同。他在上海念书时，有一次“秋日适野，见万木皆有衰意。而柳以弱质，际兹高秋，独能迎风而舞，意态自如”。他感悟到这不正是“老氏所谓能以弱者存矣？”[④]故赋诗一首：“但见萧飕万木摧，尚余垂柳拂人来。西风莫笑长条弱，也向西风舞一回。”[⑤]

胡适留美的第四年正值第一次世界大战爆发，此时，他对主张不抵

① 姜义华主编：《胡适学术文集·中国哲学史》(下)，中华书局 1991 年版，第 773 页。

② 胡适：《四十自述》，中国文联出版公司 1993 年版，第 60 页。

③ 陈鼓应：《老子注译及评介》，中华书局 1984 年版，第 342 页。

④ 唐德刚译：《胡适口述自传》，华文出版社 1989 年版，第 65 页。

⑤ 唐德刚译：《胡适口述自传》，华文出版社 1989 年版，第 88～89 页。

抗的基督教产生了浓厚的兴趣。据他回忆,“教友会的信徒们崇奉耶稣不争和不抵抗的教导。我对这一派的教义发生了兴趣,因为我本人也曾受同样的,但是却比耶稣还要早五百年的老子的不争信条所影响”[①]。“耶稣降生前五百年,中国哲学家老子曾传授过上善若水,水善应万物而不争。我早年接受老子的这个教训,使我大大爱着《登山宝训》。”[②]可以看出,正是由于服膺老子的不争思想,胡适才将老子与风马牛不相及的基督教联系在一起。

一战爆发后,胡适从欧战的实况中再次感到老子柔弱不争思想的博大精深。1917 年 3 月,他在《新青年》三卷五号发表《藏晖室札记》一文,表达他对欧战的看法,在文中分别摘录了老子与耶稣的话作对照。

> 老子曰:“夫惟不争,故天下莫能与之争。”“上善若水,水利万物而不争……夫惟不争,故无尤。”“天下莫柔弱于水,而攻坚强者莫之能胜,以其无以易之。弱之胜强,柔之胜刚,天下莫不知,莫能行。”
>
> 耶稣之言曰:“人则告汝矣,曰,抉而目者亦抉其目,拔汝齿者汝亦拔其齿。我则诏汝曰:毋报怨也。人有披而右颊者以左颊就之;人有讼汝而夺汝裳者,以汝衣并与之;人有强汝行一里者,且与行二里焉。”[③]

胡适感叹道:“此二圣之言也,今之人则不然。其言曰弱肉强食,曰强权即公理,曰竞争者,天演之公理也,曰世界者,强有力之世界也。此亦一是非也,彼亦一是非也。古今人之间果孰是而孰非也?”[④]他借老子与耶稣之语,表达了他对历史与人道的困惑。当然,胡适的这种表达可能是出于一种无奈的选择。由于一战的性质逐渐明朗化,在 1936 年

---

① 唐德刚译:《胡适口述自传》,华文出版社 1989 年版,第 32 页。

② 胡适:《我的信仰》,载姚鹏等编《胡适散文》(四),中国广播电视出版社 1992 年版,第 46 页。

③ 胡适:《胡适留学日记》卷七,上海书店 1947 年版,第 436 页。

④ 胡适:《胡适留学日记》卷七,上海书店 1947 年版,第 436～437 页。

7月，胡适在整理自己早年留学时的日记时称："我近年已经抛弃我的不抵抗主义的和平论了。"[①]

胡适对老子的"无为而治"思想也是极为欣赏。老子曾将社会动乱归之于政府的"法令滋章"[②]，"以其上之有为"[③]。胡适赞赏老子抗议政府的革命精神和"无为而治"的政治主张，并在"五四"期间撰写的著名的《中国哲学史大纲》中，将论述老子的这一节冠以"革命家之老子"之名。后来，他还以老子"无为而治"劝诫过蒋介石。据胡适回忆："民国二十一年，我在武汉第一次见他时，就留下一册我的《淮南王书》，托人送给他，盼望他能够想想《淮南子·主术训》里的主要思想，就是说，做一国元首的法子是：'重为善，若重为暴'，'重'为'不轻易'。要能够自己节制自己，不轻易做一件好事，就如同不轻易做一件坏事一样，这才是守法守宪的领袖。"[④]《淮南王书》是胡适研究《淮南子》的一部著作，《淮南子》中的《主术训》即专门阐述老子的"无为而治"的政治思想。胡适送《淮南王书》给蒋介石，这实际上表达了他对蒋氏极端"有为"政治的不满。

胡适还将是否"无为"作为评判做官好坏的标准。他自己虽终生不愿从政，但后来也曾担任过中国公学、北京大学的几任校长，他直言自己做校长的方法完全是无为而治。胡适对政府官员一直是批评居多，称扬较少。20世纪30年代曾连任国民政府主席的林森是他称扬的为数不多的政府官员中的一个。林森之所以受称赞，是因为他什么也不做，使国民政府主席一职形同虚设。胡适曾说："林森先生的绝大功劳在于把'国府主席'的地位实行做到一个'虚位'。"[⑤]即使到晚年，胡适对"无为"的政治意义也非常关注。1953年，他为母校美国哥伦比亚大学建校二百周年纪念而作的二十五分钟的演讲"亚洲古代权威与自由

---

① 胡适：《胡适留学日记·自序》，上海书店1947年版，第6页。

② 陈鼓应：《老子注译及评介》，中华书局1984年版，第284页。

③ 陈鼓应：《老子注译及评介》，中华书局1984年版，第339页。

④ 白吉庵：《胡适传》，人民出版社1993年版，第63页。

⑤ 胡适：《国府主席林森先生》，载李敖编《胡适语粹》，文汇出版社2003年版，第324页。

的冲突”中，仅阐述老子“无为而治”的思想就占了一半的篇幅。不难看出，胡适的道家情结几乎贯穿其终生。

二、用科学方法解读老子哲学

胡适对《老子》的钟情是与其以“科学方法”研究老子哲学分不开的。他在《中国哲学史大纲》中就一方面以平等的眼光看待道家与诸子百家的关系，表明“对于老子以后的诸子，各有各的长处，各有各的短处，都还他一个本来面目，是很平等的”①；另一方面，他把道家和诸子百家视为各自独立发展的存在系统，“不但孔墨两家有师承可考的，一一显出变迁的痕迹。便是从老子到韩非，古人划分做道家和儒墨名法等家的，一经排比时代，比较论旨，都有递次演进的脉络可以表示”②。通过对道家存在系统的整体研究，胡适认为“自然主义”是道家学说的中心思想，“道家是一个杂家。吸收的成分太多……遂把自己的中心思想自然主义的宇宙观埋没了”③。“道家虽然兼收并蓄，毕竟有个中心思想，那便是老子一脉下来所主张的无为而无不为的天道自然变化的观念。”④可“道家虽杂采各家的思想，但他的中心思想是：(一)自然变化的宇宙观，(二)善生保真的人生观，(三)放任无为的政治观”⑤。

以这个中心思想为主线，胡适勾勒出了道家一系的存在轮廓：老子首倡“自然”之道，并以此创立一家之说。杨朱的“贵生”主义是“自然主义”天道观在人生观中的体现。到了庄子，则有“达观主义”、“齐物论”的提出。《吕氏春秋》主要从政治上发扬了“自然主义”，而《淮南王书》则从多个方面对其进行了发挥，最显著的是神仙和迷信色彩的浓厚。中古时期的王充反对有神论的武器也是“自然主义”。道家思想的传承正是以此维系。胡适的这种概括是否完全呈现了道家发展的脉络，这

---

① 胡适：《中国哲学史大纲》，上海古籍出版社 1997 年版，第 1 页。

② 胡适：《中国哲学史大纲》，上海古籍出版社 1997 年版，第 2 页。

③ 欧阳哲生编：《胡适文集》第 6 册，北京大学出版社 1998 年版，第 555 页。

④ 欧阳哲生编：《胡适文集》第 6 册，北京大学出版社 1998 年版，第 555 页。

⑤ 欧阳哲生编：《胡适文集》第 6 册，北京大学出版社 1998 年版，第 634 页。

是值得继续探讨的，但其以平等的态度和系统的方法来研究道家哲学，这在当时是十分新鲜而深刻的。

其实，在上述勾勒的道家系统中，胡适肯定最多并饶有兴趣的还是老子哲学。他从“科学主义”出发，强调“科学的根本精神在于求真理。人生世间，受环境的逼迫，受习惯的支配，受迷信和成见的拘束。只有真理可以使你自由，使你聪明圣智；只有真理可以使你打破你的环境里的一切束缚……科学的文明教人训练我们的官能智慧，一点一滴地去寻求真理……这是求真理的唯一法门”①。将这种求真理的方法运用于老子思想的研究，胡适自以为从老子思想中读到了具有“科学”意蕴的内容。

首先，老子有生物进化思想的萌芽。胡适认为进化是先秦哲学的中心问题之一，老子、孔子都已经有所讨论，只是他们“都不曾有完备周密的进化论，又都不注意生物进化的一方面”②。在胡适看来，老子的“万物生于有，有生于无”探讨和回答的是万物生长变迁问题。

其次，老子哲学的根本观念是其自然主义的天道。胡适说：“在老子以前的天道观念，都把天看作一个有意志、有知识，能喜能怒，能作威作福的主宰。”③而老子否认天道有知，说“天地不仁，以万物为刍狗”，以为天地不与人同类，不认天有意志，更不认天有好生之德，其思想“更合近世生物学家所说的优胜劣败、适者生存的话”④。胡适认为，老子的天道观是自然主义的，这也正是道家思想的中心，其包含着大胆怀疑和积极假设的精神，是一种理性的精神。这种“自然主义”在中国古代最大的功绩，在于破除迷信思想，这是造成中国古代哲学没有神话迷信的重要原因。但“道家是一个杂家，吸收的成分太多……遂成了一部垃圾马车；垃圾堆积得太高了，遂把自己的中心思想‘自然主义’的宇宙观

---

① 葛懋春、李兴芝编：《胡适哲学思想资料选》(上)，华东师范大学出版社 1981 年版，第 309～310 页。

② 胡适：《中国哲学史大纲》，上海古籍出版社 1997 年版，第 185 页。

③ 胡适：《中国哲学史大纲》，上海古籍出版社 1997 年版，第 39 页。

④ 胡适：《中国哲学史大纲》，上海古籍出版社 1997 年版，第 187 页。

埋没了”[①]。不但如此，因为道家吸收的“阴阳五行”思想，应和了“天人感应”理论，倒成为中古宗教思想的重要凭据了。那么，拥有“自然主义”传统的中国有无可能产生近代的科学思想与技术呢？胡适认为：“中国古代哲人发现自然的宇宙论最早，在思想解放上有绝大的功效。然而二千五百年的自然主义的哲学所以不能产生自然科学者，只因为崇拜自然太过，信‘道’太笃，蔽于天而不知人，妄想无为而可以因任自然，排斥智故，不敢用己而背自然，终于不晓得自然是什么。”[②]这种深刻而冷静的分析，在肯定老子的自然主义的同时，又指出了它的不足，在当时可谓中肯、公允。

再次，老子哲学有唯物主义思想。胡适说：“老子的‘天道’，就是西洋哲学的自然法，日月星的运行，动植物的生老死，都有自然法的支配适合。”“违背了天道，扰乱了自然的秩序，自有‘天然法’来处置他。”[③]孔子的“一阴一阳之谓道”、“刚柔相推而生变化”的思想，“大概受了老子的影响，故他说万物变化完全是自然的唯物的，不是唯神的”。胡适之所以认为老子的哲学有唯物主义思想，其心理选择的内在机制是他对科学的推崇。自然主义堪称是古代科学发生的温床，同时又是近代科学发展的先决条件。胡适从老子的自然主义中解读出大胆怀疑和积极假设的精神，这正是具有科学意蕴的理性精神。他认为老子开创了道家自然主义的传统，而这种自然主义在中国古代最大的功绩，在于破除迷信，这是造成中国古代哲学没有神话迷信的重要原因。直到1956年，胡适对他的这些观点仍坚信不疑，如在夏威夷大学第三届“东西方哲学家论坛”上还以“中国哲学里的科学精神与方法”为题，宣读了他的论文，强调“自然主义本身最可以代表大胆怀疑和积极假设的精神”[④]。

---

① 欧阳哲生编：《胡适文集》第6册，北京大学出版社1998年版，第555页。

② 欧阳哲生编：《胡适文集》第6册，北京大学出版社1998年版，第526页。

③ 胡适：《中国哲学史大纲》，上海古籍出版社1997年版，第36页。

④ 胡适：《胡适文集》第12册，人民文学出版社1998年版，第403页。

三、用“科学主义”批判庄子哲学

胡适虽然对老子哲学持赞成和推崇的态度，但他对于庄子哲学则是批评多于褒扬。他在《中国哲学史大纲》中对庄子哲学评价极低，后将《中国哲学史大纲》第九篇庄子部分以“庄子哲学浅释”为题发表于《东方杂志》第15卷上。胡适在序言中称：“从前的人，只因把庄子的哲学看得太神秘玄妙了，所以不能懂得庄子。依我个人看来，庄子的学说其实并没有什么十分玄妙神秘之处，所以我这篇述庄的文字便叫做‘浅释’，不但要用浅近的文字去讲庄子的哲学，并且要使人知道庄子的哲学只是粗浅的寻常道理。”①结合胡氏的其他论著来看，他对《庄子》的“浅释”几乎认为庄子哲学是“浅薄”的代名词，只不过这种对庄子哲学“浅薄”的贬低，多是以他对庄子哲学进行批判的形式表现出来的。

（一）对庄子人生哲学的批判

新文化运动中对国民性问题的思考引起了社会的广泛关注，人们试图从民族性格中寻找中国社会积贫积弱的根源，于是庄子的虚无、退隐、乐天安命以至颓废的人生观便成为他们的重点批判对象。

胡适认为，哲学史研究的目的之一就是“要看一家学说的结果可造成出什么样的人格来”。他曾举例分析道：“例如古代的‘命定主义’，说得最痛切的是，莫如庄子。庄子把天道看作无所不在无所不包，故说‘庸讵知吾所谓天之非人乎？所谓人之非天乎？’因此他有‘乘化以待尽’的学说……但是后来庄子这种学说的影响，养成一种乐天安命的思想，牢不可破。在社会上，好的效果，便是一种达观主义；不好的效果，便是懒惰不肯进取的心理，造成的人才，好的便是陶渊明、苏东坡；不好的便是刘伶一类达观的废物。”②胡适还多次指出：“庄子的学说，只是一个‘出世主义’……中国古代的出世派哲学至庄子始完全成立。”③

---

① 胡适：《庄子哲学浅释》，载《东方杂志》1918年第15卷第11号。

② 欧阳哲生编：《胡适文集》第6册，北京大学出版社1998年版，第165页。

③ 欧阳哲生编：《胡适文集》第6册，北京大学出版社1998年版，第327页。

"庄子的人生哲学，只是一个达观主义。"[①]胡适认为，庄子的这种达观主义的哲学根据，"都在他的天道观念"[②]。他指出：庄子尽管承认人类社会是进化的，是一个由简单到复杂的发展过程，但是"终不能跳出老子的自然无为的学说"，所以庄子与列子两人"都把进化当作无神的天命，因此生出一种靠天、安命、守旧、厌世的思想"；老子、列子、庄子"都把'天行'一方面看得太重了，把'人力'一方面却看得太轻了，所以有许多不好的结果，处世便靠天安命或悲观厌世；遇世便不肯去做，随波逐流，与世浮沉；政治上又主张极端的个人放任主义，要挽救这种种弊病，须注重'人择'、'人事'、'人力'一方面"。他认为，正是在这种消极的天道思想的指导之下，庄子要"依乎天理，因其固然"，"庄子的人生哲学，也只是这八个字"。由此，胡适对这种表面达观、乐天、安命，实则阻碍社会进步、发展的人生哲学展开了毫不留情的批判："这种话初看去好象高超得很。其实这种人生哲学的流弊，重的可以养成一种阿谀依违，苟且媚世的无耻小人；轻的也会造成一种不关社会痛痒，不问民生痛苦，乐天安命，听其自然的废物。"胡适断言，庄子学说"实在是社会进步和学术进步的大阻力"[③]。

民国时期，庄子的人生哲学受到了来自各方面的猛烈批判，"庄子是个虚无主义者"的论断一时广为流行。以商务印书馆朱经农、王云五主编的"学生国学丛书"中的沈德鸿选注的《庄子》为例，该书于 1926 年出版，以后多次再版，对当时青少年的影响显然是巨大的。沈德鸿对庄子虚无、出世主义的人生观念给予了严厉的批判。他说："总之，庄子的根本思想是怀疑到极端否定一切的虚无主义；庄子的人生观是一切达观，超出于形骸之外的出世主义。向来人只说庄子偏激，实在庄子的议论或有似于偏激，可是他的行为却中和平易之至。他否定一切，固然像是高超，固然像是极革命的，但是他把一切都看作毫无价值，失了自己进取的地步，故只能逍遥物外，竟成了进步革命的障碍物。依庄子的处

① 欧阳哲生编：《胡适文集》第 6 册，北京大学出版社 1998 年版，第 339 页。

② 欧阳哲生编：《胡适文集》第 6 册，北京大学出版社 1998 年版，第 339 页

③ 欧阳哲生编：《胡适文集》第 6 册，北京大学出版社 1998 年版，第 340～342 页。

世哲学，所谓愿为‘祥金’，愿为‘不材之木’，最好不过造成一种不关社会痛痒，不问民生痛苦，乐天安命，听其自然的废物，下焉者且成为阿谀依违苟且媚世的无耻小人！”[①]另一方面，部分学者则起而为庄子人生哲学辩护，甚至于热情地阐扬、盛赞庄子淡泊的人生观，认为其人生观对于纷纷扰扰的混乱政局不啻是一剂良药，具有净化人心、安定社会的作用和意义。同时，个别学者和思想家纯粹从个人内心体验出发，强调庄子人生哲学对个人心灵的慰藉、灵魂的安顿所起到的重要的精神抚慰作用，对庄子思想表达了深切的同情与体认。在这一贬一褒的争论中，胡适毫不动摇地站在了批判庄子人生哲学的前列。

（二）对庄子所谓反科学思想的批判

“这三十年来，有一个名词在国内几乎做到了无上尊严的地位；无论懂与不懂的人，无论守旧和维新的人，都不敢公然对他表示轻视或戏侮的态度。那个名词就是‘科学’。”[②]正是在科学之光的普照下，许多学人将其作为自己思想学术的方法论，并在庄子研究中体现出来。庄子反对机械文明，主张“绝圣弃智”，所以在科学主义高歌猛进的时代潮流中，它无疑显得十分刺目、耀眼，因而也难免遭到众多学者的批判。这其中，胡适的批判就颇有代表性。

在胡适看来，阻碍中国人向外探求，改造自然和社会，增进人类工艺和物质进步的主要思想障碍，莫过于庄子等古代圣贤所倡导的思想。他在《我们对于西洋近代文明的态度》一文中认为，西方近代文明正是在充分满足人类物质需要的基础上，也极大满足了人们精神上的要求；与西方近代文明发展方向不同的是，中国几千年来安于自给自足的小农业生产，结果是“无数的人们终身做血汗的生活，而不能得着最低限度的人生幸福，不能避免冻与饿。人世的更大悲剧是人类的先知先觉者眼看无数人们的冻饿，不能设法增进他们的幸福，却把‘乐天’‘安命’‘知足’‘安贫’种种催眠药给他们吃，叫他们自己欺骗自己，安慰自己……朝这条路上走，逆天而拂性，必至于养成懒惰的社会，多数人不肯努力以求人生基本

---

① 沈德鸿选注：《庄子》，商务印书馆 1926 年版，第 15 页。

② 欧阳哲生编：《胡适文集》第 3 册，北京大学出版社 1998 年版，第 152 页。

欲望的满足，也就不肯进一步以求心灵上与精神上的发展了”[①]。胡适这段论说显然是针对庄子思想而发。他又进一步指斥说：“求知是人类天生的一种精神上的最大要求。东方的旧文明对于这个要求，不但不想满足他，并且常想裁制他，断绝他。所以东方古圣人劝人要‘无知’，要‘绝圣弃智’，要‘断思维’，要‘不识不知，顺帝之则。’这是畏难，这是懒惰。这种文明，还能自夸可以满足心灵上的要求吗？”[②]“东方的懒人又说：‘真理是无穷尽的，人的求知的欲望如何能满足呢？’”胡适认为：“诚然，真理是发现不完的。但科学绝不因此而退缩。科学家明知真理无穷，知识无穷，但他们仍然有他们的满足……一点一滴都是进步，一步一步都可以踌躇满志。这种心灵上的快乐是东方的懒圣人所梦想不到的。”[③]胡适还认为，东西方文明的另一根本不同之处在于：一为知足，一为不知足。“知足的东方人自安于简陋的生活，故不求物质享受的提高；自安于愚昧，自安于‘不识不知’，故不注意真理的发现与技艺器械的发明；自安于现成的环境与命运，故不想征服自然，只求乐天安命，不想改革制度，只图安分守己，不想革命，只做顺民。”[④]由此，胡适对中国古代与西方近代文明作了对比，指出中国代表的是人力车文明，是用人作牛马的文明；西洋近代文明是摩托车文明，是用人的心思才智制作出机械来代替人力的文明，可以减除人的痛苦，增加人的生产能力，提高人类的幸福。《庄子·天地》篇的一段关于用“槔”机械汲水的寓言故事，竟被胡适作为庄子的反科学思想予以批判，足见其嗜“科学主义”之深。当然《庄子·天地》篇关于庄子拒斥“槔”机械汲水的寓言故事，也可用以批判唯科学主义，用以反思科技文明所带来的负面价值。如严

---

① 葛懋春、李兴芝编：《胡适哲学思想资料选》（上），华东师范大学出版社1981年版，第308页。

② 葛懋春、李兴芝编：《胡适哲学思想资料选》（上），华东师范大学出版社1981年版，第309页。

③ 葛懋春、李兴芝编：《胡适哲学思想资料选》（上），华东师范大学出版社1981年版，第310页。

④ 葛懋春、李兴芝编：《胡适哲学思想资料选》（上），华东师范大学出版社1981年版，第316～317页。

复、梁启超出于对一战的反思，即援引了庄子的这个反对“槔”机械汲水的寓言故事。但胡适却与之相反，把庄子拒斥机械汲水当作反科学思想来批判，这从另一个角度暴露了他所服膺的西方实用主义和唯科学主义并非是万能的，甚至会对人的精神世界作出误导。他把庄子所关注的人的精神自由、精神境界的提高一概否定掉，恰恰说明他从西方选择的这种研究工具或方法并不能真正揭示庄子哲学的本质，相反，却流露出一种情绪化的倾向。

第三节　吴虞对道家思想的研究

吴虞(1872～1949)是新文化运动的代表人物之一，是批判封建专制主义的健将。五四运动期间，他曾先后在《新青年》杂志上发表《家族制度为专制主义之根据论》、《说孝》、《儒家主张阶级制度之害》、《吃人与礼教》等文章，猛烈抨击封建旧文化、旧礼教，并指出“儒家以孝悌二字为二千年来专制政治与家族制度联结之根干”[①]，“其流毒诚不减于洪水猛兽矣”[②]，“儒术之弊与专制之祸，俱达于极点”[③]。儒家教忠教孝，是要“把中国弄成一个‘制造顺民的大工厂’”[④]。他强调：“儒教不革命、儒学不转轮，吾国遂无新思想、新学说，何以造新国民？悠悠万事，惟此为大已吁！”[⑤]因此，吴虞曾被胡适誉为“‘四川省只手打倒‘孔家店’的老英雄”[⑥]。

吴虞还是在新文化运动中率先借用旧学阐发新知的思想家之一。他通过认真发掘中华民族固有的自由主义与反专制主义的优秀传统来批判儒家纲常伦理为核心的封建专制主义，使中国固有的优秀精神传

① 吴虞：《吴虞集》，四川人民出版社 1985 年版，第 63 页。

② 吴虞：《吴虞集》，四川人民出版社 1985 年版，第 64 页。

③ 吴虞：《吴虞集》，四川人民出版社 1985 年版，第 123 页。

④ 吴虞：《吴虞集》，四川人民出版社 1985 年版，第 173 页。

⑤ 吴虞：《吴虞集》，四川人民出版社 1985 年版，第 98 页。

⑥ 胡适：《吴虞文录·序》，载欧阳哲生编《胡适文集》第 2 册，北京大学出版社 1998 年版，第 610 页。

统通过现代思想观念的洗礼，从而焕发了新的光彩。在吴虞所着力开掘的中国传统文化精神中，老子俎列一席，他对老庄思想的近代价值的阐发和弘扬，使他在新文化运动中独树一帜。“五四”时期的朱谦之先生曾盛赞吴虞的“排孔之论实于新旧嬗递中为尤有功”，“先生之学”“实笃于老、庄、列、文之学者也”[①]。日本近代学者青木正儿先生也十分推重吴虞，自谓“私察先生的论调，是一位爱好老庄思想的人”[②]，且“有欲立老庄之道底倾向”[③]。

一、吴虞的道家情结

吴虞在给《顺天时报》的回函中，曾将自己四十岁以前的人生划分为三个阶段，其中从十五六岁到二十五六岁，是他求旧学的阶段。在这一阶段，吴虞喜欢读扬雄、司马相如、嵇康、阮籍等人的文章，“其所慕之人，扬马稽阮李太白苏东坡也”[④]。1892 年，吴虞二十岁，正值血气方刚的年龄，他却选择了一条与其他同龄人不同的道路。其师张星平在辛亥革命后做了官，力荐吴虞去做官，但他却“澹于希世，不事科举”，被时人戏称为“吴山人”，而吴氏却终生以此自得，经常自称“吴山人”。

1893 年，吴虞与其父发生冲突后，便与夫人曾香祖过着一边种菜、一边读书的隐居生活。他们在隐居生活中，以颇具道家风骨的陶渊明为楷模：“陶潜夫妇能偕隐，懒向桃源洞里行。秦篆汉书清课毕，一庭春细乳禽鸣。”[⑤]每“读书毕，静坐一二小时，觉静中味甚长，颇有余趣。诸葛公所称‘澹泊宁静’，斯倘其小效欤”[⑥]。二十年后，吴虞对那段夫妻一同隐居的“游仙”生活颇为留恋：

> 藉绿阴之余凉，揭青霞之奇意。竹林荒径，迹陋王猷；杨柳闲

---

① 吴虞：《吴虞日记》(上)，四川人民出版社 1984 年版，第 462 页。

② 吴虞：《吴虞日记》(上)，四川人民出版社 1984 年版，第 455 页。

③ 吴虞：《吴虞集》，四川人民出版社 1985 年版，第 482 页。

④ 转引自吴修申《从两篇轶文看吴虞前期生平与思想》，载《齐鲁学刊》2002 年第 6 期。

⑤ 吴虞：《吴虞集》，四川人民出版社 1985 年版，第 279 页。

⑥ 吴虞：《吴虞集》，四川人民出版社 1985 年版，第 279 页。

庭，嫩同嵇叔。弃形骸若土木，视辎軿如地芥。盖携弄玉便可成仙，偕孟光即甘长隐矣！

于时涂涂之露，覆琼叶以流辉；穆穆之波，映金华而耀采。万籁初寂，双情转幽；物我两忘，是非均遣。[①]

吴虞将其主要诗作编为《秋水集》，他之所以题名"秋水集"，无疑蕴含着对《庄子·秋水》篇精神旨趣的自觉承继。他说："学贵自得，无取于哗世；名由己立，不关于舆论。伟人大儒虚憍之名，须臾消灭，又何足道邪？"[②]因此，"名曰《秋水集》，则窃取《庄子·秋水》篇之义也"[③]。

历史学家唐振常先生曾说，吴虞"侧身新文化运动，功在反儒，他反儒的核心，在于非孝"[④]。吴虞钟情于道家，批判儒家，当与他的家庭生活颇有关涉。他与父亲感情非常不合，全靠母亲维系着。1892 年，其母去世后，与后母的关系亦不佳，使早已破裂的父子关系无可弥补。翌年，吴虞即被父亲赶到新繁乡下。父子俩曾大打出手，涉讼法庭，经年不休。吴虞在其 1911～1912 年的日记中，屡记其事，甚至在日记中直称其父为"魔鬼"或"老魔"。后直至其父去世，他也始终未曾露面。在封建家庭中，家长往往肆其专制之威、乱命之事，一般人总会遵循"为尊者讳、为亲者讳"的古训，隐忍之。吴虞却相反，他曾作《家庭苦趣》一文，油印散发，攻击父亲；并在法庭上对父亲大打出手，将父亲搞得无立身之地。吴虞的这种"不为尊者讳、不为亲者讳"的叛逆之举在当时的社会中，自然会受到卫道名流的攻击，不可避免地成了"名教罪人"，被逐出四川教育界。工作上的失业，精神上承受的巨大压力，使吴虞钟情于道家也是理所当然的了。在 1913 年 8 月 4 日的日记中，吴虞写道："人生数十年，除去病风雨雷电蚊蝇以及儿女婢仆之劳精费神、油盐柴米之购买计划，亲戚朋友之来往酬酢，为人生必不能免之外，尚多意外

---

① 吴虞：《吴虞集》，四川人民出版社 1985 年版，第 33 页。

② 吴虞：《吴虞集》，四川人民出版社 1985 年版，第 32 页。

③ 吴虞：《吴虞集》，四川人民出版社 1985 年版，第 32 页。

④ 唐振常：《为〈吴虞集〉出版说几句话》，载《历史研究》1986 年第 1 期。

之纷扰，再有仕宦得失，孝弟仁义之事，束缚其间，更有何自由之生趣，故余于《列子·杨朱篇》深有取也。”[①]道家的叛逆、自由的精神旨趣对于当时深陷名教专制迫害和各种纷扰中的吴虞来说，无疑会产生一种心灵的共鸣，并由此而得到一种慰藉。

二、以道家风骨批判封建专制

如本书“导言”中所述，道家是张扬个性和追求自由的。相对于道家来说，儒家尊奉的是以群体的社会伦理作为其实现独立人格精神的基础和目的，其个性自由观念显得不足。从传统社会来看，如果说儒家与封建专制是相互依存、互相利用、相得益彰的，那么，道家则往往成为是反对专制的精神武器。因此，秦汉之后，虽然也不乏像唐玄宗、宋徽宗等好道之君，但他们所钟情的并不是道家的自由观念。如老子主张“绝圣弃智”、“绝仁弃义”，视“礼”为“忠信之薄而乱之首”[②]，但这在这些好道之君的眼中，却成了并非老子排斥仁义礼智，唐玄宗甚至将“礼”理解为“救乱之首”，认为“普天仰化，率土归仁”[③]才是老子的真义。宋徽宗则认为“仁义礼智，随量而受，因时而施，是德而已”[④]，并强调说“国君好仁，天下无敌”[⑤]，这些都曾被视为中国古代“儒道互补”的表现。

不过，这种“儒道互补”在近代中国社会却面临着巨大的挑战，原本道家思想中的反伦理异化、反专制主义的自由精神，在中西文化的激烈冲撞中愈发显示出时代的合理性。在反儒教伦理、反对封建专制主义的思想文化启蒙运动中，道家思想更有必要从传统的“儒道互补”模式

---

① 吴虞：《吴虞日记》(上)，四川人民出版社 1984 年版，第 99 页。

② 陈鼓应：《老子注译及评介》，中华书局 1984 年版，第 212 页。

③ 《唐玄宗御制道德真经疏》卷八，载《道藏》第 11 册，文物出版社、上海书店、天津古籍出版社 1988 年版，第 795 页。

④ 《宋徽宗御解道德真经》卷三，载《道藏》第 11 册，文物出版社、上海书店、天津古籍出版社 1988 年版，第 865 页。

⑤ 《宋徽宗御解道德真经》卷二，载《道藏》第 11 册，文物出版社、上海书店、天津古籍出版社 1988 年版，第 861 页。

中挣脱出来，走上自觉融合近代西方文化的道路，而吴虞所探寻的正是这条路。

吴虞早年曾留学日本，又曾学过法律和政治，因此，他将诸子中的议礼、议狱之文，与老子、庄子、孟德斯鸠、甄克思、约翰·穆勒、斯宾塞、远藤隆吉、久保天随诸家著作，及欧美各国宪法、民法、刑法比较对勘，后来又遁迹穷山，钻研道家著作和孟德斯鸠等人的著作，"于专制立宪之优劣，儒家立教之精神，大彻大悟，始确然有以自信其学矣"[①]。吴虞带着对现实的焦虑来读古人的著作，致力解决的是当下的问题。从思想史的脉络中，他发现老子本人就是因对儒家礼制不满而展开批评和攻击，并开创了与儒家思想迥然对立的思想传统。在政治学说的对勘中，他以旧知解新知，发现老子的一些思想竟然与西方近代孟德斯鸠等人的学说相接近。而从社会批判的角度，他认为孔孟等东方圣贤的学术思想与西方近代民主政治思想是尖锐对立的。因此，吴虞以老学为风骨，对儒家宣扬的"三纲五常"等专制主义思想进行了批判。

首先，他从礼和刑来批判儒教中的专制主义。他在《复某君书》一文中说："夫自读老庄之书，识礼刑之本，等君位于胠箧，哀民生之多艰，在宥徒期，玄谈自放，寄意田成，以民为主。"[②]吴虞在《家族制度为专制主义之根据论》中认为，儒家的礼和刑都是为专制主义服务的，指出老子有"六亲不和，有孝慈"；而孔子儒家却偏大讲孝悌，而这个孝悌，专为君亲长上而设，只求君亲长上免奔亡弑夺之祸，却不管君亲长上何以招致奔亡弑夺之祸及保护尊重臣子卑幼人格之权，以致在满清律例中将"不孝"列为"大不赦"的"十恶"之中。[③] 吴虞痛心地斥责道："吾国领事裁判权所以不能收回，实由法律不良之故。法律之所以不良，实以偏重尊贵长上，压抑卑贱，责人以孝敬忠顺，而太不平等之故。"[④]因此，他积极主张弘扬老子所谓"和"的精神，以消除儒教孝悌之害：

---

① 吴虞：《吴虞日记》(上)，四川人民出版社 1984 年版，第 208 页。

② 参见吴虞《吴虞集》，四川人民出版社 1985 年版，第 43 页。

③ 参见吴虞《吴虞集》，四川人民出版社 1985 年版，第 63～64 页。

④ 吴虞：《吴虞集》，四川人民出版社 1985 年版，第 64 页。

或曰：子既不主张孔氏孝悌之义，当以何说代之？应之曰：老子有言，“六亲不和有孝慈”。然而六亲苟和，孝慈无用，余将以“和”字代之，既无分别之见，尤合平等之远规，虽蒙“离经叛道”之讥，所不恤矣！①

吴虞在《礼论》中认为老子所谓“仁”、“义”、“礼”是就三王、五霸以来的“家天下”而言。禹、汤、文、武、成王、周公等都是“家天下”之君臣，莫不谨于礼，以礼为纲纪，正君臣，笃父子，睦兄弟，和夫妇。因此，礼是以维护别尊卑贵贱上下之阶级为其根本的。所谓“礼”，即所以别尊卑贵贱；所谓“仁义”，即所以和君臣、父子、兄弟、夫妇之关系。但在老子看来，这些都是道德沦丧，用以掩饰纷争、诈伪的手段而已。即老子所言：“失道而后德，失德而后仁，失仁而后义，失义而后礼。夫礼者，忠信之薄，而乱之首。”②吴虞指出，中国古代社会之所以一步一步陷入封建专制的桎梏，乃与老子开创的自然道德沦丧相关涉，而儒法诸家则趁此极力提倡礼制。“是故道家则贵道德，庄子言道德，菲薄仁义，是也。儒家则主仁义，孟子专尚仁义，而不及道德是也。其次如荀卿，则一切本诸礼；最后如荀卿之门人李斯、韩非，则以智术为尚而专用法，而吾国专制之祸于是益烈矣。”③

其次，他以人性独立自由批判儒教中的专制主义。吴虞认为，老子所讲道德是“个人的道德”，他向往在美好的至德之世，人人各得其所，各完其性。而儒家所注重的是“家族和社会的道德”④，这种道德褫夺人的尊严，并从孔子之时起，就以迎合时君，期于得位乘时。亦即“湛心利禄，故不得不主张尊王，使君主神圣威严，不可侵犯，以求亲媚。而当时之人格高洁如沮、溺之流，皆鄙夷不屑”⑤。在吴氏看来，老子以“道

① 吴虞：《吴虞集》，四川人民出版社 1985 年版，第 66 页。
② 陈鼓应：《老子注译及评介》，中华书局 1984 年版，第 212 页。
③ 吴虞：《吴虞集》，四川人民出版社 1985 年版，第 132 页。
④ 吴虞：《吴虞集》，四川人民出版社 1985 年版，第 155 页。
⑤ 吴虞：《吴虞集》，四川人民出版社 1985 年版，第 97 页。

德"为本，是为了痛斥"礼为忠信之薄，乱之始"[①]；其主张"绝圣弃智"、"绝仁弃义"、"绝巧弃利"、"绝学无忧"，是为了痛斥儒家"湛心利禄"、"攀援权贵"而丧失了士大夫固有的人格尊严与独立意志。因此，吴虞宣称："学不本于道德，而规规于仁义礼乐以粉饰家天下之政，不如绝之！"[②]

再次，借助庄学指斥时弊。吴虞认为，庄子继承了老子的思想传统，他身处儒家道德蔓延之世，亲眼目睹了孔氏门徒所宣扬的礼乐仁义之"困人"。故而，吴氏借庄学指斥时弊，指出："今日行仁义道德的人，往往失去了自己一身，小人以身殉利，士以身殉名，大夫以身殉家，圣人以身殉天下……儒家的所谓仁义道德，不过是媚于世俗多数人的一个东西。"[③]在吴虞的眼中，庄周是一位既不为当权者的器重所动心，又不为名利官禄而吹捧攀援当权者的具有独立人格尊严和自由的知识分子，他的独立不羁、高洁不污、鄙视权贵、自快其志的精神风尚，是"一种不屈的精神、自由的思想，何等伟大"[④]！在新文化运动中，吴虞曾鼓动士大夫知识分子："丈夫当独立，屈强古人前。安能寄篱下，附骥作圣贤。所贵不失己，莫令媸者妍。马迁虽缪圣，并圣垂千年。"[⑤]他认为，人有了独立的人格精神，树立了真正的自我尊严，什么荣辱与褒贬都可能置之度外了，这不仅不会丧失自我，反而能真正获得自我的价值。真可谓"不知人事有升沉，源里桃花自古今。何似市朝容大隐，闭门风雨万山深。"[⑥]

不难看出，吴虞无论从礼与刑、人性独立自由角度批判封建专制主义，抑或借庄学指斥时弊，都是在高扬道家风骨，都是试图以道家风骨这种旧知装西方自由、独立之新知，是一种旧瓶装新酒的做法。尽管他用这种中西混合的方法批判所谓儒教之专制主义多有不近人理之处，

① 吴虞：《吴虞集》，四川人民出版社 1985 年版，第 155 页。
② 吴虞：《吴虞集》，四川人民出版社 1985 年版，第 120 页。
③ 吴虞：《吴虞集》，四川人民出版社 1985 年版，第 158 页。
④ 吴虞：《吴虞集》，四川人民出版社 1985 年版，第 159 页。
⑤ 吴虞：《吴虞集》，四川人民出版社 1985 年版，第 333 页。
⑥ 吴虞：《吴虞集》，四川人民出版社 1985 年版，第 287 页。

乃至使之成为“五四”反封建的极端代表，但其反黑暗和追求自由、独立的诉求在当时却是惊世骇俗之举，并与社会潮流发展的大势相趋步，因而也为历史留下了难以忽略的一笔。

三、以新道家形象追求学术平等与自由

作为活跃于五四新文化运动舞台上的一位学人，吴虞不仅以道家风骨批判封建专制主义，而且还试图以西方的平等、自由更新古老的道家思想，借重铸所谓“新道家形象”以实现学术思想文化上的独立、平等。他深感确立学术思想文化上的平等、自由、独立对于推进一个国家精神、文化、文明的发展的重要意义和作用，指出：“夫学术思想之在一国，犹人之有精神也。故弥勒？约翰之言曰：无新思想、新言论，则无国亦无由兴。盖辩论愈多，学派愈杂，则竞争不已，而折中之说出，于是真理益明，智识益进，速成为灿烂庄严之世界焉。故知专制者，乃败坏个人品性之一大毒药也。夫与己不同道，则诋为异端，詈为邪说，不以为非圣无法，即以为畔道离经，斯诚社会之污点，学术家之深耻也。”[①]在吴虞看来，中国传统学术思想的发展是极不健康的。先秦时期，诸子百家争鸣，学术思想曾丰富多样。“春秋战国之间，人材特盛。此则诸子并立，教学未定一尊，学术争鸣，智识发展之效也。”[②]但到秦汉以后，专制主义与儒教走向融合，政治势力的渗透与干预，人为地打破了原来的诸子平等的格局，罢黜百家，独尊儒术，儒教成为评判诸子百家是非的唯一标准。因此，自“董仲舒之说大行，而儒家竟以《春秋》诛乱臣贼子之法，施之于学术矣”[③]，诸子之学从此消沉下去。按照吴虞的信念，学术思想存在的前提是彼此之间的相互平等和自由，它们本来就没有高下优劣之分。因此，必须改变传统学术思想之不平等格局。但是吴虞既不同于那些一概反传统、全盘引进西学的崇洋论者，也不同于那些只限于儒教传统而忽视其他学术思想的本位论者。当胡适等人突破儒教

① 吴虞：《吴虞集》，四川人民出版社 1985 年版，第 13 页。

② 吴虞：《吴虞集》，四川人民出版社 1985 年版，第 42～43 页。

③ 吴虞：《吴虞集》，四川人民出版社 1985 年版，第 249 页。

的局限，积极发掘墨辨传统时，吴虞则别出心裁地大力开掘道家的优秀传统。他的这种开掘，并非像民国初年儒教论者力图恢复孔圣人至尊地位那样地去重新恢复老子和庄子的古代形象，而是既发扬了老庄道家思想的优秀传统，又融入了现时代最为先进的民主、平等、自由观念，重新塑造了符合当时中国的时代精神需要的新道家形象。

吴虞的反对专制主义、主张学术思想自由的观念，在五四新文化运动期间，曾与陈独秀、胡适等先进思想家的思想形成了共鸣。陈独秀在1917年初写给吴虞的一封复信中，明确表示赞同吴虞的观点，并指出："无论何种学派，均不能定为一尊，以阻碍思想文化之自由发展。"①当时，在中西文化的碰撞与融合之下，遏止思想自由、阻碍学术文化多元发展的儒教专制主义失去了昔日的权威，而一向受到冷落和排斥的道家"万物齐一"、"道法自然"等所蕴含的平等、自由观念日益凸显出时代的价值。吴虞对此有着比较清醒的认识，故警戒世人："新旧蜕嬗之际，学说异同又曷足怪乎！"②"异同彼我定原难，鹏鷃逍遥宇宙宽。但觉梦中蝴蝶好，漆园未必用儒冠。"③他所期待的是，彻底打破儒教专制主义的禁锢，弘扬道家文化追求思想自由的精神风尚，任凭古今东西各种思想、学说、文化相互交流融合、共生共存、自由发展。他以《庄子》中的用语赋诗一首，以寄志情："河伯犹能叹望洋，蟪蛄全不解炎凉。广从世界求知识，礼教何须限一方。"④可见，吴虞的情志是博大深远的，他不仅要求重塑新道家形象，而后更有创造世界新礼教的宏伟愿望。当然，吴虞的自由观念主要不是源于道家，而是近代西方的人权思想，故其推重、开掘道家思想的目的，不过是借作为中国传统重要组成部分的道家学派与思想，来接受西方民主、平等、自由之精神。他早年曾专门赴日学习政法知识，深知"人权重宣言，斯理世所识。自由当保障，固弗限南

① 水如编：《陈独秀书信集》，新华出版社1987年版，第67页。
② 吴虞：《吴虞集》，四川人民出版社1985年版，第352页。
③ 吴虞：《吴虞集》，四川人民出版社1985年版，第294页。
④ 吴虞：《吴虞集》，四川人民出版社1985年版，第289页。

北”[①]。人生来是平等的，因此应当是自由的。“始知天地仁，万类各自由。”[②]他正是从中西学术思想的比勘中来开掘道家思想听包含着的自由精神，并以这种自由精神作西方民主、平等、自由的注脚，进而适应当时中国之时代发展的需要，此可谓有为而作、有为而发。

四、消极革命之老庄

吴虞道家风骨的可贵之处，不仅在于他不遗余力地开掘道家思想的优秀传统及其时代价值，并且在于他不师心自用地去偏袒道家思想中的消极因素，而是自觉剔除其不适合时代需要的成分。他曾为《新青年》杂志撰写《消极革命之老庄》一文，称老庄为“消极革命派”，果断批评道家传统中的消极退隐思想。

吴虞探究老庄的消极革命思想源自近代的日本学人。日人曾将法兰西人与中国人作比较，认为法兰西人为积极革命派，中国人则为消极革命派，其中消极革命派的代表即是老庄。吴虞认为，这种看法甚有道理，“推究其说，盖法兰西人见政府腐败，则亟起革命，断头流血，迫不及待，以求涤瑕荡秽，保其自由，弗可以须臾忍。‘老庄派’则不然”，他们虽然能“深知家天下者遗弃公天下之道德，而专以家天下之仁义礼智愚弄人民，阴遂其私”[③]，从而视封建专制统治者为“民贼”、“盗魁”；然而他们却不能提出积极革命的主张，不能直接投身于反抗“民贼”、“盗魁”的正义斗争，而是采取逃避退让的办法，这实际上是放纵“民贼”、“盗魁”为所欲为。在这里，吴虞深刻地认识到，老庄道家依靠消极退隐、容忍退让来苟全自由是不可能的，自由需要去积极地争取，甚至要以流血牺牲为代价。退隐虽然也能苟全一点自由，但这实际上是以失去了更多的自由为前提的。何况退隐是有一定极限的，当达到极限，实现了完全的退隐之时，也就完全丧失了应有的自由。吴虞对老庄以退隐来获得自由的办法的批评，可以说在相当程度上揭示了人权的真谛。

---

① 吴虞:《吴虞集》，四川人民出版社 1985 年版，第 367 页。

② 吴虞:《吴虞集》，四川人民出版社 1985 年版，第 328 页。

③ 吴虞:《吴虞集》，四川人民出版社 1985 年版，第 122 页。

不难看出，吴虞对道家消极革命的揭露与批判，目的在于阐明道家思想的现代转型的必要性和必然性，亦即必须抛弃其“消极革命”的劣根性，以近代法兰西人为榜样，自觉吸取其“积极革命”的精神，勇敢而毫不妥协地去斗争和维护，使老庄所幻想的人格之独立与思想之自由得到真正的实现。这些话语虽是“五四”时期一介书生的构想，但后来的中国民主革命的实践证明，其不乏有真理的光亮。

第四节　冯友兰对道家思想的研究

冯友兰(1895～1990)是20世纪中国学术思想发展历程中一位具有划时代意义的哲学家。人们通常认为冯先生的哲学是“接着”宋明理学，尤其是程朱理学而讲的“新理学”，是自觉承续儒学慧命的新儒家。近年来，又有学者指出，冯先生首先是一个现代新道家，其次才是一个新儒家，并进一步指出，冯先生首先是从中国哲学史的研究开始的，其对道家哲学史的研究所取得的成就，铸就了他之成为新道家。[①]

冯友兰对道家思想的研究，主要体现在他的三部哲学史著作中，即1931年出版的《中国哲学史》、1931年出版的《中国哲学小史》、1948年出版的英文本《中国哲学简史》(原名 *A Short History of Chinese Phylosophy*)。冯先生在这三部哲学史著作中，皆列专章专节对道家各派人物的哲学思想进行了全面、系统的梳理，并加上自己的评判，形成了独特的、系统的对于道家思想的研究。除上述三部哲学史著作外，冯先生还在其1939年出版的《新理学》、1943年出版的《新原人》、1945年出版的《新原道》等著作中，阐述了其对道家思想的研究观点。

新旧社会交替、中西文化剧烈碰撞的时代发展的特点，对冯友兰的思想历程产生了深远的影响。其思想历程不仅时间跨度长，而且呈现出不同的阶段特点。学界对冯先生思想发展的历程，大致有两种观点：一是，蔡仲德先生认为冯先生的思想历程可分为1918～1948年、1949～

---

① 参见张斌峰《试论道家哲学在冯友兰新理学中的地位与作用——兼论作为新道家的冯友兰》，载陈鼓应《道家文化研究》第20辑，三联书店2003年版，第316页。

1976 年、1977～1990 年三个时期，它们分别是冯先生“实现自我”、“失落自我”和“回归自我”的时期[①]；二是，方克立先生认为“冯先生的思想历程从大阶段来划分，还是应该分为解放前后两个阶段”[②]。解放之前是冯先生作为现代中国哲学史家和哲学家之学术地位的确立阶段，解放之后则是接受马克思主义并用其指导、重新研究中国哲学史的阶段。尽管二人的阶段划分有异，但这两种观点均表明冯友兰的思想行为复杂而有矛盾。它既是中国现代知识分子苦难历程的缩影，又是中国现代学术文化曲折历程的缩影，极具典型意义。

冯友兰哲学研究的方法论，不仅包括西方哲学的研究方法，还包括唯物史观方法论。学界一般认为，冯友兰是在 1949 年之后才开始接受马克思主义并运用马克思主义研究中国哲学史的。但是，马克思主义作为 20 世纪上半叶在中国流行至广、至深、至远的一种哲学思潮，不可能不对冯友兰产生影响。因此，本书认为在 1949 年之前，冯友兰对唯物史观和唯物辩证法的一些观点就有认同，并且在其研究中加以运用。

青年时代的冯友兰一开始并不认同马克思主义。在 20 世纪 20 年代出版的《人生哲学》中，对于如何解释历史的问题，他还曾十分坚定地反对陈独秀、李大钊等人所主张的马克思主义的唯物史观，即从经济基础决定上层建筑的原理出发，解释历史，解释文化。相反，冯先生认为应当从人的欲望出发，把经济、知识、思想、言论、教育等看成是“人之欲的儿子”，因为“人因有欲，所以活动，此活动即是历史，而经济知识等，则历史各部分之内容”[③]。

经过问题与主义论战、科玄论战、中国社会性质论战和中国社会史论战，特别是经过唯物辩证法的论战后，马克思主义逐渐成为中国现代哲学的主潮。1927 年，在燕京大学工作期间，冯友兰便开始接触了唯

---

① 参见蔡仲德《关于冯友兰思想历程的几个问题——答方克立先生》，载《哲学研究》1998 年第 10 期。

② 方克立:《全面评价冯友兰》，载《哲学研究》1997 年第 12 期。

③ 冯友兰:《一种人生观·附录》，载《三松堂全集》第 2 卷，河南人民出版社 2001 年版，第 29 页。

物史观的一些思想。他曾自述，在当时讲中国哲学史遇到了一些困难。当时“随着马克思主义在中国的传播，在历史工作中，唯物史观也流传开了。唯物史观的一般原则，对于我也发生了一点影响”[①]，这些影响主要体现在冯先生当时讲的中国哲学史中。与胡适的《中国哲学史大纲》相比，冯友兰主要是“从经济制度、政治制度等社会环境中考察哲学家的思想体系”[②]。

1933年的欧洲之旅，更使冯友兰对马克思主义、对唯物史观有了感同身受的真切了解。1933年，冯先生应英国各大学中国委员会邀请赴英国讲授中国文化。1934年，他离开英国后在巴黎小住，后又从柏林经波兰进入前苏联考察。同年9月回国后，冯先生发表《游欧洲印象》、《在苏联所得之印象》等文，公开肯定唯物史观，并因此遭到国民党政府短暂逮捕。1936年8月发表的《中国现代民族运动之总动向》便突出反映了这一特色。文章指出：“在现在的世界中，一切经济先进的民族，都成了‘城里人’，经济落后者都成了‘乡下人’。换言之，即经济落后的民族国家，都成了经济先进者的殖民地了。”文章又说：“工业革命可以说是近代世界所有革命中之最基本者，有了这工业革命，使别的建筑在旧经济基础上的诸制度也都全变了。有一个人说工业革命的结果使‘乡村靠都市’，‘东方靠西方’，我觉得这话很对。东方没有工业革命，就变成了‘乡下人’了。这是个基本意思。我们用这个基本意思来看历史，一切都可以看得通。”[③]此处“有一个人”便指马克思，这“基本意思”便指唯物史观。

在《秦汉历史哲学》中，冯友兰承认了马克思的唯物史观，并从生产力与生产关系、经济基础与上层建筑的关系出发，以经济制度为基础来解释社会政治制度、精神文明及思想观念体系，把经济构造、社会组织、政治制度、风俗习惯与生活方式等作为哲学的时代背景。他甚至用中

① 冯友兰：《三松堂全集·自序》，载《三松堂全集》第1卷，河南人民出版社1985年版，第203页。

② 王鉴平：《冯友兰哲学思想研究》，四川人民出版社1988年版，第190页。

③ 冯友兰：《三松堂学术文集》，北京大学出版社1984年版，第387页。

国哲学中的体、用范畴来解释经济基础与上层建筑的关系，“在一个社会类型中，生产力等经济基础是体，政治、文化等上层建筑是用。体要改了，用会跟着改”①。

20世纪40年代，“贞元六书”（《新理学》、《新事论》、《新世训》、《新原人》、《新原道》、《新知言》）相继出版。作为20世纪30年代的思想体系的深入延续，1940年出版的《新事论》继续以唯物史观作为哲学研究和分析的方法论。冯友兰站在唯物史观的立场上，通过生产社会化程度的差异把握古今社会类型的区别，将中西文化的差异归结为生产方式的差异，强调古今之别即是生产方式不同发展阶段的差异。

冯友兰运用唯物史观具体来研究道家思想，则主要体现在《中国哲学史新编》中。他指出，道家哲学是一种唯物主义哲学，道家学说代表没落阶级的利益，等等。由于这是一部成书于建国之后的著作，不在本书探析的时间范围内，故不在此作具体探研。本书主要从西方哲学的方法论角度，探研冯先生对道家思想的研究。

一、关于道家的起源研究

冯友兰早年以《中国哲学史》和《中国哲学简史》为代表的中国哲学史研究，主要选择了西方哲学作为参照系统。对于为什么选择西方哲学作为参照系统，冯先生曾指出：“哲学本一西洋名词。今欲讲中国哲学史，其主要工作之一，即就中国历史上各种学问中，将其可以西洋所谓哲学名之者，选出而叙述之。”②“所谓中国哲学者，即中国之某种学问或某种学问之某部分之可以西洋哲学名之者。”③尽管西方哲学家对哲学的界定不同，但从主要方面看，不外乎三大部分：第一是宇宙论，目的在于求一“对于世界之道理”（a theory of world）；第二是人生论，目

---

① 冯友兰：《秦汉历史哲学》，载《三松堂学术文集》，北京大学出版社1984年版，第245～246页。

② 冯友兰：《中国哲学史》（上），载陈来主编《冯友兰选集》，北京大学出版社2000年版，第5页。

③ 冯友兰：《中国哲学史》（上），载陈来主编《冯友兰选集》，北京大学出版社2000年版，第9页。

的在求一“对于人生之道理”(a theory of life)；第三是知识论，目的在求一“对于知识之道理”(a theory of knowledge)。在冯先生看来，如果参照西方哲学的宇宙论、人生论和知识论这三部分内容，那么魏晋玄学、宋明道学、清代义理之学，就其研究对象而言，就非常接近于西方哲学。在中国古代的学说中，“研究天道之部分，即约略相当于西洋哲学中之宇宙论。其研究性命之部分，即约略相当于西洋哲学中之人生论。惟西洋哲学方法论之部分，在中国思想史之子学时代，尚讨论及之，宋明而后，无研究之者。自另一方面言之，此后义理之学，亦有其方法论，即所谓‘为学之方’是也。不过此方法论所讲，非求知识之方法，乃修养之方法，非所以求真，乃所以求善之方法”[①]。

正是以西方哲学及其研究方法作为参照系统，冯友兰把中国哲学史及其方法论从传统学术中剥离出来，并使其成为现代学术的一个独立的部门和领域，开创了中国哲学史和中国哲学史方法论的新时代。冯友兰的道家思想研究正是在这样一种学术背景下展开的。在《中国哲学史》和《中国哲学简史》以及“贞元六书”中，冯先生主要研究了道家的起源和发展、道家学说的主要内容等。

关于道家的起源，冯友兰认为道家源于隐士。1936 年，冯友兰在女师学院以“先秦诸子起源”为题演讲，指出儒家、墨家、阴阳家、法家等学派专重于“学成致用，卖与帝王家”，“但是还有一般人抱有技艺才能，然而不愿意责与他人，这便是隐士。道家即出于隐士”[②]。在《中国哲学简史》中，他又指出：“隐者正是这样的‘欲洁其身’的个人主义者。在某种意义上，他们还是败北主义者，他们认为这个世界太坏了，不可救药……这些人大都离群索居，遁迹山林，道家可能就是出于这种人。”[③]这个观点是冯先生一直坚持的观点，直到在 1980 年修订本的《中国哲

① 冯友兰:《中国哲学史》(上)，载陈来主编《冯友兰选集》，北京大学出版社 2000 年版，第 8～9 页。

② 冯友兰:《三松堂学术文集》，北京大学出版社 1984 年版，第 372 页。

③ 冯友兰:《中国哲学简史》，北京大学出版社 1996 年版，第 54 页。

学史新编》中，他依然认为所谓“逸民”、“隐者”是道家的先驱。[①]

冯友兰关于“道家出于隐士”的观点在后来的治中国哲学史家中产生了较大的影响，并成为言之有理、持之有故的一家之言。学者郭沂认为：“刘歆说道家源于史官，冯友兰主张源于隐者，在我看来，今天我们所说的道家，本来就是两大学派。一派源于史官……另一派源于隐者……两派的发展线索都十分清楚。”[②]

关于道家的创始人，冯友兰认为是杨朱，并且认为杨朱的思想被老子和庄子所继承和发扬，最终形成了一套完整的以“为我”为中心的道家哲学。在《新原道》中，冯先生指出：“杨朱一派底人，就是早期的道家。‘道家者流’，出于隐者……在隐者之中，有能讲出一番理论以为其行为作根据者，这些人便是早期的道家。杨朱就是其中的领袖。”[③]至于杨朱生活的年代，冯先生认为当在墨子与孟子之间，“《墨子》一书中，未曾提到杨朱。而在《孟子》书中，杨朱已经是一位著名人物，像墨子一样”[④]。关于杨朱思想的发展，在《中国哲学简史》中，冯先生明确把道家的发展分为三个阶段。他说：“属于杨朱的那些观念，代表第一阶段。《老子》的大部分思想代表第二阶段。《庄子》的大部分思想代表第三阶段即最后阶段。”[⑤]

关于道家诸派的思想，冯友兰指出，杨朱的基本观念是“为我”和“轻物重生”，这两者其实是一个学说中的两个方面，均是针对墨家而提出的。老子哲学是以“道”、“有”、“无”为基本范畴，以“反者道之动”为总原则的思想体系；庄子哲学是围绕着“全生避害”这一先秦道家的中心思想展开的；黄老之学则是把道家的养生理论和法家的治国理论结合起来的新学说，养生和治国遂成为一个理论的两个方面；魏晋玄学则被称为“主理派”与“主情派”的新道家。向秀和郭象是从名家理论受到启发，通过

---

① 参见冯友兰《中国哲学史新编》(上)，人民出版社 1998 年版，第 266～270 页。

② 郭沂：《从郭店楚简看先秦哲学发展脉络》，载 1999 年 4 月 23 日《光明日报》。

③ 冯友兰：《贞元六书》，华东师范大学出版社 1996 年版，第 728 页。

④ 冯友兰：《中国哲学简史》，北京大学出版社 1996 年版，第 55 页。

⑤ 冯友兰：《中国哲学简史》，北京大学出版社 1996 年版，第 58 页。

“辩名析理”的方法把名、理结合起来，强调遵从理性而生的“主理派”；阮籍、嵇康等人则是崇尚“风流”，强调任从冲动而生的“主情派”。

二、西方哲学话语系统下对道家思想的研究

冯友兰对道家思想的研究，大致可从以下几个方面来理解：

（一）道家哲学是一种浪漫哲学

冯友兰在其早年的《人生哲学》中，曾将道家哲学概括为浪漫派。他说：“中国道家老庄之流，以为现在的世界之天然境界即好，所须去掉者只人为的境界而已。此派虽主损而不否认现世，我名此派曰浪漫派。”[①]在《中国哲学简史》中，他又进一步指出：“人们常说孔子重‘名教’，老、庄重‘自然’。中国哲学的这两种趋势，约略相当于西方思想中的古典主义和浪漫主义这两种传统。”[②]冯先生从浪漫主义来概括道家哲学的特征应当是从中西文化比较中获得的灵感。他曾说：“我还没有懂得英文 Romanticism（浪漫主义）或 Romantic（罗曼谛克）的全部含义，但是我揣摩着，这两个词与‘风流’真正是大致相当。‘风流’主要是与道家有关。”[③]在《新理学在哲学中之地位及其方法》一文的结尾处，冯先生说：“这就是所谓晋人风流，风流底言语，是诗底言语。风流底人生，是诗底人生。风流一名，是西洋所谓浪漫的确译。风流底言语与以负底方法讲形而上学的言语相近似。所以禅宗中底人常说：‘不风流处亦风流。’”可见，风流是晋人的特质，也是玄学的特质，以负的方法讲形而上学，也如风流的言语一样“妙处难与君说”[④]。

在冯友兰看来，道家哲学的浪漫主义特征主要表现为其思想内容上具有超越性。他不是从现实世界出发，而是从自己的愿望出发，强烈地表达自己对理想世界的追求。无论是“绝仁弃义”、“绝圣弃智”、“返朴归真”的境界理想，还是“至德之世”、“小国寡民”的社会理想，都彰显

① 冯友兰：《三松堂全集》第1卷，河南人民出版社1985年版，第192页

② 冯友兰：《中国哲学简史》，北京大学出版社1996年版，第19～20页。

③ 冯友兰：《中国哲学简史》，北京大学出版社1996年版，第199页。

④ 冯友兰：《三松堂学术文集》，北京大学出版社1984年版，第568页。

了道家这种对理想世界的追求。就魏晋新道家的人物而言，嵇康、刘伶、阮籍，等等，无一不是超越世俗礼教、寄情山水之间、追求自由自在精神生活的人。即使在语言表达方式上，他们也都采用简洁、玄奥、诗意的语言来表达自己的思想。如“《老子》全书都是名言隽语，《庄子》各篇大都充满比喻例证”，“它们明晰不足而暗示有余，前者从后者得到补偿”[①]。他们的生活方式和话语方式充满了魅力，显示出鲜明的浪漫主义特色。

（二）负的方法

冯友兰认为道家哲学在方法论上的最大贡献是提供了负的方法，即直觉体悟的方法。在冯友兰看来，人的认识对象可区分为三类：“有只可感觉不可思议者。有不可感觉，只可思议者。有不可感觉，亦不可思议者。”[②]只可感觉不可思议者，即指具体的感性事物；不可感觉只可思议者，指的是抽象的理或共相；不可感觉亦不可思议者，就是冯先生所讲的形而上学观念——“大全”。哲学形而上学最终要以“大全”作为研究对象，但“大全”又是不可思议的。这样一来，“哲学自己给自己制造了麻烦。它硬是要思议不可思议的东西，要言说不可言说的东西”[③]。那么如何去解决这一麻烦呢？这就要使用“直觉主义底方法”了。“直觉主义底方法”即指道家的“负的方法”，运用负的方法讲形而上学，“不说不可言说的东西是什么，而只说它不是什么。这就是佛学中所说的‘想入非非’。‘非非’就是不是什么（非）而又不是不是什么（非非）”[④]。冯先生经常作比喻说，这种负的方法就如传统中国画中“烘云托月”的手法，画家的本意是画月，却只在纸上画一大片云彩，于所画云彩中一圆的空白，其空白即是月，其所画之月正在他所未画的地方。

在中国哲学中，擅长用负的方法的，当数道家和禅宗。《老子》、《庄子》等书中，并没有说“道”实际上是什么，却只说了它不是什么，“但是

① 冯友兰:《中国哲学简史》，北京大学出版社 1996 年版，第 11 页。

② 冯友兰:《三松堂全集》第 5 卷，河南人民出版社 1986 年版，第 264 页。

③ 冯友兰:《三松堂自序》，三联书店 1984 年版，第 272 页。

④ 冯友兰:《三松堂自序》，三联书店 1984 年版，第 272～273 页。

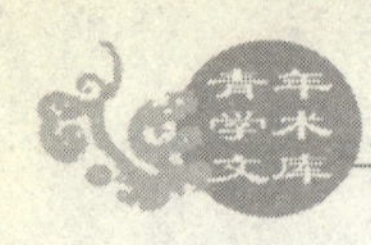

若知道了它不是什么，也就明白了一些它是什么"[①]。"道可道，非常道。名可名，非常名。"[②]意即能够言说的"道"便不是真常的"道"，能够言说的"名"也不是常"名"。真常的"道"和"名"是不可言说、不可思议的。《庄子》中亦有"道不可言，言而非也"[③]。可见，通过概念的推演，逻辑的分析是不能达到"道"的。

冯友兰指出："道家求最高知识及最高境界的方法就是去知，去知的结果是无知。"但这种无知并非原始的无知，而是后得无知。"有后得无知的人，其境界是天地境界。"[④]"谁若对道家有正确的理解，谁就会看到，到了最后就无可言说，只有静默。在静默中也就越过界限，达到彼岸。这就我所谓的形上学的负的方法，道家使用最多。禅宗也使用它。禅宗是在道家影响之下在中国发展起来的佛教的一个宗派。"[⑤]冯友兰甚至坦率地承认，新理学正是继承了道家的这种方法才构成了一套完整的形而上学。"新底形上学，须是对于实际无所肯定底，须是对于实际，虽说了些话，而实是没有积极地说什么底。不过在西洋哲学史里，没有这种底形上学的传统。西洋哲学家，不容易了解，虽说而没有积极地说什么底'废话'，怎样构成形上学。在中国哲学史中，先秦的道家，魏晋的玄学，唐代的禅宗，恰好造成了这一传统。新理学就是受这种传统的启示，利用现代逻辑学对于形上学底批评，以成立一个完全'不著实际'底形上学。"[⑥]

冯友兰认为，负的方法是哲学方法中最高、最后的方法，但这最高、最后的方法应该经由正的方法而来。他指出："一个完全的形上学系统，应当始于正的方法，而终于负的方法。如果它不终于负的方法，它就不能达到哲学的最后顶点。但如果它不始于正的方法，它就缺少作

---

① 冯友兰：《中国哲学简史》，北京大学出版社 1996 年版，第 294 页。

② 陈鼓应：《老子注译及评介》，中华书局 1984 年版，第 53 页。

③ 曾础基：《庄子浅注》，中华书局 2000 年版，第 331 页。

④ 冯友兰：《冯友兰论著自选集》，北京师范学院出版社 1992 年版，第 308 页。

⑤ 冯友兰：《冯友兰论著自选集》，北京师范学院出版社 1992 年版，第 554 页。

⑥ 冯友兰：《三松堂全集》第 6 卷，河南人民出版社 2000 年版，第 147 页。

为哲学的实质的清晰思想。”[①]这一看法既肯定了道家哲学的负的方法的重要性，又内在地蕴含着对道家方法论上的局限性的批判，即对道家思想缺乏正的方法的批判。

（三）用逻辑分析方法研究道家哲学

作为学贯中西的哲学家，冯友兰受过严格的西方哲学方法论的训练。在西方哲学中，冯先生汲取的思想资源，一是逻辑分析的思维方法，一是作为西方正统的柏拉图主义的新实在论的思想。冯友兰受西方理性主义传统的影响是从学习逻辑学开始的。早年在上海公学，他一开始接触逻辑学，就对其产生了深厚的兴趣。在《三松堂自序》中，他曾说：“无论如何我对哲学的兴趣是逻辑学引起的……以逻辑学为入门的哲学，自然是西方哲学。”[②]

后来，他在《中国哲学史》“绪论”中谈到哲学方法时，便指出直觉、顿悟只可以使人得到“神秘的经验”，不能使人得到一种哲学。因为哲学是“写出或说出之道理”，是由许多判断组成的。“判断必合逻辑”，所以“欲立一哲学道理……未有不以逻辑方法者”。哲学方法“必为逻辑的，科学的”[③]。逻辑分析法在西方哲学中有“很高底发展”，而“在中国哲学中从未充分发展”。因此，要使中国哲学像西方哲学那样充分体现理性主义，必须“努力于将逻辑分析方法引进中国哲学”[④]。

作为一个熟悉新实在论的学者，冯氏在《在国哲学史》中对老、庄之道的哲学解析，正是建立在西方哲学理念概念所含有的“原理”一义上的。原始的道论经由这么一种抽象，完成了其现代意义上的术语转换：“古代所谓天，乃主宰之天。孔子因之，墨子提倡之。至孟子则所谓天，有时已为义理之天……《老子》则直谓‘天地不仁’，不但取消天之道德的意义，且取消其唯心的意义。古时所谓道，均谓人道，至《老子》乃予道以形而上学的意义。以为天地万物之生，必有其所以生之总原理，此

---

① 冯友兰：《中国哲学简史》，北京大学出版社 1996 年版，第 295 页。

② 冯友兰：《三松堂自序》，三联书店 1984 年版，第 29 页。

③ 冯友兰：《中国哲学史》（上），中华书局 1961 年版，第 4～5 页。

④ 黄克剑、吴小龙编：《冯友兰集》，群言出版社 1993 年版，第 520 页。

总原理名之曰道。”[①]具体落实到“道”与“德”，则可以一言作答：“道为天地万物所以生之总原理，德为一物所以生之原理。”[②]不难看出，经过冯友兰这一番哲学语言的抽象处理，便产生了一种提纲挈领的效果。

（四）对道家学说的评判

在西方哲学参照系统下，冯友兰对道家思想进行了评判。在《新原道》中，冯友兰认为早期的道家只讲功利境界，其学说是提倡重生、避害。他们重生就是重他们自己的生，道家纯任自然也是错误的，不仅在事实上不可行，在理论上也说不通。冯先生认为，道家及佛家所说的圣人离开社会而不能有用于社会，如果人人都这样，则社会将不存。再如，道家认为无为的生活是快乐的生活，这是对的；道家又认为由于受到社会制度的束缚，人不能完全拥有这种生活，这也是对的。但不能因追求完全实现这种生活，而不需要社会制度，“这是一种过于简单底办法，是不可行底”[③]。

在评价中国哲学主流之得失时，冯友兰的评判标准就是“极高明而道中庸”[④]。“极高明”即讲真正的哲学必须超出经验世界，“道中庸”则指真正的哲学又必须要把“高明”落实到人伦日用之中。既要超出经验世界，又不能脱离经验世界。冯先生认为，一种哲学如果只做到“极高明”而没有做到“道中庸”，那么这种哲学只能说不是最好的哲学；如果一种哲学只是做到“道中庸”，而没有做到“极高明”，那么这种哲学能否被称为哲学就值得怀疑了。因为哲学之所以成为哲学，一个重要的特点就是其超验性。如果一种学说只有政治伦理方面的内容，那它就根本没有资格被称为哲学。按照这个标准，冯友兰认为孔孟易庸，汉儒甚至宋明道学虽合乎“道中庸”，但在“极高明”方面没有达到最高的地步。相反，道家和禅宗在“极高明”方面做得极为成功，但偏离了“道中庸”的方向。

---

① 冯友兰：《中国哲学史》（上），中华书局 1961 年版，第 218 页。

② 冯友兰：《中国哲学史》（上），中华书局 1961 年版，第 222 页。

③ 冯友兰：《贞元六书》，华东师范大学出版社 1996 年版，第 418 页。

④ 刘俊田、林松、禹克坤译注：《四书全译》，贵州人民出版社 1988 年版，第 65 页。

第八章　马克思主义的传播与道家思想的研究

马克思主义是由马克思、恩格斯创立的，旨在实现人的解放的一种理论。1848年2月，由二人合著的《共产党宣言》发表，标志着马克思主义诞生。在经历了半个多世纪的发展后，马克思主义已经“远在德国和欧洲境界以外，在世界的一切文明语言中都找了拥护者”①。1917年，俄国十月革命取得胜利，建立了世界上第一个社会主义国家，使马克思、恩格斯对于未来社会的构想变成了现实，极大地促进了马克思主义在世界范围内，包括在中国的传播。

艾思奇曾以1927年为界，把马克思主义在中国的传播、发展划分为两个阶段：从五四运动到1927年，主要表现为唯物史观的兴起；1927年以后，则以唯物辩证法为重心。作为伴随马克思主义的传入而最先为中国学人所认同的理论与方法，唯物史观不仅在政治层面，而且在学术层面逐渐确立起指导地位。在唯物史观的影响和指导下，现代哲学、史学、政治学、经济学等完整的学科体系逐步建立起来。在这种学术背景下，先秦道家思想的研究出现了较大的飞跃。马克思主义学者的介入，使得这一研究领域在立场、观点和方法等方面，都发生了显著的改变，尤其是在学术观点上，出现了较大面积的变化。

---

① 《马克思恩格斯文集》第4卷，人民出版社2009年版，第265页。

第一节　马克思主义在中国的传播及其对中国现代学术的影响

一、马克思主义在中国的传播

中国思想界接触马克思主义的历史可以追溯至19世纪末20世纪初。1899年，来华的美国传教士李提摩太节译了蔡尔康写的《大同学》一文，发表在广学会主办的《万国公报》上，中国学者从中知道了马克思的名字。1903年，《浙江潮》杂志出版了日本学者幸德秋水《社会主义神髓》的中文译本，中国学者从该书中第一次得知了恩格斯这个名字。1902年，梁启超在《新民丛报》第18号上发表《进化论革命者颉德之学说》一文，其中写道："今之德国，有最占势力之二大思想。一曰麦喀士之社会主义，二曰尼志埃之个人主义。"①后来他又在《二十世纪之巨灵托拉斯》一文中介绍说，马克思是"社会主义之鼻祖，德国人，著述甚多"②。不过，梁启超并没有介绍马克思的学术思想。1906年，革命派思想家朱执信在《民报》第2号上发表《德意志革命家小传》一文，集中介绍了马克思和恩格斯的生平和学说，并节译了《共产党宣言》中的一大段文字。

中国人接受马克思主义思想影响的历史固然可以追溯到19世纪末，但马克思主义传入中国却开始于"五四"时期。因为"五四"之前，中国社会并没有形成接受马克思主义的社会条件和思想条件；"五四"之后，中国工人阶级作为一支独立的政治力量，登上了历史舞台，为马克思主义在中国的传播提供了社会条件。五四新文化运动的深入，促进了人们的思想解放，唤起了人们追求真理的热情，为马克思主义在中国的传播提供了思想条件。当中国已具备了这两个条件的时候，俄国十月革命的消息传来了。十月革命的胜利揭开了人类历史的新纪元，在

---

① (清)梁启超:《饮冰室合集》(文集12)，中华书局1989年版，第86页。

② (清)梁启超:《饮冰室合集》(文集14)，中华书局1989年版，第54页。

全世界范围内提高了马克思主义的威信，使中国人民受到极大的鼓舞。先进的中国人从旧民主主义革命屡屡失败的教训中认识到，“用无产阶级的宇宙观作为观察国家命运的工具，重新考虑自己的问题。走俄国人的路——这就是结论”①。

马克思主义在中国的传播和发展，表现为一个逐步深化的过程。在早期马克思主义者李大钊、陈独秀那里，马克思主义更多的被理解为唯物史观。1919 年，李大钊在《新青年》第 6 卷第 5 号和第 6 号上，发表了《我的马克思主义观》一文。他根据所接触到的日译本的《哲学的贫困》、《共产党宣言》和《〈政治经济学批判〉序言》等马克思、恩格斯的著作，对唯物史观的思想作了梳理和概括。

李大钊指出：“马克思的唯物史观有二要点：其一是关于人类文化的经验的说明；其二即社会组织进化论。其一是说人类社会生产关系的总和，构成社会经济的构造。这是社会的基础的构造。一切社会上政治的、法制的、伦理的、哲学的，简单说，凡是精神上的构造，都是随着经济的构造变化而变化……其二是说生产力与社会组织有密切的关系。生产力一有变动，社会组织必须随着他变动。”②

陈独秀接受马克思主义要比李大钊略晚一些。他曾撰写《谈政治》、《马克思学说》、《〈科学与人生观论战〉序》等文章，介绍唯物史观的主要内容，重点强调了马克思主义关于社会基本矛盾的学说。陈独秀认为唯物史观的主要内容有两个：“其一，说明人类文化之变动。大意是说：社会生产关系之总和为构成社会经济的基础，法律、政治都建筑在这基础上面。一切制度、文物、时代精神的构造都是跟着经济的构造变化而变化的，经济的构造是跟着生活资料之生产方法变化而变化的。不是人的意识决定人的生活，倒是人的社会生活决定人的意识。其二，说明社会制度之变动。大意是说，社会的生产力和社会制度有密切的关系，生产力有变动，社会制度也要跟着变动，因为经济的基础（即生产

---

① 《毛泽东选集》第 4 卷，人民出版社 1991 年版，第 1471 页。

② 李大钊：《我的马克思主义观》，载《李大钊全集》第 3 卷，河北教育出版社 1999 年版，第 228～229 页。

力)有了变动，在这基础上面的建筑物自然也要或徐或速的革起命来，所以手臼造出了封建诸侯的社会，蒸汽制粉机造出了资本家的社会。一种生产力所造出的社会制度，当初虽助长生产力发展，后来生产力发展到这社会制度(即法律、经济等制度)不能够容他更发展的程度，那时助长生产力的社会制度反变为生产力之障碍物，这障碍物内部所包涵的生产力仍是发展不已，两下冲突起来，结果，旧社会制度崩坏，新的继起，这就是社会革命；新的社会制度将来到了不能与生产力适合的时候，他的崩坏亦复如是。”[①]不难看出，陈独秀概述了生产力与生产关系、经济基础与上层建筑的矛盾运动，说明了社会革命发生的必然性。在1923年的科玄论战中，陈独秀又阐述了唯物史观关于社会存在与社会意识相互关联的原理。不仅指出社会存在决定社会意识，而且又强调社会意识并不是消极地反映社会存在，而是有着一定的反作用，旧的思想和理论会阻碍社会的发展，新思想和理论则促进社会的发展。

“理论在一个国家实现的程度，总是决定于理论满足这个国家的需要的程度。”[②]1927年大革命失败后，中国共产党人认识到“没有革命的理论，就不会有革命的运动”[③]。1928年6月，中共六届一中全会通过决议，决定“发行马克思、恩格斯、列宁、斯大林、布哈林及其他马克思主义和列宁主义领袖的主要著作”[④]。1929年，在君素所开列的出版社会科学书目中，马克思主义的书籍占了大部分。[⑤]随着马克思主义在中国的广泛传播，中国共产党人也逐渐认识到许多理论和实践问题的解决，仅仅依靠唯物史观是不够的，必须更完整地依靠马克思主义哲学。可见，民族危机了引发厚重的理论探索，马克思主义在中国的传播重点，

① 陈独秀：《马克思学说》，载林代昭、潘国华：《马克思主义在中国——从影响的传入到传播》(下)，清华大学出版社1983年版，第405页。

② 《马克思恩格斯文集》第1卷，人民出版社2009年版，第12页。

③ 刘少奇：《答宋亮同志》，载《刘少奇选集》(上)，人民出版社1981年版，第218页。

④ 《宣传工作决议案》，载中央档案馆编《中共中央文件选集》第4册，中央党校出版社1989年版，第257页。

⑤ 参见阮兴《20世纪20年代末30年代初的唯物史观、社会史论战与中国经济史研究》，载《江西师范大学学报》2007第3期。

由前一阶段的唯物史观开始转向辩证唯物主义。

辩证唯物主义在中国的传播始自瞿秋白。中国早期传播马克思主义者大都有留学日本的经历,因此其对马克思主义体系的理解受日本的影响很大。日本理论界通常把马克思主义体系概括为唯物史观、经济学说和科学社会主义三个组成部分。所以,李大钊在宣传马克思主义时,就试图用进化论中过去、现在、未来的时间链条,把马克思主义体系整合起来。在前苏联学习和研究马克思主义的瞿秋白,则似乎没有受到日本理论界的影响,他对马克思主义体系有自己的认识和理解。

瞿秋白在《马克思主义之概念》一文中指出,马克思主义理论体系包括四个组成部分,即"(一)互辩律唯物论,(二)唯物史观,(三)无产阶级经济学之结论,(四)科学共产主义"。这四部分内容不是并列的关系,而是有内在联系的完整体系。他特别重视互辩律唯物论(即"辩证唯物主义")在马克思主义理论体系中的基础地位,认为"这是马克思主义的最根本的基础,就是所谓马克思主义哲学"[①];至于唯物史观和经济学说,则是马克思主义哲学在社会中的运用,科学社会主义则是马克思通过研究资本主义社会得出的结论。总起来说,互辩律唯物论是马克思主义总的宇宙观和统一的方法论,唯物史观和经济学说是在具体研究领域的展开,科学社会主义则是马克思主义形成的最初动机和最终目标。列宁曾把马克思主义体系概括为哲学、政治经济学和科学社会主义三个组成部分,瞿秋白的"四分说"与列宁的"三分说"的基本意思是一致的。可见,正是针对中国理论界存在着的忽视辩证唯物主义的倾向,瞿秋白才将辩证唯物主义单独突出出来。

瞿秋白所宣传的辩证唯物主义主要侧重于以下几方面的内容:

一是关于哲学的基本问题。瞿秋白不仅首次明确地表述了哲学的基本问题,而且还把各种哲学划分为唯心主义和唯物主义两大阵营。他对唯心主义哲学产生的根源作了分析:既有其历史的原因——人的认识能力受历史条件的限制,又有社会的原因——社会生活现象的复

---

① 瞿秋白:《马克思主义之意义》,载《瞿秋白文集·政治理论编》第4卷,人民出版社1988年版,第20页。

杂使人无法把握自己的命运，只得求助于神灵的保佑。

二是关于世界的物质统一性原理。瞿秋白依据唯物主义指出世界在本质上是物质的，宇宙间的一切事物的现象，归根结底都是物质的具体表现。他还从世界的物质统一性原理出发，对生命、意识或精神作了唯物主义的说明。他指出，无论何种思想，都绝不是一个人的创造或想象的结果，人的一切知识都从对外界事物的反映中得来的，即使是纯粹抽象的算术也是对现实世界的反映。

三是关于唯物辩证法的三大规律。瞿秋白尽管没有做到把唯物主义与辩证法紧密地结合在一起，但他对马克思主义的辩证法还是给予了高度重视，并且对唯物辩证法的三大规律，即对立统一规律、质量互变规律和否定之否定规律都进行了阐述。他甚至将对立统一规律看成是唯物辩证法"最基本的原理"，这基本符合马克思主义哲学的原意。瞿秋白还将这三大规律视为一个完整的的体系，指出，"宇宙的根本是物质的动，动的根本性质就是矛盾——是否定之否定，是数量和质量的互变"①。

与李大钊、陈独秀仅限于传播唯物史观相比，瞿秋白将马克思主义的传播重点放在辩证唯物主义方面，这是一个进步。但是，瞿秋白在辩证唯物主义与旧唯物主义的划分界限等方面尚存在着一些偏差。这些缺陷与不足在李达和艾思奇那里得到了弥补。他们对辩证唯物主义和历史唯物主义的基本内容作了规范化的阐述，并将其进一步大众化。李达的《社会学大纲》是当时一部中国马克思主义哲学规范化的典范之作。在这部书中，他进一步把马克思主义规定为"实践的唯物论"②。李达认为，马克思主义之所以是"实践的唯物论"，首先在于"唯物辩证法，是唯一的科学的世界观"③，而这个世界观是以实践为基石的。所谓"唯一的科学的世界观"，是指唯物辩证法包括了历史观和自然观，是唯物辩证法的历史观与自然观的统一，它既包括了对人类历史的认识，

① 转引自黄美珍等编《上海大学史料》，复旦大学出版社 1984 年版，第 309 页。
② 李达：《社会学大纲》，载《李达文集》第 2 卷，人民出版社 1981 年版，第 60 页。
③ 李达：《社会学大纲》，载《李达文集》第 2 卷，人民出版社 1981 年版，第 10 页。

又包括了对自然界的认识。马克思主义对世界本体的思考，就体现在其历史观和自然观之中。所谓“以实践为基石”，是指不论从历史上看还是从逻辑上看，即不论是从唯物辩证法的形成上看还是从唯物辩证法的理论上看，实践都具有最根本的意义。而唯物辩证法的历史观与自然观统一的基础就是社会的实践。可以看出，李达以“实践的唯物论”来理解马克思主义，不仅克服了早期的马克思主义者把马克思主义仅仅理解为唯物史观的局限性，而且也克服了瞿秋白未能将辩证唯物主义与旧唯物主义区分开来的缺陷。

艾思奇的《大众哲学》则运用人民群众喜闻乐见的形式和通俗易懂的语言，来表达马克思主义的基本原理，堪称马克思主义大众化的典范。在这本书中，艾思奇将辩证唯物主义分为本体论(世界观)、认识论和方法论三部分，并指出本体论(世界观)是最根本的。同时它又与认识论和方法论相联系。艾思奇强调辩证唯物主义与以往的唯物主义的根本不同，就在于它看重实践对认识和理论的决定作用。他指出，“实践是辩证法唯物论的理论之核心”，“而别的哲学者所不能了解的也就是实践”①。

二、马克思主义的传播对中国现代学术的影响

伴随着马克思主义在中国的传播，唯物史观和辩证唯物主义不仅在政治层面，而且在学术层面成为中国学人所认同的理论与方法，并逐渐确立起了在中国的指导地位。在马克思主义的指导下，现代哲学、史学、政治学、经济学等完整的学科体系逐步建立起来。

(一)唯物史观与中国现代学术

唯物史观以现实的物质实践为基础，解释社会存在和社会意识的变化，认为社会历史发展的动力是社会经济结构内部的矛盾运动，将人们研究社会历史的注意力聚焦于制约和塑造政治思想、观念等意识现象的社会空间，并认为历史解释只有在能够考虑这些基本进程的时候

① 艾思奇:《理知和直观的矛盾》，载《艾思奇文集》第 1 卷，人民出版社 1981 年版，第 44 页。

才是有效的。在探讨社会历史时，不只是满足于单纯的历史描述，而是将历史与思想统一于哲学思辨中，既具体实在地解释了人类历史，又具有很强的理性说服力；既对历史进行了反思，又对未来具有指向意义。唯物史观关于社会历史现象及历史发展动力等的解释，无论是就研究问题的出发点，还是研究的范围，均展现出一种不同于传统儒家史观的对于历史解释复杂性的全新认识，为社会历史的演变提供了一套崭新的解释机制，建立了一种新的历史体系。

李大钊不仅是中国最早传播唯物史观的思想家，而且也是最早运用唯物史观研究中国历史的思想家。他对唯物史观的价值曾给予了高度的评价，认为这种历史解释方法能“于人类本身的性质内求达到较善的社会情状的推进力与指导力”，“给人以奋发有为的人生观”。“晚近以来，高等教育机关里的史学教授，几无人不被唯物史观的影响，而热心创造一种社会的新生。”“唯物史观在史学上的价值，既这样的重大，而于人生上所被的影响，又这样的紧要，我们不可不明白他的真意义，用以得一种新人生的了解……现在已是我们世界的平民的时代了，我们应该自觉我们的势力，赶快联合起来，应我们生活上的需要，创造一种世界的平民的新历史。”[①]杨匏安也曾经撰文高度赞扬唯物史观在社会科学研究方法论变革上的重大意义，“自马克思唯物的历史观既出，其于社会科学之意义，固在于指示社会生活的规则，此其所以为极有用之史学方法，又为空前的社会哲学欤！”“自马克思倡其唯物的历史观以后，举凡社会的科学，皆顿改其面目。”[②]

即使是当时的一些马克思主义的敌视者们，也对唯物史观表示过好感，并承认这一历史观的价值。如胡适在问题与主义论战中曾明确指出：“马克思主义的两个重要部分：一是唯物的历史观，一是阶级竞争说……唯物的历史观，指出物质文明与经济组织在人类进化社会史上的重要，在史学上开一个新纪元，替社会学开无数门径，替政治学开许

① 李大钊：《李大钊文集》（下），人民出版社 1984 年版，第 364～365 页。

② 杨匏安：《马克思主义——一称科学的社会主义》，载林代昭、潘国华编《马克思主义在中国——从影响的传入到传播》（下），清华大学出版社 1983 年版，第 70～71 页。

多生路，这都是这种常说所涵意义的表现……这种历史观的……真意义——是不可埋没的。”[①]可见，胡适用“开一个新纪元”、“开无数门径”、“开许多生路”来评价唯物史观的影响，这个评价可谓“无以复加”。再如，陈衡哲在 1924 年 5 月 28 日致胡适的一封信中说：“你说我反对唯物史观，这是不然的。你但看我的那本《西洋史》，便可以明白，我也是深受这个史观的影响的一个人……我承认唯物史观为解释历史的良好工具之一……”[②]“古史辨派”领军人物顾颉刚则说：“近年唯物史观风靡一世……他人我不知，我自己绝不反对唯物史观。我感觉到研究古史年代，人物事迹，书籍真伪，需用于唯物史观的甚少……至于研究古代思想及制度时，则我们不该不取唯物史观为其基本观念。”[③]

20 世纪 30 年代，马克思主义在中国风行一时，“唯物史观……像怒潮一样奔腾而入”[④]。用马克思主义唯物史观的理论来研究中国历史成为中国思想学术界的新趋势，“从五四到北伐，在时间上，虽然只有七八年，但中国的学术思想，又走到第二个解放时期。这两个时期的中心思想是绝对不同的……北伐后的中心思想是社会主义，是以唯物史观的观点对于中国过去的文化加以清算”[⑤]。如 1930 年郭沫若出版的《中国古代社会研究》一书，就是应用马克思主义的唯物史观研究中国古代社会的拓荒之作。该书以翔实的史料和透彻的分析为依据，首次提出“西周社会奴隶制说”，并论证了中国古代经历了西周以前的原始公社制、西周时代的奴隶制和春秋以后的封建制，从而证明了中国古代社会发展的情形完全符合马克思、恩格斯所揭示的历史发展规律。

（二）辩证唯物主义与中国现代学术

辩证唯物主义是唯物主义发展的最高阶段，它是唯物主义与辩证

---

① 胡适：《四论问题与主义》，载《胡适精品集》第 1 册，光明日报出版社 1998 年版，第 356 页。

② 耿云志：《胡适年谱》，载《胡适研究论稿》，四川人民出版社 1985 年版，第 397 页。

③ 顾颉刚：《古史辨》第 4 册，上海古籍出版社 1982 年版，第 22 页。

④ 顾颉刚：《战国秦汉间人的造伪与辨伪·附言》，载吕思勉、童书业编《古史辨》第 7 册，上海古籍出版社 1982 年版，第 64 页。

⑤ 齐思和：《近百年中国史学的发展》，载《燕京社会科学》1949 年第 10 期。

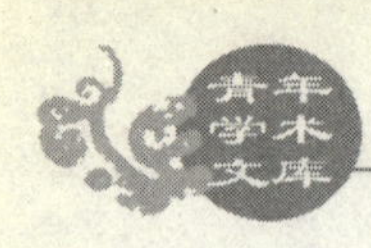

法的有机统一。辩证唯物主义既是一种世界观，"实践的唯物主义必然同时是'合理形态'的辩证法，'合理形态'的辩证法必然同时是实践的唯物主义"[①]；又是一种方法论，是可以运用于一切经验科学的方法论，是"我们最好的劳动工具和最锐利的武器"[②]。从辩证唯物主义的来源看，它是马克思、恩格斯批判地继承了德国古典哲学中的黑格尔的唯心主义辩证法与费尔巴哈的形而上学唯物主义的结果。辩证唯物主义提供了考察哲学派别的基本线索与依据，并注重考察社会发展与学术思想演变之间的辩证关系。

随着马克思主义在中国的传播，辩证唯物主义逐渐成为众多学者所公认的研究一切学问的理论基础。诚如艾思奇所言，"1927 年是个界线，此后唯物辩证法风靡了全国。其力量之大，为二十二年来的哲学思潮史中所未有。学者都公认这是一切任何学问的基础，不论研究社会学、经济学、考古学，或从事文艺理论者，都在这哲学基础中看见了新的曙光"[③]。郭湛波也指出："杜威的实验论理学，和罗素的数学逻辑虽曾盛行一时，现在却失掉了权威。继之而起的新思想方法，就算辩证法了。""中国自 1927 年社会科学风起云涌，辩证唯物论的思想大有一日千里之势。"[④]当时甚至一些不懂辩证唯物主义的人，也在空谈辩证唯物主义。邓拓曾对此有过生动的描绘。他说："其实，在今日谈唯物辩证法的人也的确太多。任何人，不管他是否真正懂得了唯物辩证法的应用，总喜欢充一下时髦，也弄一弄辩证法，对于一切问题，也喜欢用辩证法来'辩证'一下。好像这样一来，立刻就成了时代的理论家似的。"[⑤]孙道升也曾十分形象地写道：新唯物论虽然"移植于中国"才 20 多年，但"这派哲学，一入中国，马上就风靡全国，深入人心。他的感染力实在不小，就连二十四分的老顽固受了他的感染，马上就会变成老时

① 欧阳康：《哲学研究方法论》，武汉大学出版社 1998 年版，第 460 页。

② 《马克思恩格斯文集》第 4 卷，人民出版社 2009 年版，第 298 页。

③ 冯契：《中国近代哲学的革命进程》，上海人民出版社 1989 年版，第 418 页。

④ 郭湛波：《近五十年中国思想史》，山东人民出版社 1997 年版，第 192、281 页。

⑤ 邓拓：《形式逻辑还是唯物辩证法》，载《邓拓全集》第 5 卷，花城出版社 2002 年版，第 3 页。

髦。平心而论，西洋各派哲学在中国社会上的势力，要以此派为最大，别的是没有一派能够与它比臂的”[①]。

基于辩证唯物主义的学理价值，不少学者开始用其来分析中国思想史的流变，其中最突出的代表就是侯外庐。1947 年，侯外庐出版了《中国思想通史》一书，该书涉及殷代直到 20 世纪 40 年代各时期的政治、经济和哲学、逻辑、伦理等思想内容。书中对各个时期的主要思想家、学术流派的思想发展作了论述，特别注重考察中国思想史上的唯物论和无神论思想家，给予王充、仲长统、范缜、吕才、柳宗无、刘禹锡、王安石、王廷相以重要地位。[②]

三、马克思主义基本的方法论

马克思主义不仅是一种世界观，还是一种方法论。恩格斯曾说：“马克思的整个世界观不是教义，而是方法。它提供的不是现成的教条，而是进一步研究的出发点和供这种研究使用的方法。”[③]20 世纪传入中国的马克思主义，不仅仅被作为一种理论用于指导无产阶级的革命运动，而且还被作为一种用来分析问题和解决问题的方法，成为人们认识世界和改造世界的工具。关于马克思主义的方法论体系，学界对此观点不一，诸如辩证决定论方法、社会本体论方法、实践标准、生产力标准、群众路线、阶级分析方法、社会评价方法、历史主义方法，等等。[④]在 20 世纪上半叶的中国，学界运用马克思主义的方法来分析和研究中国问题，主要集中于以下方法的运用：

（一）历史主义的原则

历史主义的基本含义是指从历史的联系和变化发展中考察对象的原则和方法。历史主义作为一种方法论产生于 18 世纪末，并在 19 世纪至 20 世纪初在西方学界产生了深远的影响。据美国学者格奥尔

① 孙道升：《现代中国哲学界之解剖》，载《国闻周报》第 12 卷第 45 期，1935 年 11 月。

② 参见方克立主编《中国哲学大辞典》，中国社会科学出版社 1994 年版，第 120 页。

③ 《马克思恩格斯文集》第 10 卷，人民出版社 2009 年版，第 691 页。

④ 参见董德福《马克思主义哲学方法论概要》，载《学术研究》2008 第 10 期。

格·伊格尔斯考证，最早提到“历史主义”一词的是德国学者弗里德里希·施莱格尔，其本义是要人们重视文化的独特性与人的个别性。[①]在欧洲近代哲学史上，提出和主张历史主义原则的有维科、伏尔泰、黑格尔、费尔巴哈等人。其中，黑格尔曾在唯心主义的形式下明确地阐述过这一原则，他试图把人类历史说成是具有某种必然性的过程。费尔巴哈则认为人类的观念和价值都是特定历史阶段和特定历史民族文明的产物，它们只是在其特定的历史条件下才有效，并且反对普遍的人性与永恒的人类理性观念。但真正科学阐明并运用历史主义原则和方法的则是马克思和恩格斯。

马克思主义的历史主义原则建立在唯物史观的理论基础之上，是唯物辩证的方法在社会历史领域的运用。它将历史归结为人的实践活动及其结果，主张从实践出发去辩证理解和解决历史发展过程中产生的各种矛盾和问题。在本体论意义上，历史主义主张人类社会的发展是一个自我发展、自我完善的有规律的客观过程，这一发展过程是人类自身的历史实践活动的发展。社会历史现象区别于自然现象的根本点，在于它是人类自身的实践活动的产物和结果，历史不过是追求着自己目的的人的活动而已。在认识论意义上，历史主义要求人们从客观存在的历史实际出发，而不是从某种观念出发去认识历史，不能用当代理性和现实标准去代替历史事实；要求人们从历史的联系、变化和发展的观点去认识历史现象，即把历史现象和产生它的各种历史条件联系起来，把所考察的对象置于一定的历史范围之内，而不是孤立地、片面地去认识历史；还要用发展的观点去认识历史，从历史的尝试中把握历史的来龙去脉。在评价论意义上，历史主义要求人们把历史事件和历史人物置于当时具体的历史条件和历史背景中去分析和评价。由于历史人物都生活在特定的历史条件下，都不可避免地带有时代的烙印，因此，分析和评价历史人物的进步与反动，必须将其放到当时的历史条件下，弄清时代发展的趋势是什么，急需解决的社会主要矛盾又是什么，

① 参见[美]格奥尔格·伊格尔斯著，王晴佳译《历史主义的由来及其含义》，载《史学理论研究》1998年第1期。

历史人物在社会主要矛盾面前有何作为，他所作的是否以绝大多数人的利益为依据，与前代人相比他作出了哪些贡献，等等。

将马克思主义的历史主义观念贯彻到把握客观历史过程之中，就表现为历史分析的方法。所谓历史分析的方法，应当包含两层含义：一是要承认社会存在对社会意识的决定作用，把传统思想文化看作是社会历史的产物，必须对其作社会历史方面的说明，揭示它所反映的社会历史内涵；二要承认传统思想文化的相对独立性，即在社会历史条件的制约下，还有其自身发展的内在逻辑。

（二）阶级分析的原则

列宁曾指出："马克思主义给我们指出了一条指导性的线索，使我们能在这种看来迷离混沌的状态中发现规律性。这条线索就是阶级斗争的理论。"[①]但是，用阶级斗争理论来考察阶级社会的历史，并非马克思首创。马克思曾说过："无论是发现现代社会中有阶级存在或发现各阶级间的斗争，都不是我的功劳。在我以前很久，资产阶级的历史学家就已叙述过阶级斗争的历史发展，资产阶级的经济学家也已对各个阶级作过经济上的分析。"[②]在马克思主义产生之前，英国古典政治经济学家威廉·配第、亚当·斯密、大卫·李嘉图以及法国经济学家的弗朗斯瓦·魁奈、西斯蒙蒂等人，便发现了在社会经济生活中阶级的存在以及不同的阶级之间经济利益互相冲突的事实，并在各自的著作中普遍使用了"阶级"这一概念。但他们对"阶级"这一概念的理解并不一致，划分的标准也不尽相同。空想社会主义思想家们也曾对社会、对抗阶级进行过研究，但也没有提出划分阶级的标准及阐明阶级产生的原因。直到法国复辟时期的历史学家米涅、基佐、梯叶里等人，才在阶级斗争的起源和作用方面有了新的理论创获。他们不仅论证了阶级斗争是根源于不同阶级的物质利益的对立，而且阐明阶级斗争是中世纪以来历史发展的主要内容和动力。但在谈及阶级的起源问题时，他们或将其归因于战争，或归之于人的本性，没有最终建立起一种科学的解释。

---

① 《列宁选集》第2卷，人民出版社1995年版，第587页。

② 《马克思恩格斯文集》第10卷，人民出版社2009年版，第106页。

与以往的资产阶级的历史学家不同，“马克思则证明，过去的全部历史是阶级斗争的历史，在全部纷繁和复杂的政治斗争中，问题的中心仅仅是社会阶级的社会和政治的统治，即旧的阶级要保持统治，新兴的阶级要争得统治”[①]。不仅如此，马克思还阐明了一整套关于阶级斗争的学说，如阶级的存在仅仅同生产发展的一定阶段相联系；阶级之间的斗争贯穿于阶级社会的始终；一切社会的历史都是在阶级对立中运动的，并且正是这种阶级间斗争，推动着社会历史的发展；阶级斗争的结局必然要导致无产阶级专政，并由这个专政达到消灭一切阶级和进入无阶级社会的过渡。

马克思主义的阶级斗争学说，回答了人类进入阶级社会以后的基本问题，也为历史研究提供了一种科学的方法论。用阶级斗争的理论来观察阶级社会历史上的种种现象，就是阶级分析的方法。它要求在历史研究中牢牢把握阶级划分的事实，首先注意到在历史运动中活动的人们，看他们分属于哪个阶级、阶层或社会集团，这些阶级、阶层或社会集团在当时社会中的经济状况、社会地位、政治态度如何；从这些分析入手，去抓住当时历史运动的方向，认清哪个阶级、阶层和社会集团起着推动历史上升、前进的主导作用；并从它和其他阶级、阶层或社会集团的力量对比关系和具体特点中，对历史运动的起因、发展过程及结果，作出经得起客观历史检验的说明，从而引出可资借鉴的历史经验。

（三）唯物辩证的原则

唯物辩证法通常是一种与形而上学相对立的对世界状况的描述，联系和发展是其总特征。恩格斯在谈到世界普遍联系时，曾指出：“当我们通过思维来考察自然界或人类历史或我们自己的精神活动的时候，首先呈现在我们眼前的，是一幅由种种联系和相互作用无穷无尽地交织起来的画面。”[②]在谈到世界的发展性时，恩格斯又说：“一个伟大的基本思想，即认为世界不是既成事物的集合体，而是过程的集合体，其中各个似乎稳定的事物同它们在我们头脑中的思想映象即概念一样

① 《马克思恩格斯文集》第 3 卷，人民出版社 2009 年版，第 458 页。

② 《马克思恩格斯文集》第 9 卷，人民出版社 2009 年版，第 23 页。

都处在生成和灭亡的不断变化中，在这种变化中，尽管有种种表面的偶然性，尽管有种种暂时的倒退，前进的发展终究会实现。”[①]马克思主义关于世界普遍联系和世界永恒发展的理论，要求在人们在分析问题和解决问题时，要善于分析事物的具体联系，要用长远的眼光看待事物，不要孤立、静止地看问题。唯物辩证法还包括关于世界联系和发展的三大规律，即对立统一规律、质量互变规律和否定之否定规律，它们从不同的方面进一步阐发了世界的联系与发展，从而形成了一整套关于唯物辩证法的方法论原则，诸如矛盾分析的方法、辩证的否定观、归纳与演绎、分析与综合、抽象与具体、历史与逻辑相统一等具体的方法。

第二节　郭沫若对道家思想的研究

郭沫若(1892～1978)，作家、诗人、戏剧家、历史学家、古文字学家、考古学家。早年留学日本，受到西方思想的影响，充满泛神主义和浪漫主义色彩。后回国参加新文化运动，组织创造社，出版第一部诗集《女神》。1924年，郭沫若通过翻译日本学者河上肇的《社会组织与社会革命》一书，较系统地了解了马克思主义。1927年，郭沫若加入中国共产党。郭沫若曾翻译过马克思、恩格斯合著的《德意志意识形态》、马克思的《政治经济学批判》等经典著作。郭沫若也是学术界公认的中国马克思主义史学家的杰出代表，曾与吕振羽、范文澜、翦伯赞、侯外庐一起被称为“中国马克思主义史学五大家”[②]。郭沫若学识渊博，一生著述丰富，涉及范围很广，曾结集《郭沫若全集》17卷，并分文学、历史学、考古学三编出版。

与“五四”时期其他学者所面临的学术与政治的两难选择不同，身为“革命的学术家”的郭沫若，将马克思主义理论运用到其学术研究中，使学术与政治二者得以沟通，学术遂成为他参与社会、介入政治的一种

① 《马克思恩格斯文集》第4卷，人民出版社2009年版，第298页。

② 中国社会科学院历史研究所史学史研究室编：《新史学五大家·前言》，社会科学文献出版社1996年版。“五大家”就指这五位史学家。

方式。1924 年，郭沫若翻译了日本学者河上肇的《社会组织与社会革命》一书，他说："这书我把它翻译了，它对我有很大的帮助，使我的思想分了质，而且定型化了。我自此以后便成为一个马克思主义者。"①从此他"从文艺运动的阵营里转进到革命运动的战线里来了"②。1930 年前后，学术界曾就中国社会性质、中国社会史分期问题展开论争，问题集中于三个：一是亚细亚的生产方式是什么？中国有没有出现过这样的时代？二是中国有没有奴隶社会？三是中国封建社会有什么特质？中国封建社会发生发展及其没落是怎样的？当时，陶希圣写了《中国社会到底是什么社会》一书，将中国社会的性质作了这样的描述：原始部落社会（夏、商）——封建社会（周）——商业资本主义过渡社会（秦汉至清）——资本主义社会（鸦片战争以后）。李季则直接否定中国奴隶制社会的存在，认为马克思主义关于社会发展规律的理论根本不适用于中国。这些对中国社会性质的理解不仅否定了当时的新民主主义革命的理论，而且也直接否定了马克思列宁主义关于社会发展规律的理论，对于马克思主义在中国的传播与发展是极大的阻碍。当时，正在日本流亡的郭沫若极为关心国内的理论斗争，他希望能用中国历史发展的史实证明马克思主义理论适用于中国。就这样，他的《中国古代社会研究》一书出版了。通过此书，郭沫若试图论证马克思主义是一种放之四海而皆准的理论，完全适用于中国社会。此书是郭沫若步入史坛的奠基之作，也是首次用唯物史观的理论研究中国古代历史的著作，在一定程度上标志着马克思主义史学在中国的建立。史学家董作宾曾说："唯物史观派是郭沫若的《中国古代社会研究》领导起来的……他把《诗》、《书》、《易》里面的纸上史料，把甲骨卜辞、周金文里面的地下材料，熔冶于一炉，制造出来一个唯物史观的中国古代文化体系。"③

---

① 上海图书馆文献资料室、四川大学郭沫若研究室编：《郭沫若集外序跋集》，四川人民出版社 1982 年版，第 138 页。

② 上海图书馆文献资料室、四川大学郭沫若研究室编：《郭沫若集外序跋集》，四川人民出版社 1982 年版，第 235 页。

③ 董作宾：《中国古代文化论的认识》，台北大陆杂志社 1960 年版，第 8 页。转引自王戎笙《开辟古史研究新天地的郭沫若》，载《历史教学》1999 年第 5 期。

对于郭沫若来说，马克思主义不仅仅是他的一种信仰，而且还是他用来分析和阐释中国思想史的工具，郭沫若对道家思想的研究便是在这一理论指导下进行的。郭沫若关于老子的研究，比较重要的文章有两篇：一篇是收于《青铜时代》中的《老聃·关尹·环渊》(作于1934年)，另一篇则是收在《十批判书》中的《稷下黄老学派的批判》(作于1944年)。其关于庄子的专论，比较有代表性的是《庄子与鲁迅》和《庄子的批判》两篇文章。前者写于1940年，最初刊载在1941年《中苏文化》半月刊第八卷三、四合刊；后者则写于1944年，收入《十批判书》一书中。另外，《中国思想史上之澎湃城》、《中国文化之传统精神》、《王阳明礼赞》、《先秦天道观的发展》等著作及文章对庄子的人生哲学也有述及。尽管关于老子、庄子的研究只是郭沫若所从事的学术研究中一个很小的组成部分，但是如果深入研究郭沫若思想发展历程就会发现，他对老子、庄子的研究从最初的崇拜、赞许到后来的客观的批判，这反映了郭沫若思想上对老子、庄子的认识是一个不断扬弃的过程。

一、对老子思想的研究

(一)对老子年代问题的考证

收于《青铜时代》的《老聃·关尹·环渊》一文，可以说是20世纪二三十年代关于老子年代问题论争的一个成果。在这篇文章里，郭沫若从当时学界关于老子年代问题的争论这一热点出发，对老子及其学说进行了新的考证，并提出了不同的观点。当时学界关于老子问题的争论有三种看法：

其一，以罗根泽为代表，认为老子即是太史儋，《老子》一书即是太史儋所著；太史儋在孔子之后百许年，成书年代自然亦在孔子之后。

其二，以顾颉刚为代表，认为老子即是老聃，但老聃年代当在杨朱、宋钘之后；《老子》一书成书当在秦汉之间。

其三，以唐兰为代表，认为老子即是孔子之师老聃，《老子》一书是老聃的语录，其成书年代当与《墨子》同时。郭沫若的意见与唐兰先生接近，他认为老子早于孔子，《老子》一书也确是老聃的语录，这与《论语》是孔子的语录、《墨子》是墨子的语录一样，但他主要强调《老子》一书是出自老子的弟子环渊之手。

郭沫若根据《史记》中关于老聃、老莱子、太史儋三种不同解说，认为这个疑问其实在汉代就早已存在了。对于老聃，郭沫若认为："老子即是老聃，略先于孔子，曾经教导过孔子，在秦、汉以前的人本来是没有问题的。《庄子》、《韩非子》、《吕氏春秋》是绝好的证据。"①那么，为什么先秦时期不成问题，反而到汉代以后便出现了问题呢？郭沫若认为："答案在这里是明显的，便是《老子》一书，其文笔和内容——如并言'仁义'，如言'万乘之主'等——的确不是春秋末年人所能有，因知其书必系晚出。汉人盖早见于此，故或疑老子非老聃，而以老莱子或太史儋为解，或则言老子长寿，至战国中叶犹存，这便结果成了司马迁的那篇支离灭裂的列传。"②

经过分析考证，郭沫若进一步将《老子》一书的集成者考定为环渊，即关尹。"老子确是孔子之师老聃，《老子》书也确是老聃的语录……特集成《老子》这部语录的是楚人环渊。环渊集成这部语录时，没有孔门弟子那样质实，他用自己的文笔来润色了先师的遗说，故尔饱和着他自己的时代色彩。"③郭沫若认定环渊是《老子》的集录者，其依据是《史记·老子韩非列传》中有"老子乃著书《上下篇》"，而同书的《孟子荀卿列传》中又说"环渊……学黄老道德之术，因发明序其旨意……著《上下篇》"④。他由此得出结论：这个环渊就是关尹。郭沫若说："'关令尹'就是《庄子·天下篇》和《吕氏·不二》的关尹。关尹即是环渊，关环尹渊均一声之转。《天下篇》中与关尹并列的是墨翟、禽滑厘、宋钘、尹文、彭蒙、田骈、慎到、老聃、庄周、惠施、公孙龙，《不二篇》中与关尹并列的是老聃、孔子、墨翟、子列子、陈骈、阳生、孙膑、王廖、儿良都是直称人的姓名，或存其姓，而加以尊称，断不至于对关尹独称其官职。只因环

---

① 郭沫若:《郭沫若全集·历史编》第1卷，人民出版社1982年版，第535～536页。

② 郭沫若:《郭沫若全集·历史编》第1卷，人民出版社1982年版，第537～538页。

③ 郭沫若:《郭沫若全集·历史编》第1卷，人民出版社1982年版，第538～539页。

④ 郭沫若:《郭沫若全集·历史编》第1卷，人民出版社1982年版，第540～541页。

渊或写为关尹，汉人望文生训说为‘关令尹’。又因‘《上下篇》’本为环渊即关尹所著录，故又诡造出老子过关为关令尹著书的传说。”①

尽管郭沫若认为《老子》一书是环渊集成的语录，但他认为《老子》“主要思想，仍然是老聃的创见，秦、汉以前的人都是我们的证人，汉人所提出来的老莱子和太史儋实在是不能冒牌的”②。并进一步指出《老子》一书虽然保存有老聃的遗说，但多是“发明旨意式”的发挥，“并非如《论语》那样比较实事求是的记述”③。因此，如果认为《老子》是老聃所作，字字句句均出自老子，那是错误的，但是如果说根本没有老子这个人，或者有而甚晚，那也跑到另一极端。④

在《十批判书》等著作中，郭沫若从思想和时代的关系角度，对老子的年代问题作了补充。他说，“道家诸派均以‘道’为宇宙万物的本体，这个新观念必然有它的领导者”，他“不能不承认有老聃这位人物的存在”⑤。他又针对韩愈“老聃是道家的人们所假造出来，想借以压倒孔子”的臆测，今人视“‘道’的观念为孔、墨所无，在思想发生的过程中不能先于孔、墨”的“想象之谈”，指出：“在春秋末年人格神的观念已经彻底动摇了的时候，连子产那样的政治家都晓得说‘天道远，人道迩’的话，何以那样素朴的本体观念不能产生？”⑥他还举出孔子时代有许多“避世之士”的事实，提出老聃作为周室守藏史这样与“避世之士”相似的“闲官”，“为什么不能有避世之论来做这种生活的背景”，倡导出“超现实的本体观和隐退生活的理论呢”⑦？

郭沫若的一家之言，虽然在当时并未取得普遍的认同，但也得到一些学者一定程度的肯定。如张岱年在其《中国哲学史史料学》之《老子》篇中，就将其作为六种不同意见之一加以介绍，并说：“解放后，我比较

---

① 郭沫若：《郭沫若全集·历史编》第1卷，人民出版社1982年版，第541页。

② 郭沫若：《郭沫若全集·历史编》第1卷，人民出版社1982年版，第539页。

③ 郭沫若：《十批判书》，中国华侨出版社2008年版，第129页。

④ 参见郭沫若《十批判书》，中国华侨出版社2008年版，第129页。

⑤ 郭沫若：《十批判书》，中国华侨出版社2008年版，第113页。

⑥ 郭沫若：《十批判书》，中国华侨出版社2008年版，第113页。

⑦ 郭沫若：《十批判书》，中国华侨出版社2008年版，第113页。

同意郭沫若同志的见解。我认为，郭氏所举理由比较有力，他说：‘老子就是老聃’，本是秦以前人的定论，《庄子》、《吕氏春秋》、《韩非子》，都是绝好的证明……看来，老子与孔子同时，老子就是老聃，这在战国时代并无疑问。郭氏指出这点，实甚重要。但郭氏认为环渊即关尹，则没有足够的证据，未免陷于臆断了。”[①]任继愈在其《中国哲学发展史·先秦》中，也把郭说列为这个问题的三派不同的意见中的第一派，并表示“基本上同意第一派考证所举理由”[②]。

（二）以“人民本位”的标准来评判老子

1945年，郭沫若出版了《青铜时代》和《十批判书》两部著作。在《十批判书》中，郭沫若在谈及自己的研究方法时说：“是把古代社会的发展清算了，探得了各家学术的立场和根源，以及各家之间的相互关系，然后再定他们的评价。”[③]不难看出，此时郭沫若史学评价的方法已接近于唯物史观的标准与方法。

郭沫若在《十批判书·后记》中写道：“批评古人，我想一定要同法官断狱一样，须得十分周详，然后才不致有所冤屈。法官是依据法律来判决是非曲直的，我呢是依据道理。道理是什么呢？便是以人民为本位的这种思想。合乎这种道理的便是善，反之便是恶。”[④] 1947年，他又在《历史人物·序》中说：“关于秦前后的一些历史人物，我倒做过一些零星的研究。主要凭自己的好恶，更简单地说，主要是凭自己的好。因为出于恶，而加以研究的人物，在我的工作里面究竟比较少，我的好恶标准是什么呢？一句话归宗，人民本位！”[⑤]

那么，什么是“人民本位”呢？从郭沫若对历史人物的分析中可以看出，“人民本位”有人民立场、人民拥护、人民利益、人民思想等多方面的含义。在他的笔下，凡是站在人民立场，代表人民利益，站在人民一

① 张岱年：《中国哲学史史料学》，三联书店1982年版，第40页。

② 任继愈主编：《中国哲学发展史·先秦》，人民出版社1983年版，第242页。

③ 郭沫若：《十批判书》，中国华侨出版社2008年版，第346页。

④ 郭沫若：《十批判书》，中国华侨出版社2008年版，第354～355页。

⑤ 郭沫若：《郭沫若全集·历史编》第4卷，人民出版社1982年版，第3页。

边，凡是为人民谋利益，所作所为对人民有利，从人民利益着想，对人民有贡献，凡是得到人民拥护、人民支持、人民爱戴、人民同情，凡是代表人民意识，同情人民，愿意向人民学习等的历史人物，都给予了肯定了评价。换言之，他所肯定的历史人物，或者历史人物的言行，都是从这些观点出发的。基于"人民本位"的立场，郭沫若对老子的思想进行了评判：

首先，郭沫若对中国古代社会进行了清算，分析了老子思想产生的社会背景和社会属性。

郭沫若指出，老子思想产生于春秋末年，这是中国社会由奴隶制向封建制转变的历史时期。"老聃学派的产生的社会史根源"是"一部分的有产者或士，已经有了饱食暖衣的机会，但不愿案牍劳形，或苦于寿命有限，不能满足，而想长生久视，故尔采取一种避世的办法以'全生葆真'；而他们的宇宙万物一体观和所谓'卫生之经'等便是替这种生活态度找理论根据的"[①]。他认为，这种理论只有当时的"小有产者的小众能够满足于这种生活态度的"。这种小有产者的理论，使道家学派，虽是"儒墨两家的先辈，但因脱离现实，陈义过高，在老聃、杨朱以至杨朱弟子的时代都还不曾蔚成为一个学术界的潮流"。只是到了稷下时代，经"齐国稷下制度的培植"，才"蕃昌起来"。这时，因为政治上争夺很甚，"所谓'窃钩者诛，窃国者为诸侯'"，齐国统治者"不愿意在自己的肘翼之下又孵化出新的'窃国者'来，所以要预为之防"，借以化除人民的异志。"在这个目标上，杨、老学说是最为适用的武器。"[②]这样，道家便兴盛起来了。

郭沫若以庄子《天下》篇为据，将道家分为三派，即宋钘、尹文为一派，田骈、慎到为一派，关尹（即环渊）、老聃为一派。并认为宋钘、尹文一派是杨朱的直系，有调和儒墨的精神，后发展为名家；慎到、田骈一派则把道家理论向法理一方面发展了，后形成法家；关尹一派则发展为术家。

---

① 郭沫若：《十批判书》，中国华侨出版社 2008 年版，第 114～115 页。

② 郭沫若：《十批判书》，中国华侨出版社 2008 年版，第 115 页。

其次，对老子的“诈术”与“愚民政策”进行了批判。

《老子》第三十六章有“鱼不可脱渊，国之利器，不可以示人”[①]一语，韩非子在《喻老》篇中将其解释为：“势重者，人君之渊也。君人者势重于人臣之间，失则不可复得也。简公失之于田成，晋公失之于六卿，而邦亡身死。故曰‘鱼不可脱于渊。’赏罚者邦之利器也，在君则制臣，在臣则胜君。君见赏，臣则损之以为德。君见罚，臣则益之以为威。人君见赏而人臣用其势，人君见罚而人臣乘其威。故曰‘邦之利器，不可以示人’[②]。”郭沫若认为这一章在《老子》中是最为人所诟病的文字，因为“它完全讲的是诈术”[③]。这种诈术，“在道家本身原是应有的理论。因为它根本是站在个人主义的立场的。尽管是怎样的个人主义者，一个人不能完全脱离国家社会而生存，故论到国家社会的原则时，便很容易流露其个人主义的本色。为要保全自己或使自己所得之利更大些，当然要把自己立于不败之地，而以权术待人”[④]。因此，老聃的理论转而为申不害、韩非，“那真是逻辑的必然，是丝毫不足怪的”[⑤]。

关于老子的权术，章太炎曾经在其《国故论衡·原道》中说：“老聃所以言术，将以撢前王之隐匿，取之玉版，布之短书，使人人户知其术则术败。”[⑥]意即把阴谋暴露出来，使大家都懂得阴谋，那就没有人敢用阴谋了。郭沫若认为章太炎此说“巧妙归巧妙，但可惜是诡辩”[⑦]。且不说老聃是否存有如此好心，仅就事实而言，老聃之术传世已有两千余年，经过关尹、申不害、韩非等人的推阐，在中国形成了一种特殊的权变法门，养出了大大小小、不计其数的权谋诡诈的好汉，难道会一直到章太炎时，人们才明白老子的用意竟然是相反的？郭沫若认为老聃所言是针对统治者的，而不是面对老百姓的。

---

① 陈鼓应：《老子注译及评介》，中华书局1984年版，第205页。

② 《韩非子》校注组：《韩非子校注》，江苏人民出版社1982年版，第218～219页。

③ 郭沫若：《十批判书》，中国华侨出版社2008年版，第132页。

④ 郭沫若：《十批判书》，中国华侨出版社2008年版，第132页。

⑤ 郭沫若：《十批判书》，中国华侨出版社2008年版，第132页。

⑥ （清）章太炎：《国故论衡》，上海古籍出版社2003年版，第108页。

⑦ 郭沫若：《十批判书》，中国华侨出版社2008年版，第133页。

郭沫若还对老子的“愚民”说进行了批判。《老子》中有“古之善为道者，非以明民，将以愚之。民之难治以其智多，故以智治国，国之贼；不以智治国，国之福”[①]。“欲上民，必以言下之；欲先民，必以身后之。”[②]郭沫若认为“这种为政的态度，简直是把人民当成玩具”[③]，并说“不以人民为本位的个人主义，必然要发展成为这样的”[④]。以个人主义为本位的为政态度，在统治集团内部使用“诈术”，对人民实行“愚民”政策，“更进一步，便否认一切文化的效用而大开倒车”[⑤]。接着，郭沫若列举了《老子》第三章、第十二章、第十九章和第二十章中“不尚贤使民不争”、“绝圣弃智”、“绝学无忧”等语，指出“像这样大开倒车，使墨子的‘非乐’、‘节用’理论，大减颜色”[⑥]。在郭沫若看来，道家绝弃的“智”只是人民的“圣智”，而不是统治阶级的。

可见，“人民本位”是郭沫若衡量先秦诸子的一把尺子，这把尺子不仅贯穿在他的中国古代史的研究过程中，而且也同样贯穿于他对思想史的研究中。

二、对庄子思想的研究

（一）对庄子的师承与后学的阐发

作为道家的重要代表的庄子，到底师承何人，其学术渊源如何？这是治庄子各家首先要面对的一个问题。郭沫若否定庄子师承稷下道家和列子的说法，认为庄子思想源自“颜氏之儒”[⑦]。庄子师承儒家，这种观点并非郭氏首倡。早在唐代，韩愈便指出，庄子出自田子方门下，其依据便是庄子《外篇》有《田子方》篇。郭沫若依据过去被人们当成寓言的《庄子》中征引的颜回与孔子的对话，认为颜回和孔子都是有些出世

---

① 陈鼓应：《老子注译及评介》，中华书局1984年版，第312页。

② 陈鼓应：《老子注译及评介》，中华书局1984年版，第316页。

③ 郭沫若：《十批判书》，中国华侨出版社2008年版，第132页。

④ 郭沫若：《十批判书》，中国华侨出版社2008年版，第132页。

⑤ 郭沫若：《十批判书》，中国华侨出版社2008年版，第132页。

⑥ 郭沫若：《十批判书》，中国华侨出版社2008年版，第133页。

⑦ 郭沫若：《十批判书》，中国华侨出版社2008年版，第136页。

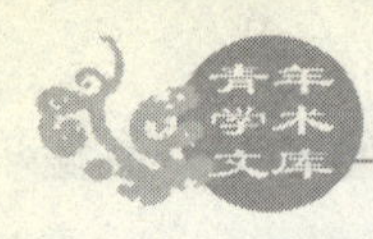

倾向的人，所以在《庄子》中便有孔子的"心斋"和颜回的"坐忘"之说。尽管《庄子》一书中有很多地方是非薄儒家，但郭沫若认为那是"后学者的呵佛骂祖的游戏文字"①，而认真称赞孔子的地方，则是非常严肃的。如《天下》篇把儒术列为"内圣外王之道"②的总要，《齐物论》篇有"六合之外，圣人存而不论；六合之内，圣人论而不议；《春秋》经世，先王之志，圣人议而不辩"③一语，这里的"圣人"很明显就是指孔子。

关于庄子的后学，学界有观点认为庄子生前是寂寞的，在战国期间并无多大影响。如朱熹认为"庄子当时也，无人宗之，他只在僻处自说"④。因此，与庄子同时代的孟子只会排斥有影响的杨朱之学，而没有谈及庄子。但郭沫若认为："庄子的声望在当时是相当隆重的，他有过一群入门弟子，而且南游楚，北游梁，所游地方相当广，到处和高级的执政者打交道。"⑤他认为庄子后学受到思孟学派、神仙学派和阴阳学派的影响，"齐国的方士也分明受了庄子的衣钵"，"骗秦始皇成仙的方士卢生、侯生、韩众、徐市等人，说不定也就是庄子的一群私淑弟子"⑥，这样，郭沫若基本就勾勒出"庄子后学—思孟学派—神仙家—阴阳家—方士"的基本脉络。

（二）对庄子思想的评价

第一，庄子厌世但不忘情。

郭沫若指出"庄周是一位厌世的思想家"⑦，可是他也同时指出"庄子在事实上也并不是完全忘情于世道的人"⑧。他引用《大宗师》、《应帝王》、《在宥》和《天道》中庄子谈战争与君道的主张，来论证庄子"在这

① 郭沫若：《十批判书》，中国华侨出版社2008年版，第136页。

② 曹础基：《庄子浅注》，中华书局2000年版，第489页。

③ 曹础基：《庄子浅注》，中华书局2000年版，第31页。

④ （宋）黎靖德：《朱子语类》，中华书局1986年版，第2988页。

⑤ 胡道静：《十家论庄》，上海人民出版社2004年版，第103页。

⑥ 郭沫若：《十批判书》，中国华侨出版社2008年版，第150～151页。

⑦ 郭沫若：《十批判书》，中国华侨出版社2008年版，第138页。

⑧ 郭沫若：《十批判书》，中国华侨出版社2008年版，第146页。

些地方，依然透露着儒家本色，或者是情不自禁吧”[①]。

在《庄子与鲁迅》一文中，郭沫若也有着类似的为庄子的辩解，他不同意鲁迅把庄子界定为“纯粹的出世派，纯粹的虚无主义者”[②]，而是强调“庄子并不是纯粹地忘情于人世的人。他是不满意于他所处的时代为一时的小利小害和相对的是非得失而起的扰攘争夺，因而他要寻求一个绝对的真理来，泯是非，忘利害，整齐一切”。所以，在郭沫若看来，庄子“是一个观念论者，但并不必是一个虚无主义者”[③]。

郭沫若还认为庄子“在黄老思想里面找到了共鸣，于是与儒、墨鼎足而立，也成立了一个思想上的新的宗派”[④]。可以说，从学派的考察上，郭沫若给予了庄子相当客观的甚至很高的评价，认为没有庄子的出现，道家就不可能与儒、墨两家鼎足而立。所以，庄子是道家的“马鸣”、“龙树”[⑤]。

郭沫若还进一步为道家和儒家中的“个人主义”作了辩解。他指出，“在思想本质上，道与儒是比较接近的。道家特别尊重个性，强调个人的自由到了狂放的地步，这和儒家个性发展的主张没有什么大了不起的冲突”[⑥]。这一观点在某种程度上回应了郭沫若早期在《中国文化之传统精华》中用“个人主义”来阐释老庄与孔子的观点。郭沫若最后总结道：“从大体上说来，在尊重个人的自由，否认神鬼的权威，主张君主的无为，服从性命的拴束，这些基本的思想立场上接近于儒家而把儒家超过了。在蔑视文化的价值，强调生活的质朴，反对民智的开发，采取复古的步骤，这些基本的行动立场上接近于墨家而也把墨家超过

① 郭沫若：《十批判书》，中国华侨出版社 2008 年版，第 147 页。

② 郭沫若：《庄子与鲁迅》，载《郭沫若全集・文学编》第 19 卷，人民出版社 1992 年版，第 65 页。

③ 郭沫若：《庄子与鲁迅》，载《郭沫若全集・文学编》第 19 卷，人民出版社 1992 年版，第 66 页。

④ 郭沫若：《十批判书》，中国华侨出版社 2008 年版，第 141 页。

⑤ 郭沫若：《十批判书》，中国华侨出版社，2008 年版，第 144 页。

⑥ 郭沫若：《十批判书》，中国华侨出版社 2008 年版，第 148 页。

了。”[①]在“尊重个人的自由”方面，郭沫若认为道家和儒家都有，并且道家超过儒家，这种判断非常中肯。

第二，对庄子人生哲学的阐释。

郭沫若认为，“庄周是一位厌世的思想家”，“他把现实人生看得毫无意味。他常常在慨叹，有时甚至于悲号”[②]。不过，郭沫若没有马上对庄子作出意识形态上的价值判断，而是为庄子的这种厌世思想进行辩护和解释，认为“使他成为那样厌世的自然有其社会的背景”：“他（庄子）生的时代就是这样的时代。前一时代人奔走呼号，要求奴隶的解放，要求私有权的承认，谈仁说义，要人把人当人，把事当成事，现在是实现了。韩、赵、魏、齐都是新兴的国家，是由奴隶王国蜕化出来了的，然而毕竟怎样呢？新的法令成立了，私有权确实是神化了，而受了保障的只是新的统治阶级。他们更聪明，把你发明了的一切斗斛、权衡、符玺、仁义，通通盗窃了去，成为了他们的护符。而下层的人民呢？在新的重重束缚里面，依然还是奴隶，而且是奴隶的奴隶。”[③]郭沫若的这些带有阶级论色彩的批判并不是针对庄子而言的，而是针对庄子所生活的年代而言，是针对“新的统治阶级”而言，针对统治阶级为了保障其统治而采用的狡猾的“盗窃”行为而言。对于庄子，郭沫若还是非常赞赏的，他认为正是出于对这种时代的反省和失望，才“醅酿出庄子的厌世乃至愤世倾向的酵母”[④]。在他看来，庄子的思想“悲观是很悲观，但在当时却不失为是一种沉痛的批判”[⑤]。虽然郭沫若的学术语言不可避免地带有阶级论的色彩，可是他还是给予庄子的厌世思想以深刻的理解。

不过，郭沫若也指出，庄子哲学“本来是悲愤的极端，然而却也成为了油滑的开始”[⑥]。尤其经过后世的流传，不可避免地产生了消极的影

---

① 郭沫若：《十批判书》，中国华侨出版社 2008 年版，第 149 页。

② 郭沫若：《十批判书》，中国华侨出版社 2008 年版，第 138 页。

③ 郭沫若：《十批判书》，中国华侨出版社 2008 年版，第 139 页。

④ 郭沫若：《十批判书》，中国华侨出版社 2008 年版，第 139 页。

⑤ 郭沫若：《十批判书》，中国华侨出版社 2008 年版，第 140 页。

⑥ 郭沫若：《十批判书》，中国华侨出版社 2008 年版，第 146 页。

响，即“滑头主义哲学”[①]。他分析道：庄子所理想的“真人”，不一二传便成为阴阳方士之流的神仙，连秦始皇帝都盗窃了他的“真人”徽号。他理想的恬淡无为，也被盗窃了，而成为两千多年来的统治阶层的武器。上层统治者用以御下，使天下人消灭了悲愤抗命的雄心；下层统治者用以自卫，使自己收到了持盈保泰的实惠。两千多年来的滑头主义哲学是封建地主阶级的无上法宝，事实上却是庄老夫子这一派所培植出来的。[②] 通过这段文字，可以明显地看到郭沫若受到马克思主义理论的熏陶，开始用阶级分析的观点来阐释庄子对后世的消极影响，揭示庄子人生哲学的薄弱环节。20 世纪 60 年代，关锋更是进一步发挥郭沫若的这一“滑头主义哲学”的观点，对庄子加以彻底的否定和批判。

最后，郭沫若总结道：“大凡一种思想，一失掉了它的反抗性而转形为御用品的时候，都是要起这样的质变的。在这样的时候，原有的思想愈是超然，堕落的情形便显得愈见悲惨。”[③]由此可见，郭沫若认为庄子的思想最开始还是具有“反抗性”的，只不过被统治阶级盗用为“御用品”之后，才有了滑头主义哲学的倾向，而这一切并不能归罪于庄子，因为“这是聪明的庄子所不曾预料到的吧”[④]。因此，即使郭沫若在 20 世纪 40 年代已经不再认同庄子的厌世思想，但他还是从学术的角度，对庄子展开了较为客观的描述，甚至一定程度上的辩护。

第三节　吕振羽对道家思想的研究

吕振羽(1900～1980)，湖南武冈县人，革命家、历史学家。最初所学专业为电机工程，大革命失败后，曾赴日本求学。20 世纪 20 年代末，吕振羽创办《新东方》杂志，组织“东方问题研究会”，广泛阅读马克思主义著作。20 世纪 30 年代，吕振羽曾参加过中国社会性质和社会

① 郭沫若：《十批判书》，中国华侨出版社 2008 年版，第 146 页。
② 参见郭沫若《十批判书》，中国华侨出版社 2008 年版，第 147 页。
③ 郭沫若：《十批判书》，中国华侨出版社 2008 年版，第 152 页。
④ 郭沫若：《十批判书》，中国华侨出版社 2008 年版，第 147 页。

史问题的论战，并于1936年加入中国共产党。吕振羽长期从事历史研究，涉及思想史、经济史、民族史、通史及史学方法论等，著述颇丰。其中，20世纪40年代出版的《中国政治思想史》一书，开创了用唯物史观和阶级分析方法研究中国思想史的先河。该书上起商朝奴隶制时代神学哲学，下至鸦片战争前夕的魏源、龚自珍的“市民思想”，上下四千年，洋洋四十余万言。该书把中国政治思想史的发展理出三条线索，区分为两大阵营，即统治阶级的政治思想史、没落阶级或阶层的政治思想史、被统治阶级的政治思想史构成三条发展线索，唯心主义和唯物主义组成两大阵营。①《中国政治思想史》一书打破了传统的按学派划分的思想史研究体系，开辟了一条研究政治思想史的新路径，成为第一部系统论述中国政治思想的马克思主义思想史著作，开启了20世纪40年代以侯外庐为首的马克思主义史学家研究中国思想史的先河，被誉为“中国马克思主义的思想史研究走向成熟的十分关键的枢纽之作”②。

吕振羽对道家思想的研究，集中体现在该书第四编“初期封建制上升时期政治思想各流派”和第五编第三章“没落封建主的政治学说——庄周的出世主义”中。

一、分析道家学派的阶级归属——没落封建领主的代表

在吕振羽看来，探讨任何思想家的前提，首先在于考察其阶级身份和经济背景。这是最根本的一条，不抓住这一点，很多哲学观点和政治思想就难以作出恰当的解释。因此，对道家思想的定位，首先要从考察老子和庄子的阶级身份和经济背景入手。

吕振羽认为老子的思想代表着没落封建领主阶级的意志。春秋时期，封建制度开始发展，在政治上表现为封建领主相互间兼并的扩大，并导致了大量中小领主的没落。老子便是其中没落领主的代表。他由楚国逃亡到周，做了“守藏史”。没落的封建领主由于失去了自己的领地，对社会和生活悲观失望，于是“这种没落者的呼声和其悲观失望的

① 参见刘茂林、叶桂生《吕振羽评传》，社会科学文献出版社1990年版，第79页。

② 朱政惠：《吕振羽和他的历史学研究》，湖南教育出版社1992年版，第98页。

愤懑情绪，在老聃的全部著作中能充分表现出来”[①]。

至于庄子的阶级归属，吕振羽认为庄子代表着封建领主的残余，是和“新兴封建地主阶级”相对抗的。作为没落小封建主的代表，庄子既没有新兴封建地主蓬勃发展的实力，也没有封建统治层中的封建主“醉生梦死的互相攘夺”[②]，他已完全丧失了社会生产的依托，连恢复其社会地位的勇气与企图都没有了。面对纷繁复杂的社会现实，庄子尽管感觉失望，但只能由失望而达到对一切社会人事的厌绝。因此，庄子对当时的社会，只有消极的批评，没有积极的政见。

关于老子和庄子的阶级归属和划分，吕振羽的观点很有代表性。任继愈在其《中国哲学发展史（先秦）》中指出，对于老子和庄子的阶级归属，大致有两派意见：一派即以吕振羽、范文澜等为代表，认为老子是代表没落阶级；另一派则以杨兴顺、侯外庐等为代表，认为老子代表公社农民的思想，庄子则是小生产者的代表，是“唯物主义的思想家”[③]。可见，吕振羽从阶级分析的角度来对道家学说进行定位，可谓是一个开创者。

在对老子的辩证法和庄子在认识论上的局限性进行分析时，吕振羽更是抓住了阶级分析这一基本立场。关于老子的辩证法思想，吕振羽指出，老子所代表的没落封建贵族在自身阶级地位的没落过程中感受到了社会变动的剧烈，因而在老子哲学中有反映社会变动的内容，带有辩证法的色彩。但由于没落封建贵族不能接受进步阶级（新兴地主——商人）的主张并站在其立场上，因此不能在社会发展的过程中扮演革命者的角色，也不能彻底地反对旧世界，建设新世界，只能在愤恨现状中留恋过去。这就导致了老子哲学的辩证法虽然把握了矛盾双方对立的思想，但不能达到对矛盾双方对立统一的理解，因而是不彻底的辩证法。

对于庄子在认识论上犯相对主义的错误，吕振羽也从阶级分析的

---

① 吕振羽：《中国政治思想史》（上），人民出版社 2008 年版，第 51 页。

② 吕振羽：《中国政治思想史》（上），人民出版社 2008 年版，第 162 页。

③ 参见任继愈主编《中国哲学发展史·先秦》，人民出版社 1998 年版，244～245 页。

视角给予了回答。他认为，庄周代表的是没落的中小封建主，他们亲身感受了社会阶级地位的变动。他们是在大封建主的兼并下没落的，而大封建主又受到新兴封建地主阶级的打击与排挤，这种不断变化的社会现实，使得庄子不得不去探求宇宙的究竟、人生的究竟。庄子在阶级地位变动的过程中发现，甲可以被乙所取代，乙可以被丙所取代的现象，但他不能对这种取代进行辩证的把握，便将其归结为任意的取代，全由人主观决定，从而走向了相对主义。由相对主义的推演，便自然会达到诡辩主义。庄子抛弃了老子的辩证法思想，这证明了社会存在决定社会意识的原理，一个没落贵族的社会意识中是不可能有辩证法思想的。

总之，吕振羽是从老子庄子所属的阶级出发分析道家思想的，这个视角与以往的道家思想研究相比，是一个全新的改变。但是，一个人思想的形成和发展往往有其相对独立性，并不完全取决于一个人所属的阶级派别，简单地用社会存在决定社会意识的原理来分析道家思想，不免有其偏颇之处。

二、道家思想是唯心主义哲学

吕振羽对道家思想的研究是在批驳形形色色的伪马克思主义的错误观点中不断形成的。20世纪的30年代，中国学术界批判之风盛行，新旧思潮抵牾，学术分歧纷呈。既有治学路径的差异，也有鱼目混珠的伪饰。在思想领域中，马克思主义与伪马克思主义的斗争异常激烈，主要表现在中国社会性质问题、中国社会史问题、中国哲学史问题的论战上。以陶希圣为代表的“新生命派”和以李季、叶青为代表的“托洛斯基派”，采用马克思主义词句夹裹着唯心主义、机械唯物主义、形而上学等手法，同马克思主义者展开了各种论战。他们试图掩盖当时中国的社会性质，反对马克思主义者对中国社会作出科学分析和判断。在关于道家学说的代表人物老子和庄子的哲学派别归属上，陶希圣、叶青等人就认为老子、庄子均是辩证唯物主义的代表，甚至认为庄子是革命的、代表工商业者的思想家。针对陶希圣、叶青等人的观点，吕振羽对老子

和庄子的哲学派别归属问题作出了回应。

唯物主义与唯心主义的划分是与哲学基本问题联系在一起的。1886年，恩格斯出版了《路德维希·费尔巴哈和德国古典哲学的终结》一书。在该书的第二章，恩格斯指出："全部哲学，特别是近代哲学的重大的基本问题，是思维与存在的关系问题。"[①]他进一步指出："哲学家就他们如何回答这个问题而分成了两大阵营。凡是断定精神对自然界说来是本原的，从而归根到底承认某种创世说的人（而创世说在哲学家那里在，例如在黑格尔那里，往往比在基督教那里还要繁杂和荒唐得多），组成唯心主义阵营。凡是认为自然界是本原的，则属于唯物主义的各种学派。"[②]这便是唯物主义与唯心主义两个派别的来历与划分的标准，它为勾勒哲学史的发展，梳理不同的哲学观点提供了依据。

吕振羽便是依据恩格斯的上述理论，将老子的哲学定位为彻底的唯心主义。那么，在思维与存在何为第一性的问题上，老子是怎样阐述的呢？吕振羽认为，老子一开始是坚持本体（朴）先于概念（名）而存在，但当他进一步研究本体究竟是自身存在的物质，还是其他的精神的东西时，问题就出现了。老子认为"天地万物生于有，有生于无"[③]，这个"无"是什么呢？"无"就是"存在于星云气体的混沌状态中的宇宙"，而"从星云气体的凝结以至万物的发生"[④]便是"有"，可见，从"无"到"有"便是宇宙万物的生成过程。但老子又有"吾所以有大患者，为吾有身，及吾无身，吾有何患？"[⑤]一语。这样，吕振羽认为老子不仅将"无"与"有"对立起来，认为"无"在"有"之前，同时也将精神的"我"（即精神）与物质的"我"（即肉体）对立起来，并认为物质的"我"背后还有一个精神的"我"，它是先于物质的"我"而存在的。总之，老子在回答"思维与存在何者为第一性"的问题时，很明显将世界的本原归结为精神的"我"，

① 《马克思恩格斯文集》第4卷，人民出版社2009年版，第277页。

② 《马克思恩格斯文集》第4卷，人民出版社2009年版，第278页。

③ 陈鼓应：《老子注译及评介》，中华书局1984年版，第223页。

④ 吕振羽：《中国政治思想史》（上），人民出版社2008年版，第54页。

⑤ 陈鼓应：《老子注译及评介》，中华书局1984年版，第109页。

即灵魂或精神，在哲学派别上，他只能归属于唯心主义阵营。

吕振羽不仅论证了老子的哲学不是唯物主义，而且其辩证法也不彻底。他指出，在老子的思想体系中，“曾应用了一个辩证的观点”，“在他的全部著作中常常把事物的现象从对立的范畴方面去说明”，这说明老子发现了“现象之对立的矛盾性”[①]，并企图从矛盾的对立性中说明事物的现象。而且在说明事物的转化时，老子认为事物总是转向自己的对立面，如“祸兮，福之所倚，福兮，祸之所伏”[②]。“祸”的自身的否定便是“福”，“福”又否定自身而转化为“祸”。从这里出发，老子归结出“道生一，一生二，二生三，三生万物”的原理。对于这些思想，吕振羽认为这是一个“比较伟大的进步的观念”[③]。但是，由于老子只看到了事物外在的矛盾对立，没有看到事物内在矛盾斗争的统一，因此就不了解事物发展运动的必然性，最后只能陷入对“历史循环运动的见解”，“从这里便又回到‘自然主义’和‘复古主义’中去了”[④]。吕振羽总结道，老子“虽曾把握了辩证法之反正对立的观点，但不能深入到矛盾对立斗争的统一的理解”[⑤]，这种形而上学的思维方式便是导致其辩证法不彻底的原因。这样，吕振羽通过对老子哲学的分析，有力地驳斥了叶青、陶希圣等人认为老子哲学是辩证唯物主义的观点。

关于庄子哲学，吕振羽认为它是对老子唯心主义哲学的继承与修正。其修正主要表现在两个方面：

一是将老子的唯心主义更深刻，更系统化，但也将老子哲学中的辩证法思想转化为相对主义。针对庄子《齐物论》中“物无非彼，物无非是。自彼则不见，自知则知之。故曰：彼出于是，是亦因彼。彼是方生之说也。虽然，方生方死，方死方生；方可方不可，方不可方可；因是因非，因非因是……是亦彼也，彼亦是也。彼亦一是非，此亦一是非。果

---

① 吕振羽：《中国政治思想史》（上），人民出版社 2008 年版，第 52 页。

② 陈鼓应：《老子注译及评介》，中华书局 1984 年版，第 289 页。

③ 吕振羽：《中国政治思想史》（上），人民出版社 2008 年版，第 53 页。

④ 吕振羽：《中国政治思想史》（上），人民出版社 2008 年版，第 53 页。

⑤ 吕振羽：《中国政治思想史》（上），人民出版社 2008 年版，第 53 页。

且有彼是乎哉？果且无彼是乎哉”[①]一段话，吕振羽指出，在庄子的思想中确实曾经包含着一种近似辩证的观点，但是由于他不能正确地看待事物的变化，不能对其进行辩证的把握，最终将其只归结为“对宇宙间社会间的绝对真理，以及在一定时空下的相对真理的绝对性的否定”[②]。这样，庄子便由不彻底的因果论而转入相对论，甚至走到“主观唯心主义的相对论”[③]。没有了绝对真理，对事物是非的认识变成了全由人类主观所定的东西，便会走向“自我观之，仁义之端，是非之涂，樊然淆乱，吾恶能知其辩”[④]。从相对主义出发，庄子的哲学最终便会自然到达诡辩主义，成为一种混淆是非、颠倒黑白的诡辩论，最终抛弃老子的辩证法。这与老子的哲学相比，是一种退步。

二是在政治上，庄子将老子的无为主义转化为出世主义。从认识上的相对主义出发，庄子认为人的贵贱、寿夭、生死都是相对的，它们只存在现象上的差别，没有本质上的对立。这样，庄子便在人生论上便走向了宿命，即“死生、存亡、穷达、贫富、贤与不肖、毁誉、饥渴、寒暑，是事之变，命之行也”[⑤]。从宿命论出发，庄子反对人的欲望以及为满足这些欲望所进行的一切斗争，反对任何形式的“有为”，甚至反对一切“人知”，即具体知识。一方面，他认为具体知识即经验，是不能追问的；另一方面，具体知识又成为一种遮蔽，使得人不能回归于人的本性，即“赤子”之心。因此，庄子主张要忘记各种具体知识，甚至忘记自己的形骸，这样才能达到“真人”的境界，达到“天地与我并生，万物与我为一”[⑥]。经过这一过程，庄子不但能超越是非，而且能超越现实社会的贵贱、寿夭、生死，最后从老子哲学的无为主义走向出世主义，这当然也把老子哲学中的“一点滴斗争性都完全消除了”[⑦]。

---

① 曹础基：《庄子浅注》，中华书局 2000 年版，第 22 页。

② 吕振羽：《中国政治思想史》（上），人民出版社 2008 年版，第 155 页。

③ 吕振羽：《中国政治思想史》（上），人民出版社 2008 年版，第 155 页。

④ 曹础基：《庄子浅注》，中华书局 2000 年版，第 34 页。

⑤ 曹础基：《庄子浅注》，中华书局 2000 年版，第 80 页。

⑥ 曹础基：《庄子浅注》，中华书局 2000 年版，第 29 页。

⑦ 吕振羽：《中国政治思想史》（上），人民出版社 2008 年版，第 159 页。

随着马克思主义在中国的不断传播，学者们逐渐开始用哲学的党性原则来对中国古代的哲学家进行阵营的划分，由此产生了不少的争论。吕振羽将老子、庄子归结为彻底的唯心主义者，便是一种有代表性的观点。另外，以侯外庐、杨柳桥为代表的学者，则主张老子哲学的上半截是唯心主义，下半截是唯物主义，但从根本上说是唯心主义。如侯外庐认为，老子哲学属于"道"和"德"的二元论哲学，"德"以下的半截（天地万物）和物质联系着，"德"以上的半截（道）脱离了物质实体。① 以范文澜、杨兴顺为代表的学者，则主张老子是唯物主义者。如范文澜认为，老子的唯物主义是把天地万物的运行生灭看作纯粹遵循自然规律的结果，而不是人格化的神的意志体现。人只能顺从和效法自然规律，而不能违背。② 不难看出，学者对于老子和庄子的哲学派别归属存在着分歧，主要的原因在于对道家哲学中"道"的理解和把握不同。主张老子哲学是唯物主义的学者，往往将"道"理解为"物质实体及其规律"，把"道"概括为物质一般。主张老子哲学是唯心主义的学者，往往将"道"理解为"神化的东西"。但是，就老子和庄子生活的时代而言，能否将对"道"的理解达到高度抽象的水平，将近代唯物主义关于物质的概念提前到春秋末期，这一点是显而易见的。这也是1886年恩格斯提出哲学基本问题时，为什么要特别强调是"近代哲学"的主要原因。

在老子和庄子的哲学派别归属问题上，吕振羽仍然从阶级分析的视角来说明，甚至简单地认为被统治阶级的哲学就必然是唯物主义，统治阶级的哲学必然是唯心主义。他认为，由于老子是没落封建贵族的代表，那么老子是"辩证唯物主义者"的观点主是"不可想象的"。他指出，"一个代表初期没落封建贵族，其自身并附丽在不劳而食的封建统治者队伍中的老聃，是不能发明辩证唯物主义"③的。对于庄子哲学也同样，他指出，叶青、陶希圣等人认为庄子是一个"辩证唯物主义者"，"这不仅不曾摸索着庄周思想的边际"，还"恰恰表露了他们又故意在混淆哲学的

---

① 参见任继愈主编《中国哲学发展史·先秦》，人民出版社1998年版，第255～256页。

② 参见任继愈主编《中国哲学发展史·先秦》，人民出版社1998年版，257～258。

③ 吕振羽：《中国政治思想史》（上），人民出版社2008年版，第52页。

党派性”，并认为“混淆哲学的党派性，也正是他们的一贯的旧花样”[①]。这种简单的归结，恰恰暴露了早期的马克思主义者在接受马克思主义并运用马克思主义研究中国思想史时，存在着简单化、片面化的倾向。

三、对老庄政治学说的解读

吕振羽认为，老子从他的认识论出发，将其理论应用于实践中，便形成了“人法地，地法天，天法道，道法自然”的原则。老子将一切罪恶都归因于人类的“有为”，即人类的争斗和利益的冲突。正是人类的“有为”引发了“大封建主吞并小封建主，被统治阶者反对统治者，以及中小封建主的没落和新兴地主——商人的代起”[②]。老子虽然发现阶级地位的变动是由社会矛盾斗争引起的，但由于受到阶级地位的局限，他却不知道如何去把握这种变动的法则。老子只是天真地设想“如果人类都肯‘法自然’的‘无为’……不但社会的变动可以停止，阶级的地位可以永久地固定着，阶级间的仇视永远不会发生，而且他所梦想的封建社会初期的秩序，也便可以永远存在”[③]。而老子所梦想的“封建初期的秩序”便是他追求的理想社会——“小国寡民”的社会。

为什么老子会将“小国寡民”的社会视为一种理想的社会呢？同样是基于阶级分析的视角。吕振羽认为，老子自己所代表的社会阶层存在的依据是封建初期的社会秩序，因此老子所追求的“小国寡民”恰恰是“永恒不变的西周型的社会”[④]。从这个前提出发，老子政治哲学的主张便通体透明了。在封建兼并的过程中，新兴地主——商人的兴起，逐渐取代了没落中小封建主的地位，加上新兴地主——商人对利益的追逐，促成了战争的不断爆发。因此，老子作为初期没落中小封建主的代表，一方面出身于统治阶级，另一方面又面临着不断丧失统治地位的危险，其在政治哲学中便主张调和统治阶级内部的矛盾，取消斗争，主

---

① 吕振羽:《中国政治思想史》(上)，人民出版社 2008 年版，第 153 页。

② 吕振羽:《中国政治思想史》(上)，人民出版社 2008 年版，第 56 页。

③ 吕振羽:《中国政治思想史》(上)，人民出版社 2008 年版，第 57 页。

④ 吕振羽:《中国政治思想史》(上)，人民出版社 2008 年版，第 60 页。

张愚民政策。但是，吕振羽认为，老子的这种政治主张是不能实现的，尤其是“他的‘无为’，即取消斗争的主张，是根本违反了客观法则的”①。

而庄子的政治哲学，则是从他的宇宙论和人生论出发形成的。和老子一样，庄子认为构成当时社会动荡不安的原因在于社会各阶级、阶层间智巧名利的争夺和虚伪的仁义观念的误导。正是由于这种误导，才发生“有为”，即各种争权夺利的斗争。同时，庄子还将“有为”产生的认识的根源归结为后天的“人知”，并假设如果能够去除“人知”，返归于“天机”，即没有虚伪的仁义观念的误导，那么社会便可由“有为”转为“无为”。庄子作为没落小封建主的代表，他看到当时社会问题的主要表现为“小人”的抬头和“小人”对“君子”的反抗。但是庄子无力与“小人”抗衡，于是便假想如果没有“君子”与“小人”的分野，则不会有二者之间的对抗，自己所代表的没落小封建主也不至于“落得个穷无所归的惨局”②。因此，庄子便一方面期望“至德之世”的实现，另一方面又抱怨“圣人”的存在。庄子不仅厌恶当时的政治，而且“绝心利禄”，不与政治为伍。

综上所述，吕振羽在解读道家思想时，始终是基于阶级分析的视角和立场，这为道家思想研究注入了新的血液，开创了道家思想研究的新局面，也将道家学说的研究引入了一个新的时代。但是，其在新的学理、新的创获的背后，也存在着明显的不足与缺陷。如关于人们思想意识的差异，是否都简单地来源于阶级之间的对立；关于将唯物主义的思想来源，简单地与被统治阶级的思想划等号，而统治阶级的思想又必然是唯心主义的，等等。这些观点的武断和片面是显而易见的。

第四节　侯外庐对道家思想的研究

侯外庐（1903～1983），著名哲学史家和历史学家，是较早地运用马

① 吕振羽:《中国政治思想史》(上)，人民出版社 2008 年版，第 60 页。

② 吕振羽:《中国政治思想史》(上)，人民出版社 2008 年版，第 163 页。

克思主义理论研究中国古代思想文化的学者之一。其对道家思想的研究主要包含在《中国古代社会与老子》、《中国古代社会史论》、《中国古代思想学说史》等著作中。

一、对马克思主义的钟情与信仰

1925年，通过友人的介绍，侯外庐结识了李大钊。出于对李大钊品格和学识的敬仰，他开始对马克思主义产生了浓厚的兴趣。由于当时国内鲜见马克思主义经典原著，1927年的春天，侯外庐踏上了前往“被资产阶级称作革命最彻底的故乡”①——法国巴黎的路程，学习马克思主义，并开始尝试翻译马克思的巨著——被称为“工人阶级的圣经”的《资本论》。旅居法国期间，侯外庐精读了马克思的《剩余价值学说史》以及黑格尔、费尔巴哈、康德、亚当·斯密等人的著作，为其翻译《资本论》奠定了良好的基础。1930年回国后，侯外庐除在大学讲授哲学和经济学外，还继续翻译《资本论》，并倾力宣传马克思主义。1932年，侯外庐的《资本论》已完成了第一卷的翻译工作，并分上、中、下三册出版了第一卷。至抗战前夕，侯先生已将第二、三卷绝大部分译完。不幸的是，译稿在战争烽火中惨遭洗劫，《资本论》便只有第一卷存世。翻译《资本论》的十年，对侯外庐一生影响极大。回首往事时，他说道：“我翻译《资本论》前后花了十年的时间，虽憾于未能完成全译本的出版，但是在这十年中，却比较坚实地学到了一些马克思主义。这于我往后研究史学，得到很大好处。回想这数十年的治学工作中，自信能够坚持正确的研究方法，而未迷失方向，坠入烟海；自信能够有一孔之见，确是与学习和翻译《资本论》分不开的。”②对于侯外庐而言，马克思主义不仅为他提供了科学思维方法，而且为其提供了终生的信仰。他在谈及自己一生时，曾这样写道：

---

① 侯外庐：《侯外庐自传》，载《晋阳学刊》1981年第5期。

② 侯外庐：《回顾史学研究五十年》，载吴泽主编《中国史学集刊》第1辑，江苏古籍出版社1987年版，第13页。

1927年大革命失败时，我找到了信仰的归宿——马克思主义。旅法之初，我还不是共产党员。身在党外，怎么为马克思主义真理奋斗呢？这个问题我时时萦怀。苏东坡说过："不识庐山真面目，只缘身在此山中。"我一向有不同的看法。身外庐山，固然可客观立场，远观庐山壮丽之势，然而这又徒见外表，惟有身在庐山，才能具体考察庐山，研究庐山，真正做到了解庐山之实。

王国维深信君子三畏，即"畏天命，畏大人，畏圣人之言"，因而他以"畏"自戒。我将苏东坡的诗句，反其意而用之，1928年初，起名"外庐"，以"外"自戒。时刻警戒自己，政治上，理论上，都还在庐山之外呢。

五十多年来，我以信仰为生命，以信仰为家业，以信仰自励自慰。在太原的最初几年，若没有信仰的支持，必然堕落。那些年里，我饱尝了离群索居的痛苦。但是，纵然只剩下埋头读书一条路可走，我的信仰一刻也不曾动摇过，在转向研究史学的开始阶段，信仰更起了无比重要的作用。①

马克思主义不仅是侯外庐一生的信仰，也是他的学术研究所秉承的重要方法论。

二、道家学说研究的新视野

20世纪30年代初，受郭沫若《中国古代社会研究》一书出版及史学界开展的关于社会史大论战的影响，侯外庐开始对史学研究产生兴趣，学术研究便由经济学转向了史学。侯先生的史学研究是从对老子的研究开始的，他曾说"《中国古代社会与老子》小册子……成为我对社会史和思想史研究的处女作"②。在这本书中，侯外庐对老子的思想是肯定的，他特别提到了黑格尔对老子的评价。黑格尔认为，老子的思想才是东方古代世界的精神代表，相比之下，孔子的思想则显得贫乏。这

① 侯外庐：《韧的追求》，三联书店1985年版，第68页。

② 侯外庐：《侯外庐自传》，载《晋阳学刊》1981年第5期。

种观点，在某种程度上代表了侯外庐对老子的看法。20 世纪 40 年代，侯外庐出版了《中国古代思想学说史》一书，此书又是他“从社会史转向思想史研究的一个界碑。从此以后，我治学的重点就基本上转到思想史方面来了”[①]。此书共有十三章，大体论述了西周、春秋、战国三个阶段的思想发展，侯先生将这三个阶段分别概括为“‘学在官府’的畴官贵族之学”、“诗书传授之学”和“私人创著，百家并鸣之学”[②]。以老庄为代表的道家学说属于第三阶段的“子学”。对于道家学说，侯先生又将其分为“老庄学派的历史路线”、“老子学说的体系”和“庄子的概念游戏”三节来加以论述。在始撰于 1946 年的《中国思想通史》(第一卷出版于 1947 年，二、三卷出版于 1950 年，四至六卷出版于 20 世纪 50～60 年代)中，侯外庐将老子的思想分为“老子思想的产生年代及其社会根源”、“老子的自然哲学”、“老子的知识论”、“老子的经济思想”、“老子的国家学说”和“老子的人性论和社会思想”六部分来阐述；对于庄子的思想，侯先生则将其分“庄子言行里的身世消息”、“庄子的先王观和自然史寓言”、“庄子的自然哲学及其道德论”和“庄子的存在与思维关系论”四部分进行研究。

从标题不难看出，侯外庐对道家思想的研究，是他运用马克思主义研究中国传统思想文化取得的成果。综观这些成果，可以看出侯先生研究道家思想和学说时，在方法论方面所坚持的若干基本原则，具体如下：

(一)坚持社会存在决定社会意识的基本原则

社会存在决定社会意识是马克思主义唯物史观的一个重要的论断。在 1859 年的《〈政治经济学批判〉序言》中，马克思指出：“不是人们的意识决定存在，相反是人们的社会存在决定人们的意识。”[③]他还指出：“人们的观念、观点和概念，一句话，人们的意识，随着人们的生活条

---

① 侯外庐：《回顾史学研究五十年》，载吴泽主编《中国史学集刊》第 1 辑，江苏古籍出版社 1987 年版，第 21 页。

② 侯外庐：《中国古代思想学说史》，岳麓书社 2010 年版，第 1 页。

③ 《马克思恩格斯文集》第 2 卷，人民出版社 2009 年版，第 591 页。

件、人们的社会关系、人们的社会存在的改变而改变。”[①]唯物史观认为，一定社会的社会存在，即社会生活中物质方面的内容决定着这个社会的观念和文化，因此对社会的观念和文化，只能从它产生的社会存在中去探源。

伴随着唯物史观在中国的传播，许多学者开始尝试用这种新的学理来分析中国传统的思想文化。如马克思主义的早期传播者李大钊，就在1919年发表的《由经济上解释中国近代思想变化的原因》一文中指出，儒家的“道德伦理观点”是“适应中国二千余年来未曾变动的农业经济组织反映出来的产物”[②]，可谓从经济基础的角度为传统儒学的社会属性进行了定位。郭沫若在1930年出版的《中国古代社会研究》一书，则从社会形态的角度，对中国古代社会的精神产品《周易》、《诗》、《书》进行分析，并指出这些精神产品是它们所处的“社会变革”时代在“思想上之反映”[③]。

与传统的研究思路——从思想到思想，就文化论文化，认为中国的传统文化可以不受历史条件的制约而有其自身的发展进路相比，唯物史观从社会存在的角度分析思想文化发展的源头与规律，可谓实现了一个方法论的重要转向。如前文所言，侯外庐从经济学的研究转向史学研究时，首先进行的是社会史的研究。他在1932年读到郭沫若的《中国古代社会研究》时，就“产生了一种愿望，想要研究和解释中国历史各经济发展阶段与政治思想、学术思想的关系”[④]。1934年出版的《中国古代社会与老子》一书，就是他从事这一领域研究的最初成果。从此，他就把“研究社会存在对社会意识的影响”作为自己的“研究方向”[⑤]。侯外庐从社会史入手，把对中国传统思想文化的研究置于社会史研究的基础之上，从经济基础、政治上层建筑等方面对作为意识形态

---

① 《马克思恩格斯文集》第2卷，人民出版社2009年版，第50～51页。

② 李大钊：《李大钊全集》第3卷，人民出版社2006年版，第145页。

③ 郭沫若：《中国古代社会研究》(外二种)，河北教育出版社2000年版，第87页。

④ 侯外庐：《韧的追求》，三联书店1985年版，第66页。

⑤ 侯外庐：《韧的追求》，三联书店1985年版，第66页。

的思想文化进行多角度、多层面的考察，揭示其赖以存在和发展的物质原因。例如，他把“运用马克思主义特别是政治经济学理论，分析社会史以至思想史，说明经济基础与上层建筑、意识形态之间的辩证关系”作为《中国思想通史》“紧紧掌握的原则”①，把“始终注意社会史与思想史的关联”，“论述古代思想的发展始终扣紧古代的社会发展”②作为《中国古代思想学说史》一书的首要特征，认为“思想史系以社会史为基础而递变其形态。因此，思想史上的疑难就不能由思想的本身的运动里求得解决，而只有从社会的历史发展里来剔抉其秘密”③。总之，侯外庐不仅提出了研究中国思想史必须从经济入手，说明了经济基础、政治上层建筑、意识形态之间的辩证关系，而且认为研究中国思想史必须以社会史为基础，以便对其作社会史方面的说明。这样，侯先生就把原来被头脚倒置了的中国传统思想文化的研究重新颠倒了过来，从而成为中国传统思想文化研究领域中一次带有方向性的转换，确立了社会存在决定社会意识这一历史唯物主义原理对于中国传统思想文化研究的指导地位，具有划时代的意义。

正是基于社会存在决定社会意识的视角，侯外庐认为道家思想产生于战国时期，这一时期社会的特点是，古代的显族社会的矛盾已经扩大，社会和谐被打破，人们固有的理想和信念被否定，各种思想纷涌而出。老子便是其中“怀疑哲学”的代表，他“在社会理想方面怀疑了现实世界，在人类道德方面怀疑了私学，在历史方面怀疑了发展，在信心方面怀疑了个体，在阶级方面怀疑了斗争”④。老子以怀疑为基础形成了自己的哲学，并由此发展出他形而上学的“道”的学说。

侯外庐认为，老子正是从现实社会中看到了种种矛盾和对立，并认为这些矛盾是现实社会中一切动乱和灾难的根源。要消除这些动乱与灾难，首先就必须消除对立。于是，老子消解了圣智、仁义、法令、捐税

---

① 侯外庐:《韧的追求》,三联书店 1985 年版,第 327 页。

② 侯外庐:《韧的追求》,三联书店 1985 年版,第 268 页。

③ 侯外庐:《中国思想通史》第 1 卷,人民出版社 1957 年版,第 28 页。

④ 侯外庐:《中国思想通史》第 1 卷,人民出版社 1957 年版,第 258 页。

等的“有为”，也就消解了它们的对立物——大伪、奇物、盗贼、民之饥、民之难治等，这种消解，使老子的哲学走向了“无为”。

侯外庐对庄子的研究，第一篇便是“庄子言行里的身世消息”[①]，从关注“身世消息”，反观庄子的言行，恰恰是对社会存在决定意识的最好注脚。侯先生指出，庄子原是宋国蒙地一漆园小吏，后来因为蒙地被楚国吞并，庄子遂成为没落的贵族。生活于贫富分化剧烈的战国时期，残酷的现实斗争使庄子惊恐不已，他需要寻求一种精神上的安慰。但是那个时代“善人少而不善人多”[②]，他没有可以信任的对象，最终社会和人类都成了他怀疑的对象，以至于衍生出他“虚无主义”和“无为而为”的思想。

关于老子所代表的阶级，侯外庐指出，其代表的是没落的公社农民。理由在于：其一，老子所追求的“小国寡民”的氏族公社正是公社农民所追求的；其二，老子用“损”的观点反对“以求生之厚”的统治阶级，对剥削者的这种憎恨，反对政治压迫，主张让百姓自化，恰恰是公社农民情绪的反映；其三，老子思想中的天真观点与公社农民的想法是一致的。侯外庐还指出老子所代表的没落公社农民带有消极情绪，如婴儿状态的天真、朴素状态的憧憬、对政治的疏远、神秘主义的道、无名的离奇古怪的世界观、不抵抗主义的无为与不争，对金钱主义的咒骂等。[③]

（二）坚持辩证的观点

侯外庐在研究包括道家学说在内的中国传统思想文化时，始终坚持和贯彻辩证的观点。他说：“每个民族的文化都不是如封建主义学者和资产阶级学者所理解的那样囫囵而单一，而是表现为两种文化，即进步的文化和反动的文化之间的对立；所谓文化发展正是在于这样两种文化的斗争，因此，我们应该正确地对待我们的文化遗产，既反对国粹主义，又反对虚无主义。”[④]侯外庐认为，中国古代的思想发展存在着

① 侯外庐：《中国思想通史》第1卷，人民出版社1957年版，第309页。

② 侯外庐：《中国思想通史》第1卷，人民出版社1957年版，第310页。

③ 参见侯外庐《中国思想通史》第1卷，人民出版社1957年版，第262～263页。

④ 侯外庐：《侯外庐史学论文选集》（下），人民出版社1987年版，第422页。

"正宗"和"异端"的对立，并把唯心和唯物思想作为哲学发展中矛盾对立的两方，指出"思想史以'正宗'与'异端'，唯心与唯物的对立或斗争为其发展的规律"[①]。但他并非机械地将"正宗"与"唯心"、"异端"与"唯物"等同起来，他认为"有的利用思想资料进行改编工作，为统治阶级说教，这就是'正宗'；有的利用思想材料，进行改造工作，反抗统治阶级，这就是所谓'异端'。他们所利用的材料都可能是经学形式，然而他们的立场却又可能完全相反"[②]。什么是"正宗"呢？侯先生认为儒学就是"正宗"，它被历代封建统治奉为"官学"。与封建正宗思想对立的则是"异端思想"，"在中国封建社会中，曾接连不断地涌现出和封建正宗思想相对抗的进步思想家。他们或者是地主阶级的反对派，即所谓'异端'，或者是与下等社会阶层有联系的'寒微'的庶族地主的代表人物"[③]。

在侯外庐的视野里，老子恰恰就是一位被历代视为"异端"的思想家。在《老子的形而上学》一节中，侯先生从老子作为一位"异端"思想家的角度，阐明了老子的形而上学。一般来说，"正宗"思想往往会将"自然之天"比附于"宗教之天"，用曲解自然规律的手法来为封建统治秩序辩护，论证封建纲常伦理为"天意"或"天理"之理所当然。而老子则将孔、墨以来的"意志之天"、"主宰之天"还原为"自然之天"，实现了对"天论"的解放。究其原因在于孔子保留了西周的天，墨子"条件化了"西周的天，而老子则继承了天道思想并发展为"宇宙史的异变"，成为具有形而上学意味的"天论"。老子的身上体现出的便是作为"异端"的特质，既不同于不问历史起源的孔子，也不同于不关历史真伪的墨子。因此，老子谈及社会问题时，必求之于历史的源流。当然，在充分肯定"异端"思想家的同时，侯先生也深刻地指出了其思想的局限性，即"时而清醒，时而醉态蒙眬"[④]。

---

① 侯外庐：《中国思想通史》第 2 卷，人民出版社 1957 年版，第 254 页。

② 侯外庐：《中国思想通史》第 2 卷，人民出版社 1957 年版，第 2 页。

③ 侯外庐：《侯外庐史学论文选集》(下)，人民出版社 1987 年版，第 428 页。

④ 侯外庐：《侯外庐史学论文选集》(下)，人民出版社 1987 年版，第 14 页。

（三）中西对比的方法

侯外庐曾说："我常注意从世界史的总范围去考察以及从各个时期中外历史的比较中去探索中国社会发展的特点，自信不是削足适履。"[①]他认为中西哲学存在着相似性，其前提是西方（主要是西欧和俄国）与中国在社会发展阶段、生产方式等方面有一致性。与西方哲学的发展阶段大体一致，中国哲学史也存在奴隶制的古代、封建制的中世纪、封建社会逐步解体的近代三个阶段。侯外庐曾将古希腊的毕达哥拉斯学派与老子思想体系进行对比，得出了两者在自然天道观唯心化方面走着同样的路径的结论。他认为，毕达哥拉斯把自然秩序视为数量的和谐关系，数的法则支配着世界，数为万物的本质。在数如何创生万物的解释上，毕达哥拉斯认为数最初是"一"，从"一"产生"二"，从"二"产生出数。因此，"一"的抽象原理是一切存在的动因，万物就是从"一"产生的。侯先生认为，老子也同样是从"一"的抽象出发，来说明万物的产生，即"道生一，一生二，二生三，三生万物"。毕氏学派承认矛盾的存在，而这些矛盾被理解为外在的对立，而不是被理解为内部的斗争，而且不能转化。老子也承认矛盾的存在，而这些矛盾也是只被理解为暂时的相对关系下的矛盾。老子虽承认在"有"的范围内可以向其自身的对立面转化，但这种"现象界的矛盾，最终到了本体界，就成了慈和的一致了"[②]。因此，侯先生认为老子的思想一方面带有朴素的辩证法色彩，另一方面"这一朴素的辩证法观点是和对运动和发展的具体性的否定相结合的"[③]。

侯外庐中西比较的研究视野，并非是对西方模式的简单模仿，也不是用西方概念生硬套用中国哲学思想，而是主张通过深入的研究，在比照中见到一般，又在比照中发现特殊。

① 侯外庐：《韧的追求》，三联书店1985年版，第263页。

② 侯外庐：《中国思想通史》第1卷，人民出版社1957年版，第273页。

③ 侯外庐：《中国思想通史》第1卷，人民出版社1957年版，第273页。

第五节　范文澜对道家思想的研究

范文澜(1893～1969),著名历史学家。1914年考入北京大学国学门,师从著名学者黄侃、刘师培和陈汉章。受三位古文经学派大师的影响,1925年,范文澜撰成第一部著作《文心雕龙讲疏》。“五卅”运动的爆发,成为范文澜思想历程中一个重要转折点。他将自己的学术和生命同反帝爱国的革命事业密切联系起来,并很快确立了实现共产主义的信仰,成为一名地下党员。20世纪30年代,他出版了《文心雕龙注》、《正史考略》和《群经概论》三部著作,成为其早期国学研究的代表作。

作为从旧时代过来的知识分子的主要代表,范文澜的思想前后变化很大。他曾回忆说:“我在‘五四’运动前后,硬抱着几本经书、汉书、说文、文选、诵习师说,孜孜不倦,自以为这是学术正统,文学嫡传,看不起那时流行的白话文、新学说,把自己抛弃在大时代之外。”[①]后来,范文澜“急起直追”,跟上时代步伐,接受新思想的影响。抗日战争爆发后,40多岁的范文澜脱下大学教授的长袍,穿上军装,成为一名游击队战士。在学术思想上,他同样“大踏步地迈上了马克思主义的康庄大道”[②]。

1940年,范文澜来到延安,受中共中央的委托,主持编写一部简明的中国通史。不到两年的时间,范文澜便完成了《中国通史简编》这部总字数达56万的著作。这是在马克思主义指导下撰写中国通史的第一部著作。1941年完稿之后,至1949年全国解放以前,《中国通史简编》先后在延安及各解放区多次印刷,传布极广。《中国通史简编》起自远古,止于鸦片战争,是第一部运用马克思主义系统地叙述中国通史的

① 中国社会科学院近代史研究所编:《范文澜历史论文选集》,中国社会科学出版社1979年版,第207页。

② 刘大年:《范文澜历史论文选集·序》,载《范文澜历史论文选集》,中国社会科学出版社1979年版,第9页。

著作。范文澜既懂得马克思主义，又熟谙中国的传统文化，并且能较好地把马克思主义与中国的民族特点结合起来，形成他的著作的独特风格。范文澜关于道家学说的研究，集中体现于该书的“兼并剧烈时期——战国”一章中。在这一章中，他将老子及其学说与庄子合为一节加以论述。

伴随着马克思主义在中国的传播，继唯物史观之后，辩证唯物主义日渐成为宣传的重点，并作为一种重要的方法论成为不少学者审视、总结中国历史的发展规律和特点，考察中国历史上的人和事、学说和思想的一种重要的工具。1942 年，范文澜发表的《古今中外法浅释》一文，对其掌握的唯物主义和辩证法作了这样的阐述，他说：“什么是古今中外法？我想，就是运用马列主义分析方法去正确解决问题的必要的程序。古今中外是指分析一个问题的过去的现在的，也就是从时间（古今）和空间（中外）限界以内历史的、全面的认识客观的现实，而分析的目的在于发现客观事物的内部联系即规律性，作为我们行动的向导。我们研究一个问题，如果细心地从它的历史发展过程看，从它的当前具体情况看，从它的内在基本特征看，从它的周围相互关系看，四个条件具备，问题的面貌和性质，大体是看清楚了。问题清楚以后，即分析过程完了以后，再做一番综合的功夫，指明问题的性质，给以解决的办法，这就是马列主义处理问题的态度和方法。”①可见，对范文澜而言，辩证唯物主义作为一种方法论，就要求对历史事件与历史人物运用联系、发展和全面的观点来把握，而不应将其绝对化和主观化。他也正是将这种理解贯穿于其对道家思想的研究中。

在老子其人其书的年代问题上，范文澜认为老子及其所创道家学说出现在战国后期，不仅在孔、墨之后，而且更在孟子之后。尽管他区分了老聃与李耳是不同的两个人，承认老聃早于孔子，但他坚持认为《老子》一书的作者是李耳，其成书年代约与荀子同时。范文澜认为《老子》一书偏晚的主要根据在于，“孟子当时批评各学派，没有提到老子，

① 范文澜：《范文澜全集》第 10 卷，河北教育出版社 2002 年版，第 79～80 页。

这说明李耳学说流行在孟子后。荀子开始批评老子，说他只看到屈的好处，没有看到伸的好处。韩非子作《解老》、《喻老》两篇，发扬老子学说，足见老子学说的传播在战国后半期”①。范文澜对老子其人其书的看法无疑是受了疑古学派的影响，这一观点因近年考古材料的发现而被证明是错误的。尽管范文澜对老子其人其书的观点存在一定偏颇之处，但他在道家思想的研究中，正确运用辩证唯物主义的基本观点所取得的成果还是丰硕的。

一、肯定老子的唯物主义和辩证法思想

在《中国通史简编》中，范文澜认为老子是一个唯物主义者。老子的唯物主义在于他把天地万物的运行生灭，看作是因循自然规律的结果，而不是人格化的神在起作用。由于自然具有其自身的内在规律，因此人只能顺从和效法自然，而不能违背自然。正如“天地不仁，以万物为刍狗”，所以“圣人不仁，以百姓为刍狗”。范文澜指出，刍狗、人都是天地间自然生长的物，兽食草、人食狗，这都合乎规律。天地间的自然规律是客观的，它既不会干涉兽食草，也不会干涉人食狗，因此圣人也不会干涉百姓的生活。范文澜主张老子思想是唯物主义的观点，这对后来的思想界影响较大。他与吕振羽关于老子思想是唯心主义的观点一起，构成了学界关于老子哲学归属问题的最具有代表性的两派。

与对老子的唯物主义的肯定一样，范文澜认为老子的思想中包含着丰富而深刻的辩证法思想，并称老子是“有极大智慧的古代哲学家”②，即老子通过对自然与社会的观察，“发现并了解事物的矛盾性比任何一个古代哲学家更广泛更深刻”③。这种矛盾性就是“道与德”的矛盾，“道”是从一切具体事物中抽象出来的自然法则及规律，在《老子》一书中，多用“一”表示。“一”里面存在着正反两方面的对立，有对立，才会有变

---

① 范文澜：《中国通史》第1册，人民出版社2008年版，第243页。

② 范文澜：《中国通史》第1册，人民出版社2008年版，第243页。

③ 范文澜：《中国通史》第1册，人民出版社2008年版，第243页。

化，所以老子称“反者道之动”[①]。正反两面在一定的条件下可以相互转化，如反面一开始处于弱势，但是它可以转化到强势方面去，取得正面的地位。这就是老子所说的“弱者道之用”，“柔弱胜刚强”[②]。“德”则指宇宙间一切具体事物所含有的特性，它不能脱离具体的事物而独立存在，“德”所寓的事物称为“得”。即韩非子所说的“德者，内也。得者，外也”[③]。“道”与“德”的关系是辩证统一的，是“从各个的德综合为一般的道，从一般的道表现为各个的德，有道便有德，反之，没有德也就没有道”[④]。范文澜指出老子就以这些相互的辩证法，来讲论君主如何立身处世的方法，“全部学说贯穿着道德这个根本思想”[⑤]。

二、辩证地看待老子的辩证法思想

在范文澜看来，矛盾的法则特别是矛盾的正反两面相互转化的法则是老子学说的精髓。也正是这种矛盾的学说，导致了老子的政治学说是反历史的，但是应该看到老子的辩证法思想还有其革命的一面。

范文澜认为老子的学说代表着没落贵族领主的意志，“老子学说的精神，不是要发展矛盾，解决矛盾，向前推进，而是要阻止发展，保持原状以至向后倒退”[⑥]。倒退到小国寡民的时代去，这样，他的历史观就走向了复古主义。老子试图将正在走向统一的社会分解为分离的无数小点，人们被束缚在这些小点里，过着极低水平的生活，彼此孤立，没有接触的机会，这正是老子所代表的没落领主的思想，“他们不敢向前看，只好回头看那辽远的后面，幻想在那些小点里过着‘甘其食，美其服，安其居，乐其俗’的美满生活”[⑦]。

尽管老子在其历史观上是退步的、反历史的，但他却发现了“若干

---

① 陈鼓应：《老子注译及评介》，中华书局 1984 年版，第 223 页。

② 陈鼓应：《老子注译及评介》，中华书局 1984 年版，第 205 页。

③ 陈秉才译注：《韩非子》，中华书局 2007 年版，第 93 页。

④ 范文澜：《中国通史》第 1 册，人民出版社 2008 年版，第 243 页。

⑤ 范文澜：《中国通史》第 1 册，人民出版社 2008 年版，第 244 页。

⑥ 范文澜：《中国通史》第 1 册，人民出版社 2008 年版，第 244 页。

⑦ 范文澜：《中国通史》第 1 册，人民出版社 2008 年版，第 247 页。

辩证法的规律”[①]。范文澜认为，老子的矛盾学说运用到政治上、人事上，便有四种表现：其一是“抱（守）一”，即“一方面‘无为’，‘好静’、‘无事’、‘无欲’，缓和另一方面的反对，使事物常常保持原来的情状，不让矛盾发展起来”。其二是“取”，即“自方处于柔弱地位，使对方处于刚强地位，刚强已极，就要转化到它的对面，归于失败”[②]，这个道理即是“柔弱胜刚强”、“强梁者不得其死”[③]。其三是“守”，即指正反两面要相互转化的。已经在正面的人，如何能守住正面，不使其向反而转化呢？按照韩非子在《解老》篇中对福祸的转化需要条件的要求，要想守住正面，就必须做到“知止、知足”，“去甚、去奢、去泰”，“知其雄，守其雌……知其白，守其黑……知其荣，守其辱”[④]，正面不完全脱离反面，可保持其常态。其四是“无”，这种关于“无”的理论是“老子学说独到的见解”[⑤]，所谓“有无相生”，“有生于无”，“无”是老子的最高理想，只有无为，才能无不为。范文澜认为老子生活在战国时期，对辩证法就已有如此程度的认识，虽然古代的辩证法“必然是不完备的、自发的、朴素的”，但是，“在马克思主义的唯物辩证法传入中国以前，古代哲学家中老子确是杰出的无与伦比的伟大哲学家”[⑥]。

三、辩证地看待儒道两家的思想

在先秦诸子百家中，地位最高、影响最大的两位思想家无疑是孔子和老子；渗透最深、流传最久的学派，无疑是儒家学派和道家学派。这两大学派在思维方式、理论框架和价值系统等方面都呈现出明显的差异。诸如阳刚与阴柔、进取与退守、庙堂与山林、群体与个体、恒常与变动、肯定与否定等，它们相互颉颃，相互刺激、相互吸收，共同汇成中国传统文化的主流。

① 范文澜：《中国通史》第1册，人民出版社2008年版，第247页。

② 范文澜：《中国通史》第1册，人民出版社2008年版，第244～245页。

③ 陈鼓应：《老子注译及评介》，中华书局1984年版，第232页。

④ 陈鼓应：《老子注译及评介》，中华书局1984年版，第178页。

⑤ 范文澜：《中国通史》第1册，人民出版社2008年版，第246页。

⑥ 范文澜：《中国通史》第1册，人民出版社2008年版，第247页。

从历史上看，对儒道两家的地位的评判始终是治先秦思想史家不能回避的一个问题。尊儒抑道，抑或尊道抑儒，往往成为争论的中心。在《中国通史简编》中，范文澜通过对道家与儒家的比照，分析老子所代表的道家思想的社会历史意义，对儒道两家的地位提出了比较中肯的观点，体现了其对辩证唯物主义思想的科学运用。范文澜指出，儒道两家都是封建统治阶级不可偏废的重要学说，只是“儒家是一条明流，它拥护贵贱尊卑的等级制度，使统治者安富尊荣；道家是一条暗流，它阐明驾驭臣民的法术，使统治者加强权力”①。因此，一般来说，秦汉以后的历代君主，善于儒道兼用的，往往国家兴盛；而不善于儒道兼用的，往往走向衰亡。同时，“儒经和道经也为历朝士人所必读，成为学术思想的主要泉源”。最后，范文澜总结道：“孔子与老子两大学派，一显一隐，灌溉着封建社会政治、文化的各个方面。”②应该说，范文澜对儒道两大学派的评价是比较客观和中肯的，这也体现了他对中国历史的客观和辩证的认识。

第六节　马克思主义的传播与道家思想的研究小结

在马克思主义的指导下，众学者对道家思想的研究，呈现出不同以往的特点。具体而言，表现在以下几个方面：

（一）服务于社会现实的特色明显

作为马克思主义史学家，郭沫若等人的学术研究与现实政治联系非常紧密，服务于中国共产党领导的新民主主义革命实践，显示出很强的政治功利性。作为马克思主义学者，其学术研究一方面要为中国共产党从事社会变革提供思想资源与学术依据，另一方面又要总结和提升中国共产党的社会革命经验，在传承马克思主义理论的同时，开拓创新，形成独特的文化思想、政治理念和变革社会的模式。如郭沫若在中国社会史的论战中，就曾坦言他的学术研究具有政治目的。他撰写的

① 范文澜：《中国通史》第1册，人民出版社2008年版，第248页。

② 范文澜：《中国通史》第1册，人民出版社2008年版，第248页。

《中国古代社会研究》一书“可以说就是恩格斯《家庭私有制和国家的起源》的续篇”，并说“中国人所组成的社会，不应该有什么不同”①。因而，马克思主义的辩证唯物主义适用于中国古史的研究。同样，范文澜的《中国通史简编》也是受中共中央的委托而写作的。不难看出，前文所言马克思主义学者亦学亦政，其学术活动与政治活动互为促进，学术性著作的政治斗争性非常显著。即使是非常严格的学术性著作，其政治性关怀也十分浓烈。

郭沫若、范文澜等马克思主义史学家，将学术研究的科学性和服务社会的现实性有机结合，既推动了史学研究的发展，又为新民主主义革命的胜利作出了突出的贡献，是对中国传统的经世致用思想的继承和发展。

（二）开拓了研究视野，新观点、新论断频出

马克思主义提供的研究方法，为道家思想的研究开阔了视野，拓展了范围，产生了新的理论研究创获。诚如上文所言，阶级分析、历史主义、唯物辩证等方法的运用，使学界出现了诸如“道家思想是唯心主义哲学”、“老子思想是唯物主义思想”、“道家学派代表没落封建领主”、“庄子人生哲学是滑头哲学”等之前未曾出现的新观点、新论断。

（三）对马克思主义的理解尚不成熟，公式化、简单化倾向明显

马克思主义史学家以唯物史观为指导的道家思想研究，在取得成绩的同时，也走了不少弯路。从学理上看，马克思主义学者对唯物史观的认识、理解和研究，应当有一个发展过程，不成熟在所难免。从历史条件来看，在唯物史观的运用过程中，马克思主义史学家们曾受到政治因素的干扰，特别是政治上“左”的思潮的干扰。上述两种情况带来了两个严重的后果，即或者把唯物史观简单化、教条化，以理论代替学术；或者把唯物史观片面化、绝对化，以原则代替具体研究，这两种后果的本质是一样的，既曲解了唯物史观本身，又阻碍了学术研究的发展。

郭沫若的《中国古代社会》一书，便反映了郭老对唯物史观的运用尚处于开始阶段。正如他后来所言：“我的初期的研究方法，毫无讳言，

---

① 郭沫若：《中国古代社会研究》，河北教育出版社2000年版，第9页。

是犯了公式主义的毛病的。我是差不多死死的把唯物史观的公式，往古代的资料上套，而我所依据的资料，又是那么有问题的东西。”①还有前文所言的吕振羽，从阶级分析的视角研究老子和庄子的思想，甚至简单地将被统治阶级的哲学归结为唯物主义，将统治阶级的哲学归结为唯心主义，这也说明了早期马克思主义史学家们在接受和运用马克思主义时存在着简单化、片面化的倾向。

总之，20世纪上半叶，在马克思主义的指导下，道家思想的研究既取得了新的进展，又存在着不足。这样的评价，恰恰是符合辩证法的。

---

① 郭沫若:《沫若文集》第8卷，人民文学出版社1958年版，第339页。

结 语

近现代是一个新旧起承转合的关键时期，中西学术文化交汇碰撞、比较参证、融合创新，形成了中国学术史上特有的整合、调适、转向的阶段。一时间，硕彦俊杰竞起，著述繁兴，学科迭创，流派纷呈，汇成中国学术思想史上的一个高潮。通过探析道家思想在近现代发展的轨迹，力图揭示道家思想在近现代世界性文化整合背景下的演进规律与成败得失，正是本书的写作目的。

道家思想作为中国传统思想文化中一个重要的组成部分，在历史的发展过程中自然有其独特的轨迹。道家思想内容丰富、博大精深，在其传播、流布的过程中，不同时期的思想家根据治理社会、安顿人的精神生命等不同的需要，从道家思想中汲取有用的营养，或用之批判黑暗社会，或用之调控社会，或用之应对外来思想的挑战，或用之实现精神的慰藉。可以说，近现代道家思想的研究过程，便是近现代学者选择道家思想、解读道家思想以至发现道家思想价值的过程。

近现代道家思想的研究是一种思想史的研究，与严格意义上的哲学史不同，它并不侧重于对哲学范畴的研究，也不在抽象的概念与范畴之间展开，而是侧重于对社会生活中思潮、意识和观念的研究，从而体现了与历史的亲和。不同的历史阶段有不同的历史主题，便有不同的历史观念，以至有不同的研究特点。因此，对道家思想的研究是不能孤立于历史之外的。目前，学术界也不乏此类的成果，如孙以楷主编的《道家与中国哲学》，分先秦、汉代、魏晋南北朝、隋唐五代、宋代、明清五

卷，探讨了道家在中国历史不同阶段的发展及与中国哲学发展之间的关系；熊铁基等撰写的《二十世纪中国老学》，以老子其人其书作为研究对象，对老学在 20 世纪的发展轨迹进行了总结，等等。

近现代是中国历史发展进程中一个重要的阶段，其历史主题、历史意识自然不同于其他历史阶段。关于其历史主题，冯契先生在《中国近代哲学的革命进程》说："在中国近代，时代的中心问题就是'中国向何处去？'——灾难深重的中华民族，如何才能获得自由解放，摆脱帝国主义的压迫、欺凌和奴役？一百多年来，无数志士仁人前仆后继，浴血奋战，就是为了解决这个问题。这个时代的中心问题在政治思想领域表现为'古今中西'之争，其内容就是如何向西方学习，并且对传统进行反省，来寻求救国救民的真理，以便使中华民族走上自由解放的道路。"[①]近现代的学者确是在此历史主题下，对道家思想进行了解读，并充分挖掘道家思想的政治价值、思想价值和文化价值，从而实现了道家思想在近现代的反思与重建，构成了道家思想史研究中一个必要的环节。

历史毕竟是发展的，它终将进入新的一页。历史主题必将发生改变，道家思想的研究又必将有新的内容。如果说近现代要研究"革命的逻辑"，那么在当代便应研究"建设的逻辑"[②]了。参与"如何建设"这个主题，道家思想的研究必将更加拉近与现实、实践的距离，在更广阔的领域内实现其自身价值。

崔大华的《道家思想及其现代意义》一文指出，道家思想的意义有二："一是道家思想是人在自然中处境的彻底的、理性的自觉，它召唤返回自然，向往并努力去实现心境没有任何负累的逍遥自由，从根本上创造了一种不同于儒家的、在伦理道德目标实现之外的精神境界，一种物质的、功利的追求之外人生追求。二是道家思想是一个概念、观念极为众多的思想体系，对自然、社会和人本身都有许多深入、准确的洞察，道家思想因此获得了、具备了某种理论品质，内含着许多理论生长点和不

① 冯契：《中国近代哲学的革命进程》，上海人民出版社 1989 年版，第 3～4 页。

② 冯契：《中国近代哲学的革命进程》，上海人民出版社 1989 年版，第 593 页。

同思想体系，甚至是异质文化之间的观念融合点。”①从中不难看出，道家思想在当代社会的价值主要体现在：一是为人类心灵开拓一片新天地；二是可以为中国传统哲学走向现代，走向世界提供真正的理论观念的桥梁。

当今世界正处于一个社会大变动时期。由科学技术的发展所带来的人与自然的关系高度紧张，表现为环境污染、生态破坏、自然灾害频繁等；由商品经济发展所带来的人与人关系的高度紧张，则表现为人们不得不更加功利化，人对种种矛盾所导致的肢解感加剧，对社会产生异化感。这一时代特点，与道家思想产生的历史条件极具相通性。道家思想产生于中国古代社会大变动的时期，那时，旧的社会秩序已经瓦解，但新的秩序还没有建立起来。由旧的秩序的瓦解所带来的人际关系的变易使人们还无法将其纳入理性的轨道并加以把握；同时，人们为应对变易而确立起的新的理想和价值追求又一次次归于幻灭。于是，人对自己所生存的社会产生了神秘感、异在感和疏离感。人与社会的疏离，表现为绝对与相对、无限与有限的分隔与背离。那么，作为有限的孤独的个体，他的出路何在？他活着到底是为什么？他到底在哪儿能寻找到精神的慰藉？应该于何处找到自己的终极关怀？历史条件的这种相通性，使人们在寻求解决现代社会弊病的途径时，不由自主地把目光投向了道家。道家认为，人应该从社会现实中，从社会纷扰、矛盾争执中超脱出来，通过超拔的方法消解矛盾、泯灭纷争、安顿心灵，使之归于平静。这种解决方式对于现代人来讲，是很有启发性的。

在国外，道家思想的价值也引起了人们的关注。进入 20 世纪后，作为人类进步两翼的科学文化与人文文化的关系出现了紧张与对立。一方面，科学取得了极大的辉煌与成就，物理学革命，相对论、量子力学等，使人类的科学探索活动已经从宏观世界扩展到微观世界；另一方面，包括原子弹在内的众多的科技成果被不加控制地运用，给人类带来了种种毁灭性的灾难。这充分暴露了科学的两面性和传统人文主义的

① 崔大华：《道家思想及其现代意义》，载《文史哲》1995 年第 1 期。

软弱性，以及科学文化与人文文化分裂的危机。英国学者斯诺指出，科学文化与人文文化的危机使得西方人不能对“过去”作出正确的解释，不能对“现在”作出合理的判断，同时不能对“未来”有所憧憬和展望，因而丧失了整体的文化观。① 一些世界一流的科学家也发现，西方机械论哲学主客二分、物理还原、静态分析、孤立实证等思维模式日益显得陈旧过时，于是他们开始从东方思想中汲取营养。董光璧在其《当代新道家》一书中指出了以李约瑟、汤川秀树和卡普拉为代表的一批“新道家”使正在兴起的新科学观向道家思想复归，将道家文化作为东西方文化融合的交汇点并以之为基础建造一个科学文化与人文文化平衡的新的世界文化模式。

我们相信，不仅在苦难深重的近现代，古老的道家思想能被学者们解读、发现其社会政治、思想和文化的价值，在新的时代和历史条件下，道家思想也必定会为人类作出新的贡献。

① 参见［英］斯诺著，纪树立译《两种文化》，三联书店 1994 年版，第4 页。

参考文献

一、著作部分

(一)征引书目

1.(汉)司马迁:《史记》,中华书局1980年版。

2.(汉)班固:《汉书》,中华书局1962年版。

3.陈鼓应:《老子注译及评介》,中华书局1984年版。

4.曹础基:《庄子浅注》,中华书局2000年版。

5.(清)王先谦撰,沈啸寰、王星贤点校:《荀子集解》,中华书局1988年版。

6.(魏)王弼注,楼宇烈校释:《老子道德经注校释》,中华书局2008年版。

7.王明:《太平经合校》,中华书局1960年版。

8.马王堆汉墓帛书整理小组编:《经法》,文物出版社1976年版。

9.陈秉才译注:《韩非子》,中华书局2007年版。

10.何宁:《淮南子集释》,中华书局1998年版。

11.黄怀信:《鹖冠子汇校集注》,中华书局2004年版。

12.周翰光、朱幼文、戴洪才撰:《管子直解》,复旦大学出版社2000年版。

13.刘俊田、林松、禹克坤译注:《四书全译》,贵州人民出版社1998年版。

14. 王利器:《文子疏义》,中华书局 2000 年版。

15. (南朝梁)慧皎撰,汤用彤校注:《高僧传》,中华书局 1992 年版。

16. (宋)程颢、程颐:《二程遗书》,上海古籍出版社 2000 年版。

17. (宋)张载著,章锡琛点校:《张载集》,中华书局 1978 年版。

18. (宋)郑樵撰:《通志》,浙江古籍出版社 2000 年版。

19. (宋)黎靖德:《朱子语类》,中华书局 1986 年版。

20. 黄晖撰:《论衡校释》,中华书局 1990 年版。

21.《道藏》第 11 册,文物出版社、上海书店、天津古籍出版社 1988 年版。

22. (清)魏源:《魏源集》(上、下),中华书局 1976 年版。

23. (清)魏源:《老子本义》诸子集成重印本,中华书局 1986 年版。

24. (清)龚自珍:《龚自珍全集》,上海人民出版社 1975 年版。

25. 蔡尚思、方行编:《谭嗣同全集》,中华书局 1981 年版。

26. (清)康有为:《康有为全集》,上海古籍出版社 1992 年版。

27. 汤志钧编:《康有为政论集》(上),中华书局 1981 年版。

28.(清)李翰章编,(清)李鸿章校勘:《曾文正公全集》,吉林人民出版社 1995 年版。

29. (清)曾国藩:《曾国藩全集·日记》,岳麓书社 1987 年版。

30. 张海雷等编:《曾国藩家书》,中国华侨出版社 1994 年版。

31.(清)薛福成:《出使英法义比四国日记》,岳麓书社 1985 年版。

32. 王栻主编:《严复集》,中华书局 1986 年版。

33. 卢云昆编选:《社会剧变与规范重建——严复文选》,上海远东出版社 1996 年版。

34.[美]本杰明·史华兹著,叶凤美译:《寻求富强——严复与西方》,江苏人民出版社 1989 年版。

35. 李妙根编选:《国粹与西化——刘师培文选》,上海远东出版社 1996 年版。

36.(清)刘师培:《刘申叔遗书》,江苏古籍出版社 1997 年版。

37. 张丹、王忍之编:《辛亥革命前十年间时论选集》第 2～3 卷,三联书店 1960 年版。

38. 钱穆:《国学概论》,商务印书馆 1997 年版。

39.(清)章太炎:《章太炎全集》(六),上海人民出版社 1986 年版。

40.(清)章太炎:《菿汉三言》,辽宁教育出版社 2000 年版。

41.(清)章太炎:《国故论衡》,上海古籍出版社 2003 年版。

42. 刘梦溪主编:《中国现代学术经典·章太炎卷》,河北教育出版社 1996 年版。

43.《中国哲学》第 6 辑,三联书店 1981 年版。

44.(清)梁启超:《饮冰室合集》(文集 6、12、14,专集 35),中华书局 1989 年版。

45.(清)梁启超:《先秦政治思想史》,天津古籍出版社 2003 年版。

46.(清)梁启超:《清代学术概论》,东方出版社 1996 年版。

47. 葛懋春、李兴芝编:《胡适哲学思想资料选》,华东师范大学出版社 1981 年版。

48. 欧阳哲生编:《胡适文集》第 2、3、6、12 册,北京大学出版社 1998 年版。

49. 胡适:《中国哲学史大纲》,上海古籍出版社 1997 年版。

50. 唐德刚译:《胡适口述自传》,华文出版社 1989 年版。

51. 姜义华编:《胡适学术文集——中国哲学史》,中华书局 1991 年版。

52. 姜义华编:《胡适学术文集——新文学运动》,中华书局 1993 年版。

53. 胡适:《四十自述》,中国文联出版公司 1993 年版。

54. 赵清、郑城编:《吴虞集》,四川人民出版社 1985 年版。

55. 吴虞:《吴虞日记》,四川人民出版社 1984 年版。

56. 钱玄同:《钱玄同文集》第 1～2 卷,中国人民大学出版社 1999 年版。

57. 鲁迅:《鲁迅全集》第 1 卷,人民出版社 2005 年版。

58. 周予同著,朱维铮编:《周予同经学史论著选集》(增订本),上

海人民出版社 1996 年版。

59. 顾颉刚编:《古史辨》第 1 册,上海古籍出版社 1982 年版。

60. 罗根泽编:《古史辨》第 4、6 册,上海古籍出版社 1982 年版。

61. 吕思勉、童书业编:《古史辨》第 7 册,上海古籍出版社 1982 年版。

62. 刘梦溪主编:《中国现代学术经典·金岳霖卷》,河北教育出版社 1996 年版。

63. 梁漱溟:《梁漱溟全集》第 1 卷,山东人民出版社 1989 年版。

64. 熊十力:《熊十力全集》第 4 卷,湖北教育出版社 2001 年版。

65. 徐旭生:《中国古史的传说时代》(增订本),文物出版社 1985 年版。

66. 冯友兰:《三松堂全集》第 2 卷,河南人民出版社 2001 年版。

67. 冯友兰:《三松堂学术文集》,北京大学出版社 1984 年版。

68. 陈来主编:《冯友兰选集》,北京大学出版社 2000 年版。

69. 冯友兰:《中国哲学简史》,北京大学出版社 1996 年版。

70. 冯友兰:《贞元六书》,华东师范大学出版社 1996 年版。

71. 林代昭等编:《马克思主义在中国——从影响的传入到传播》,清华大学出版社 1983 年版。

72. 李大钊:《李大钊文集》,人民出版社 1984 年版。

73. 李大利:《李大钊全集》,河北教育出版社 1999 年版。

74. 陈独秀:《独秀文存》,安徽人民出版社 1987 年版。

75. 李达:《李达文集》,人民出版社 1981 年版。

76. 艾思奇:《艾思奇文集》第 1 卷,人民出版社 1981 年版。

77. 瞿秋白:《瞿秋白文集》,人民出版社 1988 年版。

78. 邓拓:《邓拓全集》第 5 卷,花城出版社 2002 年版。

79. 郭沫若:《郭沫若全集·历史编》第 1、4 卷,人民出版社 1982 年版。

80. 郭沫若:《郭沫若全集·文学编》第 19 卷,人民出版社 1992 年版。

81. 郭沫若:《沫若文集》第 8 卷,人民文学出版社 1958 年版。

82. 郭沫若:《十批判书》,中国华侨出版社 2008 年版。

83. 郭沫若:《中国古代社会研究》,河北教育出版社 2000 年版。

84. 侯外庐:《中国古代思想学说史》,岳麓书社 2010 年版。

85. 侯外庐:《韧的追求》,三联书店 1985 年版。

86. 侯外庐:《侯外庐史学论文选集》,人民出版社 1987 年版。

87. 侯外庐:《中国思想通史》第 1 卷,人民出版社 1957 年版。

88. 吕振羽:《中国政治思想史》(上),人民出版社 2008 年版。

89. 范文澜:《中国通史》第 1 册,人民出版社 2008 年版。

90. 范文澜:《范文澜全集》第 10 卷,河北教育出版社 2002 年版。

91. 中国社会科学院近代史研究所编:《范文澜历史论文选集》,中国社会科学出版社 1979 年版。

92.《马克思恩格斯文集》,人民出版社 2009 年版。

93.《列宁选集》,人民出版社 1995 年版。

94.《毛泽东选集》,人民出版社 1991 年版。

95.《刘少奇选集》,人民出版社 1981 年版。

96. 中央档案馆编:《中共中央文件选集》第 4 册,中央党校出版社 1989 年版。

(二)参考书目

1. 陈鼓应主编:《道家文化研究》第 1 辑,上海古籍出版社 1992 年版。

2. 陈鼓应主编:《道家文化研究》第 2 辑,上海古籍出版社 1992 年版。

3. 陈鼓应主编:《道家文化研究》第 20 辑,三联书店 2003 年版。

4. 高峰:《大道希夷——近现代先秦道家研究》,辽宁教育出版社 1997 年版。

5. 孙以楷主编:《道家与中国哲学》先秦、汉代、魏晋南北朝、隋唐五代、宋代、明清卷,人民出版社 2004 年版。

6. 葛荣晋:《道家文化与现代文明》,中国人民大学出版社 1991 年版。

7. 熊铁基等:《二十世纪中国老学》,福建人民出版社 2002 年版。

8. 李程:《近代老学研究》,武汉大学出版社 2008 年版。

9. 崔大华:《庄学研究》,人民出版社 1992 年版。

10. 崔大华:《道家与中国文化精神》,河南人民出版社 2003 年版。

11. 丁原明:《黄老学论纲》,山东大学出版社 1997 年版。

12. 冯契:《中国近代哲学的革命进程》,上海人民出版社 1989 年版。

13. 李帆：《刘师培与中西学术》，北京师范大学出版社 2003 年版。

14. 陈平原：《中国现代学术之建立——以章太炎、胡适之为中心》，北京大学出版社 1998 年版。

15. 贺麟：《五十年来的中国哲学》，辽宁教育出版社 1989 年版。

16. 郭湛波：《近五十年中国思想史》，山东人民出版社 1997 年版。

17. 余英时：《中国近代思想史上的胡适》，台北联经出版公司 1984 年版。

18. 余英时：《中国思想传统的现代诠释》，江苏人民出版社 1989 年版。

19. 白吉庵：《胡适传》，人民出版社 1993 年版。

20. 王鉴平：《冯友兰哲学思想研究》，四川人民出版社 1988 年版。

21. 柴文华主编：《冯友兰思想研究》，人民出版社 2010 年版。

22. 欧阳康：《哲学研究方法论》，武汉大学出版社 1998 年版。

23. 中国社会科学院历史研究所史学史研究室编：《新史学五大家》，社会科学文献出版社 1996 年版。

24. 朱政惠：《吕振羽和他的历史学研究》，湖南教育出版社 1992 年版。

25. 刘茂林、叶桂生：《吕振羽评传》，社会科学文献出版社 1990 年版。

26. 吴泽主编：《中国史学集刊》第 1 辑，江苏古籍出版社 1987 年版。

27. 陈其泰：《范文澜学术思想评传》，北京图书馆出版社 2000 年版。

28. 近代史研究所编：《范文澜历史论文选集》，中国社会科学出版社 1979 年版。

29. 罗检秋：《近代诸子学与文化思潮》，中国社会科学出版社 1998 年版。

30. 任继愈主编：《中国哲学发展史·先秦》，人民出版社 1998 年版。

31. 薛其林：《融合创新的民国学术》，湖南大学出版社 2005 年版。

32. 蒋大椿：《唯物史观与史学》，吉林教育出版社 1991 年版。

33. 王学典、陈峰：《二十世纪中国史学史论》，北京大学出版社 2010 年版。

34. 宋志明：《中国现代哲学通论》，中国人民大学出版社 2008 年版。

35. 吕希晨、王育民：《中国现代哲学史》，吉林人民出版社 1984 年版。

36. 唐宝林主编:《马克思主义在中国100年》,安徽人民出版1998年版。

37. 胡道静主编:《十家论老》,上海人民出版社2006年版。

38. 胡道静主编:《十家论庄》,上海人民出版社2008年版。

39. [英]斯诺著,纪树立译:《两种文化》,三联书店1994年版。

40. 姜义华等编:《港台及海外学者论近代中国》,重庆出版社1987年版。

二、论文部分

1. 陈鼓应:《道家在先秦哲学史上的主干地位》(上、下),载《中国文化研究》1995年夏、秋卷。

2. 卿希泰:《试论道家文化在中国传统文化中的地位》,载《中华文化论坛》1994年第1期。

3. 胡孚琛:《道家文化探索》,载《中国哲学史》1995年第7期。

4. 张岱年:《论老子的本体论》,载《社会科学战线》1994年第1期。

5. 孙熙国:《老子对"道"的三重规定及其哲学启示》,载《哲学研究》2001年第10期。

6. 陈谷嘉:《先秦时期道家政治学说略论》,载《中国文化研究》2000年夏之卷。

7. 杨国荣:《庄子哲学中的个体与自我》,载《哲学研究》2005年第12期。

8. 安继民:《简论庄子社会批判观的基本思路》,载《中州学刊》1997年第6期。

9. 萧汉明:《论庄子的内圣外王之道》,载《武汉大学学报》(人文科学版)2003年第1期。

10. 丁原明:《老子的生存哲学》,载《哲学研究》2003年第3期。

11. 丁原明:《清代今文经学浅论》,载《山东社会科学》1995年第6期。

12. 罗检秋:《近代道家学术思想的演进》,载1997年9月2日《光明日报》。

13. 罗检秋:《晚清子学复兴的启示》,载1995年3月20日《光明

日报》。

14. 罗检秋:《西学与近代诸子学的发展》,载《天津社会科学》1994年第4期。

15. 郭齐勇:《诸子学的历史命运》,载《社会科学战线》1997年第1期。

16. 张昭君:《民国时期诸子学研究的转型与发展》,载《学习与探索》2001年第5期。

17. 李承贵:《西学视域中的中国传统哲学——严复对中国传统哲学的认知及其检讨》,载《福建论坛》(人文社科版)2006年第1期。

18. 黄克武:《严复的异性情缘与思想境界》,载《福建论坛》(人文社科版)2001年第1期。

19. 李孝迁:《刘师培与近代诸子学研究》,载《福建论坛》(人文社会科学版)2001年第4期。

20. 黄华珍:《试论章太炎先生与〈庄子〉研究》,载《古籍整理研究学刊》2002年第1期。

21. 李帆:《中国古典学术向现代的迈进》,载《江海学刊》2004年第6期。

22. 李慎之:《什么是中国的现代学术经典》,载《传统文化与现代化》1998年第3期。

23. 李昱:《论梁启超〈老子哲学〉的思想特色》,载《南京大学学报》2004年第4期。

24. 杜蒸民:《胡适与老学》,载《安徽史学》1997年第2期。

25. 简明:《吴虞的现代道家观》,载《近代史研究》1998年第2期。

26. 唐振常:《为〈吴虞集〉出版说几句话》,载《历史研究》1986年第1期。

27. 朱哲:《楚人精神,浪漫哲学——冯友兰道家思想研究疏释》,载《云南社会科学》1997年第2期。

28. 蔡仲德:《关于冯友兰思想历程的几个问题——答方克立先生》,载《哲学研究》1998年第10期。

29. 韩立坤:《冯友兰唯物史观哲学方法论述评》,载《南阳师范学院学报》2007 年第 11 期。

30. 王鉴平:《冯友兰与新实在论——新理学逻辑分析法评述》,载《社会科学研究》1987 年第 2 期。

31. 郭沂:《从郭店楚简看先秦哲学发展脉络》,载 1999 年 4 月 23 日《光明日报》。

32. 孙云:《何谓“五四”——兼论“五四”的启蒙经验与政治误读》,载《兰州学刊》2009 年第 5 期。

33. 刘泉:《语言革新与新学统的建立——论五四白话文运动的学术语言特性》,载《中国文学研究》2006 年第 3 期。

34. 陈其泰:《“古史辨派”的兴起及其评价问题》,载《中国文化研究》1999 年春之卷。

35. 徐洪兴:《疑古与信古——从郭店竹简本〈老子〉出土回顾本世纪关于老子其人其书的争论》,载《复旦学报》1991 年第 1 期。

36. 郭沂:《从郭店楚简〈老子〉看老子其人其书》,载《哲学研究》1998 年第 7 期。

37. 尹振环:《也谈楚简〈老子〉其书——与郭沂同志商榷》,载《哲学研究》1999 年第 4 期。

38. 高晨阳:《郭店楚简〈老子〉的真相及其与今本〈老子〉的关系》,载《中国哲学史》1999 年第 3 期。

39. 程一凡:《从郭店本看〈老子〉一书的形成》,载《管子学刊》2004 年第 2 期。

40. 李进宝:《民国时期的老子研究》,载《首都师范大学学报》(社会科学版)2004 年增刊。

41. 徐少华:《郭店一号楚墓年代析论》,载《江汉考古》2005 年第 1 期。

42. 阮兴:《20 世纪 20 年代末 30 年代初的唯物史观、社会史论战与中国经济史研究》,载《江西师范大学学报》2007 年第 3 期。

43. 董德福:《马克思主义哲学方法论概要》,载《学术研究》2008 年第 10 期。

44.[美]格奥尔格·伊格尔斯著,王晴佳译:《历史主义的由来及其

含义》,载《史学理论研究》1998 年第 1 期。

45. 李红岩:《20 世纪 30 年代马克思主义思潮兴起之原因探析》,载《文史哲》2008 年第 6 期。

46. 王学典、陈峰:《20 世纪唯物史观派史学的学术意义》,载《东岳论丛》2002 年第 2 期。

47. 王学典:《现代学术史上的唯物史观——论作为“学术”的马克思主义》,载《山东社会科学》2004 年第 11 期。

48. 王昌沛、周文玖:《中国马克思主义史学的学术品格——以郭、范、翦、吕、侯为对象的研究》,载《史学史研究》2009 年第 2 期。

49. 王戎生:《开辟古史研究新天地的郭沫若》,载《历史教学》1999 年第 5 期。

50. 石云:《郭沫若与马克思主义史学》,载《历史教学》1997 年第 6 期。

51. 杨胜宽:《郭沫若对庄子的认识和批判》,载《乐山师专学报》1992 年第 3 期。

52. 唐光怀:《吕振羽史学研究的马克思主义特质探析》,载《船山学刊》2006 年第 4 期。

53. 侯外庐:《侯外庐自传》,载《晋阳学刊》1981 年第 5 期。

54. 方光华、袁志伟:《侯外庐的中国哲学史研究》,载《中国哲学史》2010 年第 1 期。

55. 张剑平:《范文澜关于历史研究方法的论述及其启示》,载《史学月刊》2002 年第 5 期。

56. 崔大华:《道家思想及其现代意义》,载《文史哲》1995 年第 1 期。

后　记

本书是在我的博士论文《近代的道家观——对近代道家思想研究的探析》基础上修改完成的。

在撰写博士论文及整理、修改本书稿的过程中，我的心中时常涌动着感激之情。回想自己走过的这段时光，充满着论文写作过程中的困惑与迷茫、学业与生活之间的冲突与纠结，如果没有导师、同事和家人的支持与鼓励，恐怕很难坚持下来。

我的本科和研究生阶段学的是历史学，博士阶段误打误撞进入中国哲学这个瑰丽的殿堂。七年的历史学学习，使我的思维业已形成了某种定式，选择这样一个专业的确让自己感到信心不足。感谢我的博士生导师丁原明教授，是他的鼓励和鞭策使我坚定了对自己的信心。在博士阶段的学习初期，丁教授就帮助我分析并选定了近代学者对道家思想的研究作为主攻的方向。在论文写作的过程中，丁教授又在论文结构的设定、材料的搜集等各个方面给予我耐心而细致的指导，并为之付出了大量的精力和心血。博士毕业之后，在书稿的修改和完善的过程中，丁教授仍然给予我悉心指导，并时时关注书稿的进展。他数年来对我的关心与支持，令我没齿难忘。丁教授宽广的胸怀、豁达开朗的性格、真诚的待人之道、严谨的治学精神和积极的人生态度，都深深吸引着我、影响着我，必将成为我一生受用不尽的精神财富。

感谢我的博士后合作导师周向军教授，周教授是马克思主义理论研究的专家。博士毕业后，我有幸进入马克思主义学院博士后流动站，在周教授指导下从事马克思主义的传播对中国传统文化的影响方面的研究工作。周教授在繁重的行政工作之余，还时时关心我的科研和教学。点点滴滴，让我终生难忘。

感谢我的硕士导师晁中辰教授，晁教授是明清史和中外关系史的专家，是我走上学术之路的引路人。虽然已毕业十余年，但晁教授仍时时给予我关心和鼓励。

师恩难谢，唯有在今后的学术研究中更加勤勉，才能回报诸位导师的殷切期望。

还要感谢徐艳玲教授、刘明芝教授、马佰莲教授、朱贵昌教授、夏巍博士等，他们在书稿的修改过程中给予了我极大的鼓励，并提出了富有启发性的意见和建议。感谢马克思主义学院的领导和同事对我数年来的关心与爱护。感谢山东大学学术研究部给予青年学人的支持。感谢山东大学出版社陈珊、徐琳琳编辑为本书的出版付出的劳动。

最后，还要感谢我的爱人和儿子，是他们的支持与鼓励，才使我有了创作的动力和坚持下去的勇气。

林　红

2012年12月